# 旅游客体文化研究

邹德文 / 著

燕山大学出版社
· 秦皇岛 ·

图书在版编目（CIP）数据

旅游客体文化研究 / 邹德文著．—2 版．—秦皇岛：燕山大学出版社，2022.1
ISBN 978-7-5761-0300-7

Ⅰ．①旅… Ⅱ．①邹… Ⅲ．①旅游文化—研究—中国 Ⅳ．① F592

中国版本图书馆 CIP 数据核字（2022）第 004353 号

旅游客体文化研究

邹德文 著

出 版 人：陈　玉
责任编辑：朱红波
封面设计：于文华
出版发行：燕山大学出版社 YANSHAN UNIVERSITY PRESS
地　　址：河北省秦皇岛市河北大街西段 438 号
邮政编码：066004
电　　话：0335-8387555
印　　刷：英格拉姆印刷(固安)有限公司
经　　销：全国新华书店

开　　本：700mm×1000mm 1/16　　印　　张：15.25　　字　　数：202 千字
版　　次：2022 年 1 月第 2 版　　印　　次：2022 年 1 月第 1 次印刷
书　　号：ISBN 978-7-5761-0300-7
定　　价：48.00 元

# 前　言

近年来，随着旅游业的快速发展，以及新的旅游市场需求的出现，单纯的观光游览型旅游活动已不能满足游客的要求。作为旅游活动的主体，对于旅游活动的客体的诉求已不仅仅停留在其形，更注重旅游客体所蕴含的魂。而蕴含在旅游客体中的中国传统文化才能真正体现旅游客体的魂，才能体现旅游资源的文化内涵，体现旅游产品的文化品位，从而提升旅游主体的旅游体验质量，满足旅游主体的个性化需求。

旅游文化是综合的文化现象，旅游客体文化也包含广泛的内容，能够达到全面了解并充分利用并不是一件易事。目前关于旅游文化方面的书籍如《旅游文化学》《中国旅游文化》等，以教材类书籍居多。这类书籍多以旅游活动三要素为线索介绍旅游主体文化、旅游客体文化、旅游介体文化，内容上主要介绍各种文化载体的基本概念、历史渊源、类别、特点及价值等。这些内容属于广义文化的一部分，也是旅游客体蕴含的重要文化体现。随着国家对于中国传统文化的日益重视，如何让国人进一步了解中国传统文化以及旅游客体中所蕴含的哲学理念、中国传统文化思想，是研究者和旅游相关部门需要思考的问题。

本书的撰写，源于自己对于这门课程和中国传统文化的喜爱，也是由于主研了河北省社会发展课题“旅游客体文化研究”（编号：201603120201）和河北省教育厅课题“人文旅游客体文化研究”（编号：

SD171016）的研究成果，特别是对多个版本的《旅游文化学》进行了分析研究，了解了这些书的主要框架及结构体系。这些书各具特色，为我国旅游文化学学科建设作出了开拓性的贡献。正是有了这些教材作铺垫，才有了旅游文化学今天的成就。结合前人优秀成果，经过反复酝酿、构思，形成了本书的结构体系。

本书综合运用旅游文化学、旅游资源学、旅游市场学、旅游开发、中国传统文化等相关学科知识，在广泛收集资料的基础上给出旅游文化的概念，按照旅游活动三要素对旅游文化进行分类，界定本书研究的旅游客体文化概念，按照旅游客体的存在形式及主要功能对旅游客体文化进行分类。然后针对不同类别的旅游客体，详细分析其蕴含的旅游客体文化、体现的哲学思想及中国传统文化思想等。再进一步分析旅游客体文化的价值及影响，探讨旅游客体文化的开发利用价值。通过对旅游客体文化的研究，本书旨在发现旅游客体中蕴含的中国传统文化，并对旅游客体文化进行价值分析及影响研究，探讨旅游客体文化的开发利用，使旅游客体文化能够得到更好的宣传、利用，传播和弘扬中国优秀传统文化，满足旅游主体在旅游的过程中更高的精神需求。

由于旅游客体类别广泛，不同类别旅游客体所蕴含的旅游客体文化极为丰富，所蕴含的旅游客体文化也各具特色，也由于时间、财力、物力、人力等多方面因素的局限，本书在编写过程中很难全面地实地考察各个类别的旅游客体及其文化，因此在研究方面会存在一些局限性及片面性。另外，本书在吸收前人的优秀成果之上融入了自己的观点和创新，也结合了理论研究及自己的教学实践研究，是自己多年实践教学获得的启示和想法体现，可能部分研究内容不完全充分，也可能与一些学术观点存在差异，而且时间仓促，部分构思尚未完全成熟，本书中的一些错误也在所难免，希望学术界同仁多多批评指导。

本书的完成离不开众多朋友的关心、支持和帮助。首先，感谢我的同事河北科技师范学院张春梅教授的倾力合作，对每一个章节进行了补充，完成书稿2.3万字，如果没有她的参与和合作，此书恐怕难以顺利完成；其次，感谢我校的各位领导和老师，是他们的关心和鼓励使我坚定信心完成书稿；最后，感谢河北省高等学校人文社会科学重点研究基地（河北科技师范学院冀东文化研究中心）的大力支持。

河北科技师范学院　邹德文

2018年2月于秦皇岛

# 目　　录

# 第一章　旅游文化概述

## 第一节　旅游文化的概念

### 一、旅游的概念

旅游是人们从事旅行、游览的活动，是人们的一种精神文化生活方式。对于旅游的概念界定通常都是从理论抽象出发做出的概念性定义。事实上，人们对于旅游给出的概念性定义也很多。例如，有人认为旅游是在一定的社会经济基础条件下产生的一种社会经济现象，是人们以浏览为主要目的的非定居者的旅行和暂时居留引起的一切现象和关系的总和。此概念从社会经济的角度分析旅游，更加注重旅游的经济效益和功能。显然与旅游文化的概念并不一致。也有人认为旅游是人们离开他经常居住和工作的地方，短期暂时前往某地的旅行和逗留及在该地期间的各种活动（英国学者伯卡特和梅特里克，1974）。此概念将旅游作为一种社会现象进行研究，与旅游文化概念有一定重合内容。还有人认为旅游是非定居者的旅行和暂时居留而引起的一切现象关系的总和[1]3。此定义早期被认为是旅游的标准定义，也被称作“艾斯特”定义。许多专家和学者都认为这个定义更多地从文化学的角度对概念进行了分析，体现了文化在旅游中的作用。虽然旅游受到许多因素的制约和影响，但最根本的因素是个人心理及其周围社会文化环境的影响，因此说旅游是一种文化现象。

## 二、文化的概念

“文化”一词在中国出现很早，《周礼正义》卷三云：“观乎人文以化成天下。”这是“文化”一词见于中国典籍的开始[2]4。文化学奠基者、英国人类学家之父泰勒在1871年出版的《原始文化》一书中给文化下的定义是：“文化是由知识、信念、艺术、伦理、法律、习俗以及作为社会成员的人所需要的其他能力和习惯所构成的综合体。”[1]5《苏联大百科全书》（1973年）将文化概念作了广义和狭义的区分，广义的文化，是“社会和人在历史上一定的发展水平，它表现为人们进行生活和活动的一种类型和形式，以及人们的精神生活领域”[1]5。而狭义的文化仅指人们的精神生活领域[2]2。尽管各个文化定义之间存在一定差异，但是多数都认为文化是人类社会历史的精神与物质的整个复合体。文化的内容比较宽泛，涉及很多具体的和抽象的东西，是生活在一定地域的人们所具有的意识形态，形成的行为规则、价值观念的社会文化体系。因此，多数学者认为“文化是代表一定民族特点的，反映出理论思想水平的精神风貌、心理状态、思维方式和价值取向等精神成果的总和”[3]8。

## 三、旅游文化的概念

古代并无“旅游文化”一词，“旅游文化”一词是现代才出现的。最初只是旅游和文化两个概念的出现，旅游文化是人类在旅游活动过程中一种新的文化形态的体现，是人类在其旅游活动历史发展过程中所创造的旅游相关物质财富和精神财富的总和[4]110，是人类在其旅游活动历史发展过程中所形成的旅游哲理和旅游思想的总和。

关于旅游文化的界定，学术界一直众说纷纭，观点不一，常见的旅游文化概念界定有以下几种：

1. 概念叠加说

概念叠加说兴起于20世纪80年代，旅游业刚刚起步，还是文化性较强的经济产业，因此简单地将旅游与文化进行叠加组合，形成了最初的旅游文化概念。例如于光远认为，“旅游不仅是一种经济生活，而且也是一种文化事业”，“从资源角度看，文化事业的发展也是具有决定作用的事”[5]。持旅游与文化叠加学说观点的学者还有彭华等[6]。概念叠加说填补了旅游文化定义的空白，也显示了文化在旅游活动中的作用。

2. 旅游关系总和说

此学说主要基于文化内容的多样性和丰富性，用总和来概括似乎可以更加确切地涵盖旅游文化定义的相关内容。陈辽认为：“旅游文化是人类过去和现在所创造的与旅游有关的物质财富和精神财富的总和。”[1]8 王明煊认为：“旅游文化是人类过去和现在创造的与旅游关系密切的物质财富和精神财富的总和。”[7] 谢贵安认为：“旅游文化是人类通过旅游活动改造自然和化育自身的过程中所形成的价值观念、行为模式、物质成果和社会关系的总和。”[8] 总和说倾向于将旅游活动中的文化看作是一个完整体系[1]9。

3. 旅游主客体说

旅游主客体说主要基于旅游活动三要素旅游主体、旅游客体、旅游介体的划分而形成的。周谦认为旅游文化是旅游客体文化，“旅游文化是指与自然风光、古迹遗址有关的历史掌故、民俗文化、文学艺术、传说故事及百科知识等”[1]10。旅游客体是旅游文化的内容，也是旅游文化产生的基础。冯乃康认为旅游文化是“旅游者或旅游服务者在旅游观赏或旅游服务过程中所反映出来的观念形态及其外在表现”。旅游主体是旅游文化的能动者，也是产生旅游文化必不可少的因素[9]。

4. 文化碰撞说

文化碰撞说主张旅游文化是由旅游活动三要素中主体、客体、介体相互碰撞而产生的。沈祖祥认为：“旅游文化是旅游的‘人’化，也即旅游者的文化，是旅游者这一旅游主体借助旅游媒体等外部条件，通过对旅游客体的能动的活动，碰撞产生的各种旅游文化现象的总和。”此定义偏重于旅游主体在旅游活动过程中碰撞产生的文化[10]6。冯乃康认为：“旅游文化是旅游主体、旅游客体、旅游媒体相互作用所产生的物质和精神成果，旅游三要素中任何一项都不能构成或形成旅游文化。”文化碰撞说强调了三体的相互作用[11]。

关于旅游文化的定义各具特点，各有自己概念的界定标准。旅游文化不是旅游与文化的简单结合体，二者相互影响，紧密相关。旅游文化是一个整体、一个系统，是源于历史的精神层面的生活结构体系，是旅游作为一种新的生活方式而出现的一种文化形态和文化现象。因此说旅游文化是一种生活方式文化，是旅游者这一旅游主体借助旅游媒介等外部条件，通过对旅游客体的能动的活动，碰撞产生的生活方式文化现象和生活方式文化关系的总和[1]12。旅游文化是一种精神现象，以一般文化为内在依据，以旅游客体为基础依托，贯穿于旅游主体的整个旅游活动过程中。

## 第二节　旅游文化的特点

### 一、传承性[4]65

旅游文化的传承性是指旅游文化的历史传承性和继承性。旅游文化是人类历史文化的积淀和历史过程中旅游文化的积淀，旅游文化从旅游活动开始也大概有几千年的历史。在这漫长的历史过程中，无论是朝代的更替，还是不同文化的碰撞，这些积淀的旅游文化都不断地延续下来，代代相传。例如远古时期的旅游神话传说、不同时代的山水旅游诗词等都传承了下来，还有很多的大众旅游文化虽历经不断融合、变异，依然完好地传承下来。

### 二、民族性[4]66

旅游文化的民族性是指旅游文化所具有的民族特性。每个民族都有自己的文化传统及特色，也是与其他民族区分的重要特点，这些民族文化会稳定地沉淀于一个民族之中。无论是旅游主体的感知还是旅游客体的创造都与一定的民族人群相关，融入了特定民族人群的精神、性格、习俗、价值观念、审美观念等，这些文化特征都会积淀在旅游主体文化和旅游客体文化中。例如不同的旅游文化资源、不同的旅游习俗都是民族性的体现。

## 三、多样性[2]10

旅游文化的多样性是指旅游文化内容的多样性。旅游文化包括旅游主体文化和旅游客体文化，既有物质形态，也有精神形态，既有古代文化，也有现代文化。内容因为游客旅游动机的不同，旅游需求的多样性也不同；旅游活动内容涵盖了社会活动的诸多方面；旅游资源的多样性更体现了不同资源的文化，这些都是旅游文化多样性的体现。

## 四、地域性[4]66

旅游文化的地域性是指旅游文化由于地域不同存在差异性。不同地域的自然环境、经济发展、风俗人情等都存在差异，这些形成了地域性的旅游文化。例如自然旅游资源的分布由于地域不同，景观风格各异；人文旅游资源由于不同的地域思想观念不同而具有独特的地域色彩。而且由于不同地域的经济、政治环境不同，旅游市场、客流不同，旅游业发展会呈现出地域性，也会影响旅游文化的地域性特征。

## 五、时代性[8]

旅游文化的时代性是指旅游主体的文化观念、行为方式、审美观念等随着时代的不同产生变化。旅游主体的性格特征、价值取向、审美标准等都会随着时代的不同有所变化，对文化的形成与认可都会不同。时代性特点也体现在旅游客体是特定历史阶段的产物，我们要以时代性的特点去审视旅游文化。

# 第二章　旅游客体文化概述

## 第一节　旅游文化的结构

旅游文化的结构是指旅游文化的构成要素及构成方式。了解旅游文化的结构，有利于了解旅游文化的内在结构和外部特征，也可以更清楚地了解旅游文化研究对象。学术界对于旅游文化结构划分标准也不尽相同。主要的观点有以下几种：

### 一、文化结构 [1]13

文化结构划分是将旅游文化的结构按照一般文化结构划分模式来分析其构成要素。这些学者认为，旅游文化结构也同一般文化一样分为物质文化、制度文化和精神文化三部分。旅游物质文化，也称旅游文化的物质层面，包括具有丰富文化内涵的自然景观和人文景观，附加的必要旅游设施，以及旅游主体开展旅游活动所依赖的交通工具、饭店、住宿等设备。旅游制度文化，也称旅游文化的制度层面，是国家相关管理部门所制定的各种旅游法规、制度及相关的企业管理规定等。旅游精神文化，也称旅游文化的精神层面，是指旅游活动中所表现出来的文化心理、价值观念、思维方式等。

### 二、地域结构 [1]13

旅游文化地域结构划分主要依据旅游文化的地域性特点，按照不同地域形成的旅游文化差异性将其划分为不同的结构。例如古代旅游文化可以分为齐鲁旅游文化、吴越旅游文化、三晋旅游文化、荆楚旅游文化、巴蜀旅游文化等。

### 三、要素结构 [1]13

要素结构主要基于旅游活动三要素进行划分。卢云亭先生从旅游的三大基本要素出发，将旅游文化分为旅游主体文化、旅游客体文化和旅游介体文化 [12]113-114。旅游主体文化，包括旅游者的性格、心理、爱好、素养、思想、职业、观念、生活背景等。旅游客体文化，包括旅游资源景观及其蕴含的文化，如建筑旅游客体文化、山岳旅游客体文化、宗教旅游客体文化、民俗旅游客体文化、园林旅游客体文化等。旅游介体文化，包括旅游餐饮文化、旅游服务文化、旅游管理文化、旅游政策法规等。

### 四、内容结构 [1]14

内容结构多是根据旅游活动涉及的食、住、行、游、购、娱六个行为层面的内容进行划分，将旅游文化分为旅游饮食文化、旅游娱乐文化、旅游商品文化等。

不同旅游文化结构都有其理论依据及划分意义，不同的研究对象会决定旅游文化结构的分类方法，本书后面要重点研究旅游客体文化，因此更倾向于要素结构分类方法。

## 第二节　旅游客体文化的概念

### 一、旅游客体的概念

旅游客体是针对旅游主体而言的，是旅游主体的游览观赏对象。旅游学界一般认为旅游客体就是旅游资源，然而二者并不完全等同。因为旅游客体是针对旅游主体而言的，只有与旅游主体相关联，经过旅游主体能动反应的旅游资源才可以称为旅游客体。旅游资源包括旅游客体，也包括旅游客体以外那些未经开发利用、未被人类认识的旅游资源。因此，学术界对于旅游客体的概念表述也不尽相同，最常见的表述有“凡是对旅游者具有吸引力的吸引物就是旅游客体”,“旅游客体是能够吸引旅游者，能够为旅游业利用并产生效益的客观物质实体或社会人文事象”[4]99。而自然界和人类社会中，凡是能够造就对旅游者具有吸引力环境的自然事物、文化事物、社会事物或其他任何客观事物，都可构成旅游资源[13]98。旅游客体概念与旅游资源概念有一定区别，不完全等同。旅游客体，是指那些可以被利用的自然或社会人文旅游资源被开发、加工、塑造后，成为吸引旅游主体前往旅游的目的物，或是前往游览、观赏的景观客体[4]101。旅游资源是构成旅游客体的物质基础，是构成吸引旅游主体前往的景观客体的必要条件，没有旅游资源就无法形成这些旅游客体，但并不是所有旅游资源都能够成为旅游客体。

旅游客体的形态是多样的，分类方法也很多。由于旅游资源是构成旅游客体的物质基础，一些旅游资源的类别划分标准依然适用于旅游客体。例如按照开发程度，旅游客体可以分为现实旅游客体和潜在旅游客体。按照可再生情况，旅游客体可以分为再生性旅游客体和非再生性旅游客体。按照旅游客体的自然存在、成因及表现内容可以分为自然旅游客体和人文旅游客体。自然旅游客体是指具有开发利用价值的自然旅游资源经过开发、策划、塑造，成为旅游主体前往游览、观赏的景观客体。如自然旅游景区、景点等。人文旅游客体是指具有开发利用及观赏价值的人文旅游资源，经过开发、设计、塑造后，成为旅游主体前往游览、观赏的景观客体。如古代建筑、寺庙、民俗风情等。

### 二、旅游客体文化的概念

旅游客体本身的丰富性、多样性，旅游文化系统的复杂性，旅游主体的多变性都对旅游客体文化的概念界定产生了影响。尹华光先生主编的《旅游文化》认为，旅游客体文化是指旅游资源的文化内涵和价值所反映出来的观念、形态及其外在表现[14]。谢贵安认为："人与自然的物质交换关系及人与社会的行为转化关系中因物感生的精神部分就形成了旅游客体文化。"[8]旅游客体文化的概念多数从旅游客体和文化两者的科学概念入手进行界定，从文化属性、文化成因、文化功能等方面进行概念界定。这些概念为旅游客体文化的进一步研究提供了宝贵的参考价值。

然而，我们比较倾向于沈祖祥对于旅游客体文化的概念界定。沈祖祥认为："旅游客体文化是指旅游文化系统中以旅游客体自身文化价值为基础，融合旅游客体的背景文化及来自旅游主体的文化审美投射等因素而形成的综合体。"[1]190 这个概念包括旅游客体自身的文化价值、文化底蕴、文化特色，包括旅游客体的背景文化和所处的环境氛围，还包括旅游主体的文化审美投射作用下旅游客体的文化变化等。例如生态旅游资源具有融合生态环境、生态科技等在内的独特的生态文化，具有满足人类回归自然的心灵故乡，具备旅游者需要提升的生态知识和生态素养，包含突出旅游者康体健身休养身心的休闲文化等。历史旅游资源展现了深厚的历史文化积淀，记录了特定历史时期的事件和人物，反映了过去的社会生活，凝结了先民的非凡智慧、独特的审美价值和开拓进取的精神。建筑旅游景观有外在文化物化体现的形，有精神层面内在文化意识体现的意，有社会层面生活方式、思维方式、行为心理反映的背景基础文化等。

### 三、旅游客体文化的类别

旅游客体按照不同的分类标准有不同的划分方式，旅游客体文化也有不同的分类方法，然而我们更倾向于根据旅游客体的自然存在、成因、属性及表现内容分类方式对旅游客体文化进行分类，将其分为自然旅游客体文化和人文旅游客体文化两大类。自然旅游客体文化的基础是自然旅游客体，自然旅游客体本身并不具有人类文化的内涵，是经过漫长的历史过程中人类所赋予的文化内涵所展现的一种旅游文化形态。人类经过思维、观赏、想象为自然旅游客体赋予了文化内涵，并为大众所认同，这些文化内涵形成了自然旅游客体文化，被不断地传承延续下来，人们便会前往游览观赏，这些文化又会得到进一步认可及传播，不断往复，形成了固定的自然旅游客体文化。人文旅游客体文化源于社会人文旅游客体，社会人文旅游客体是人类历史的积淀，是人类自身创造的文化内涵，是社会人文旅游客体在人们游览活动过程中展现出来并为人们所感受的一种旅游文化形态。人文旅游客体在历朝历代创造过程中已经融合了人类的思维、理念、想象、审美等精神层面的意义，直接赋予了人文旅游客体文化内涵，形成了人文旅游客体本身所固有的文化。

自然旅游客体文化是指旅游文化系统中以自然旅游客体自身文化价值为基础，融合旅游客体的背景文化及来自旅游主体的文化审美投射等因素而形成的综合体。按照自然旅游资源属性，自然旅游客体的类型很多，包括山水、江河、湖泊、草原、沙漠、森林等，这些自然旅游客体经过人们长期的审视、品评、加工、塑造，成为人们游览、观赏的对象，便形成了相应的自然旅游客体文化。自然旅游客体文化主要包括山岳旅游客体文化、水体旅游客体文化、生物旅游客体文化、天象气候旅游客体文化等。

人文旅游客体文化是指旅游文化系统中以人文旅游客体自身文化价值为基础，融合旅游客体的背景文化及来自旅游主体的文化审美投射等因素而形成的综合体。人文旅游客体类型丰富，其本身所蕴含的物质文化和精神文化，经过人们对它的开发、利用、组合，成为吸引人们前往游览、观赏的人文旅游景观，所展现的一种旅游文化形态便形成了人文旅游客体文化。人文旅游客体文化包括历史旅游客体文化、园林旅游客体文化、建筑旅游客体文化、宗教旅游客体文化、民俗旅游客体文化、服饰旅游客体文化、饮食旅游客体文化、文学艺术旅游客体文化等。

## 第三节　旅游客体文化的特点

### 一、多样性

旅游客体文化涵盖的内容比较多，它由不同性质、不同形式的文化因素所构成，内容丰富。旅游客体包括多种构成要素，有形的物质载体和无形的精神文化都是旅游客体的必要组成要素。不仅不同类别的旅游客体呈现了不同的旅游客体文化，同一旅游客体也具有多样的旅游客体文化。

### 二、知识性

旅游客体文化多数是人类在长期的历史生活过程中的创造物，具有深厚的历史文化积淀及深厚的知识性。从人类进化开始经过历代朝代更替，几千年的历史文明、事件人物都无形地融入了旅游客体中，形成了独特的旅游客体文化，增加了旅游客体文化的知识性。

### 三、欣赏性

旅游客体具有的外在实体的形态美和内在文化的意蕴美是旅游客体吸引旅游主体前来游览的特性，只有具有观赏价值和审美价值，对旅游主体才具有较强的吸引力。旅游主体在游览过程中主要通过看、欣赏去感知旅游客体文化的美，欣赏性是旅游客体文化的重要特性。

### 四、感受性

感受性是指旅游主体对于旅游客体文化的精神感受性。旅游客体文化是人类物质财富和精神财富的共同体。许多精神财富是无形的，需要旅游主体在一定的环境范围内感受、体验才能满足这种精神文化需求。

# 第三章　山岳旅游客体文化

## 第一节　山岳旅游客体类别

山岳旅游资源属于自然地貌景观，是内外地质营力共同作用的产物。我国地域辽阔，山岳旅游资源丰富，从地质学或资源学的角度，山岳旅游资源经常是以其高度作为分类依据。而山岳旅游客体则是对旅游者具有吸引力，经过设计、开发、塑造，成为人们游览、欣赏的对象，具有经济效益、社会效益和环境效益的山岳旅游资源。山岳旅游客体是可以为旅游业所用的山岳旅游资源，依据旅游目的多属于休闲观光型山岳。这些山岳旅游客体遍布全国各地，是我国壮丽河山的典型代表。它们拥有奇特的形态、优美的风光和悠久的历史。总体看来，我国的山岳旅游客体主要有以下几类：

### 一、历史文化名山

此类山岳旅游客体的特点是历史价值和文化价值突出，与特定的历史朝代、历史事件、历史人物或历史传说相联系，比较有代表性的是我国历史上的三山五岳。传说中的三山因为是神仙居住的地方，格外受到古人的神往，名曰蓬莱、方丈、瀛洲。五岳也因其象征中华民族的高大形象而闻名天下，分别为山东的泰山、陕西的华山、湖南的衡山、河南的嵩山和山西的恒山。

1. 泰山

泰山位于山东省泰安市，是五岳之首，又称岱宗、东岳等，号称“天下第一山”。泰山位于山东省中部，自然景观以旭日东升、晚霞夕照、黄河金带、云海玉盘四大奇观最为出名。名胜古迹有岱庙、普照寺、王母池、五松亭、碧霞祠、玉皇顶等。泰山于1987年被列入世界自然文化遗产名录。

2. 华山

华山位于陕西省华阴市，是我国五岳中的西岳。华山之险位居五岳之首。华山北临渭河平原和黄河，南依秦岭，苍松翠柏，林木葱郁。华山山路奇险，景色秀丽，东、西、南、北、中五峰耸列，各具特色。著名的胜景有朝阳峰、莲花峰、落雁峰、玉女峰、青柯坪、千尺幢、群仙观、苍龙岭、金真崖等。

3. 衡山

衡山位于湖南省衡阳市。由于气候条件较好，处处是茂林修竹，终年翠绿，奇花异草，四时飘香，自然景色十分秀丽，因而又有“南岳独秀”的美称。南岳衡山七十二群峰，层峦叠嶂，气势磅礴。著名的风景名胜有祝融峰、天柱峰、芙蓉峰、福严寺、藏经殿等。

4. 恒山

恒山位于山西省浑源县，与东岳泰山、西岳华山、南岳衡山、中岳嵩山并称为五岳，扬名国内外，素有“塞北第一名山”的美称。恒山山势雄伟，地势险要，怪石争奇，古树参天。著名的景点有朝殿、会仙府、九天宫、出云洞、悬空寺等。

5. 嵩山

嵩山位于河南省登封市，是五岳中的中岳，由太室、少室二山组成。嵩山山势挺拔，层峦叠嶂，名胜古迹众多，主要有中岳庙、嵩阳书院、嵩岳寺、嵩岳寺塔、少林寺等。嵩山历史文化底蕴较高，是历代封建统治者祭祀的地方。

## 二、宗教名山

我国的宗教山岳旅游客体也很多，经历数百年的发展，形成了人们俗称的三十六洞天和七十二福地，这些名山通常供僧侣和信徒修炼，其中最具影响力的就是四大道教名山和四大佛教名山。四大道教名山是湖北的武当山、安徽的齐云山、四川的青城山和江西的龙虎山。四大佛教名山是山西的五台山、四川的峨眉山、浙江的普陀山和安徽的九华山。

1. 武当山

武当山位于湖北省十堰市。绵亘 800 里，其自然风光，以雄为主，兼有险、奇、幽、秀等多重特色。方圆 30 平方千米之内有大小七十二峰，风景秀丽。武当山是中国著名的道教圣地，唐宋元明时期都有宫观建于此，留下了中国现存最完整、规模最大、等级最高的道教古建筑群。著名的胜景有天柱峰、上下十八盘、太和宫、净乐宫、南岩等。

2. 青城山

青城山位于四川省都江堰市。青城山为道教发源地之一，相传东汉张道陵曾在此修炼。全山树木葱郁，流泉飞瀑，清冷宜人，有“青城天下幽”的美誉。山中有多处胜景，道家宫观也令人目不暇接，如建福宫、天师洞、祖师殿、上清宫等。

3. 龙虎山

龙虎山位于江西省鹰潭市。龙虎山原名云锦山，是中国典型的丹霞地貌，景区有九十九峰、二十四岩、一百零八处自然和人文景观，二十多处神井丹池和流泉飞瀑。上清宫、天师府、龙虎山、仙水岩等景点都是龙虎山旅游观光的好去处。源远流长的道教文化、独具特色的碧水丹山构成了龙虎山独特的自然景观和人文景观。

4. 齐云山

齐云山位于安徽省休宁县城西。齐云山景区内峰峦四起，峭壁耸立，风景绮丽，变幻多姿。奇峰、怪岩、飞云、流泉应有尽有。作为中国四大道教名山之一，齐云山已有1200多年的道教传播历史，目前遗留下来的道教遗迹众多。

5. 峨眉山

峨眉山位于四川省峨眉山市西南。有山峰相对如蛾眉，故得此名。峨眉山山势雄伟，隘谷深幽，飞瀑如帘，云海翻涌，林木葱茏，有“峨眉天下秀”之称。峨眉山相传是普贤菩萨显灵说法的道场。山上多佛教寺庙，有著名的报国寺、伏虎寺等，还有著名的清音阁、洪椿坪、洗象池等游览胜地。

6. 五台山

五台山位于山西省东北部忻州地区境内。五台山由古老结晶岩构成，北部切割深峻，五峰耸立，峰顶平坦如台，故称五台。五台山海拔较高，气候凉爽，是消夏避暑的好地方，又被人们誉为“清凉圣境”。五台山相传是文殊菩萨的道场，也是国内兼有汉传佛教和藏传佛教的佛教道场。

7. 普陀山

普陀山位于浙江省杭州湾以东。普陀山作为佛教圣地，相传是观音菩萨传经说法、普度众生的道场，被誉为“南海圣境”，其中普济、法雨、慧济三大寺规模宏大，建筑考究，是中国清初寺庙建筑群的典型。普陀山集寺庙、海沙于一体，岛上奇花异木遍布，极为幽静。

8. 九华山

九华山位于安徽省青阳县城西南。九华山气候宜人，环境优美，地理位置得天独厚，自然风光十分秀美。九华山以“香火甲天下”“东南第一山”的美誉而闻名。九华山山峰众多，其中以天台峰、莲华峰、天柱峰、十王峰等最为雄伟。

## 三、风景名山

风景名山是指具有优美的自然景观、优越的山岳环境、奇特的山岳地貌和珍稀的动植物等山岳旅游客体。如比较著名的有安徽的黄山、浙江的雁荡山等[15]40-44。

1. 黄山

黄山位于安徽省黄山市。方圆1200平方千米，号称“五百里黄山”。其中风景区面积有154平方千米，共有自然景点400余处，群峰耸立，峰峰相连，风景壮丽。黄山地处亚热带季风区内，云雾多、湿度大、降水多，生态资源丰富、完整、奇特，自然与人文景观俱佳[16]19。有著名的云海、温泉、奇松、怪石四绝。

2. 武夷山

武夷山位于福建省武夷山市。其自然风貌独树一帜，自古以来就有“奇秀甲于东南”之美誉，尤其以“碧水丹崖”的丹霞风景著称。其独特魅力在于奇峰和清溪。主要景点有九曲溪、三花峰、流香阁、鹰嘴岩、水帘洞等[16]41。

## 第二节　山岳旅游客体文化

山岳旅游客体本属于自然造物，但经过人们长期的审视、品评和文化积淀，形成了具有特定文化内涵的山岳景观实体。山岳旅游客体的外在形态美经过长期人们的“人化”认同过程，如审美感受、诗词歌赋或是信仰崇拜等被赋予了特定的含义和内蕴。山岳旅游客体文化，是指自然山岳客体本身及其相应的文化底蕴，经过人们长期的审视、品评、“人化”、认同、设计、利用，成为人们游览、观赏的对象，以及人们在山岳旅游客体游览历史过程中的文化积淀，所展现的以自然山岳为载体、以山岳文化为内涵的自然山岳旅游客体文化形态[4]110。山岳是文化的载体，文化是山岳的灵魂。旅游活动使得二者相互促进，不断升华，从而使一些文化扎根于山岳旅游客体当中。山岳旅游客体文化主要体现为：

## 一、审美文化

审美是个人的主观感受，人们在欣赏山岳旅游客体的外在物质形态的同时，在不断地用个人的审美观念为山岳旅游客体贴上不同的标签。经过长期的塑造和文人墨客的创作，使得不同的山岳旅游客体有了不同形式的审美文化。遍布我国南北东西的山岳姿态万千，灵趣飞动，分别给人以不同的美感享受：黄山美在奇特，华山美在险峻，泰山美在雄壮，庐山美在清丽，青城美得幽静，雁荡美得秀媚……其类型真可谓丰富多彩。又如著名的五岳，由于地理褶皱和断层成因不同，因而形状各异，俗云“泰山如坐，华山如立，恒山如行，衡山如飞，嵩山如卧”，五岳所呈现的不同气势与形态，各具鲜明特征；其雄伟、险峻、透逸、秀丽、幽静、奇幻、舒展、朦胧或神秘，分别对应着“壮美”“优美”“含蓄美”等美学范畴，给予主体以自然与人生的和谐美感[17]。

山岳审美体验的基础和核心是形式美。宏观的山岳美主要体现为“南秀北雄”，南方的山岳清秀、奇丽，而北方的山岳多雄壮、高大。而微观的山岳个体，又体现了自己独特的外在美。如泰山给人的是雄壮的气势美，有美丽的山上天街和仙山琼阁，而且泉瀑满山、松柏常青，春天繁花似锦、夏秋果实累累、寒冬松柏常青；华山展示的是陡峭的险峻美；黄山有独特的造型美，其风景奇美，气候宜人，生态完整，奇松巧石，玲珑剔透；峨眉山风光秀美，群峰巍峨，逶迤为黛，既有磅礴的气势，又有叠翠之秀幽[16]26。山岳的色彩也是审美体验不可忽略的一个重要方面。“色彩的感觉是一般美感中最大众化的形式。”色彩能有效地唤起人们的情感反应和审美联想。山野间五色斑斓，亭阁错落，层林尽染，最能令人心旷神怡[17]。山岳的美要从不同角度、不同方面综合欣赏，才能发现其自然美的价值。

## 二、远古文化

中国的名山大川多文化悠久，多数曾为某一地区远古文化的代表。

如泰山为东部地区远古文化的代表。大汶口文化和龙山文化都在泰山范围内，泰山脚下都曾出土过大量商周时期的青铜器、楚国的文物等，这些出土的文物可以反映泰山地区2000多年前的远古文化。早在6000年前的新石器时代，就有先民在华山脚下生息，华山脚下的横阵、龙窝遗址是典型的新石器时代遗址。苏秉琦在《谈“晋文化”考古》一文中说：“源于陕西关中西部的仰韶文化，约当距今6000年前分化出一个支系（宝鸡北首岭上层为代表），在华山脚下形成以成熟型的双唇小口尖底瓶与玫瑰花枝图案彩陶组合为基本特征，这是中华远古文化中以较发达的原始农业为基础的、最具中华民族文化特色的‘火花’（花朵），其影响面最广、最为深远，大致波及中国远古时代所谓‘中国’全境，从某种意义上讲，影响了当时中华历史的全过程。”[18]嵩山由于适宜的地理位置、规模和气候条件，孕育了周围发达的上古文明，以河南新郑为代表的裴李岗文化、以河南仰韶村为代表的仰韶文化、以山东章丘龙山镇的城子崖为代表的龙山文化、以河南偃师西南二里头村为代表的二里头文化等一系列原始文明相继在嵩山周边地区兴起、发展和繁荣[19]。

### 三、佛教文化

宗教在我国传播的主要依托载体便是名山大川，从创立之初到后期发展，宗教都将山岳作为首选修炼之地，不仅因为山岳环境清幽静谧，适合修炼，更因为很多宗教神灵或鼻祖都与这些山岳相关。提到某一座山，人们都能联想到某一宗教，联想到某一位神灵或鼻祖，往往这座山就成为该宗教的代表。例如，四大佛教名山会让人们了解佛教的发展与演变、著名的佛寺佛像、经典的佛经、庄严的佛教建筑以及传说中的佛和菩萨；四大道教名山会让人们看到清幽的道观、了解传说中道教的尊神等，至今仍然影响着旅游者前往朝圣，也是山岳旅游客体吸引旅游者必不可少的因素[4]222。道教、佛教视泰山为“仙山佛国”，神化泰山，在泰山建造了大量宫观寺庙。南岳衡山的佛教文化较盛，以禅宗文化为主，出现了许多著名的禅宗祖师。南岳佛教文化源远流长，禅宗文化为南岳佛教文化文体。作为“佛门圣地”的峨眉山，千百年来一直与佛法的宣扬、佛徒信众的礼拜密切联系。嵩山是中国佛教最著名的丛林所在之地，素有“上有七十二峰，下有七十二寺”的说法，其中法王寺建于东汉明帝永平十四年（71 年），仅比中国最早的寺院白马寺晚三年。少林寺则是南北朝时期达摩修行坐禅之地，被誉为中国禅宗的祖庭，在佛教界地位崇高[19]。

## 四、道教文化

道教是中国本土宗教，后因道教的风水文化及长生不老之术备受人们信仰，特别是一些帝王名士都与道士交往，使得道教日益兴盛。例如华山的道教宫观很多，历史也很悠久，早在汉武帝时就建有集灵宫，经过唐、宋、元几代的发展，到明代华山上的道教宫观已经很多了，香火很盛。嵩山中岳庙是道教圣地之一，有“道教第六小洞天”之称。衡山道教文化也较为深厚，汉至魏晋，道家一直热衷于炼内丹，即今所谓气功。烧丹炼汞为外丹，即药物，为古代化学。今南岳紫盖峰下弥陀寺废址右侧的巨石上刻有《还丹赋》，该赋对炼丹之道作了许多阐述，系魏晋时期道家的手笔。道家南来，炼丹技术及其药学固然深有影响，但道家思想、文化在人们中影响却更深。道家玄学与神仙之说也深入人心，神祠道庙更盛。武当山是中国著名的道教圣地之一，是历代求仙学道者的栖隐之地。自明永乐皇帝在武当山特敕修建宫观建筑群，武当山更是被列为道教第一名山，以大岳太和宫最为著名。武当道教是“以武当山为本山，以信仰真武——玄武，重视内丹修炼，擅长雷法及符箓禳，是中国道教的一个重要流派”[20]。

三清山素有“江南第一仙峰”“天下无双福地”等殊誉，蕴含着博大精深的道教文化。道教祖师葛洪选定三清山修炼及后人修宫建观也表明三清山具有道教追求的“天人合一”的仙道灵性。三清山道教遗存大多古朴、小巧、干砌，构思奇特，意蕴深邃，被专家誉为珍有的道教建筑露天博物馆。三清福地各建筑在选点布局上融会贯通了道家“有无相生”的理论，将自然景色与人文景观融为一体[21]。崂山是我国的道教名山，道教文化在崂山地区发育完全，有“道教海上第一名山”“全真道第二丛林”等荣誉称谓，在整个道教界扮演着重要角色。崂山是全真教的重要发展地区，在道教思想内涵发展方面占据举足轻重的地位，崂山成为全真教的主要教区。直至当今社会，崂山道教在道教界仍然占据一席之地，崂山道教文化也成为中国传统文化不可缺少的一部分。崂山道教在崂山遗留了大量的文化精髓[22]。

## 五、书院文化

嵩山是儒家文化影响很大的地方，在国内名山中这种情况比较少见。儒家文化在漫长的岁月里，经历了四个阶段，即先秦原始儒学、西汉神化儒学、宋明理学、现代新儒学。嵩阳书院，位于嵩山南麓，它与当今河南商丘的“应天书院”、湖南的“岳麓书院”、江西庐山的“白鹿洞书院”，并称为宋初四大书院。嵩阳书院是宋明理学教育中心之一，嵩阳书院、崇福宫是宋明理学创始人程颐和程颢等著名儒学大家活动过的地方。到嵩阳书院一游，就可以对儒家文化尤其是宋明理学有比较深切的认识。与观星台景区有关的周公，隐居于箕山的许由、巢父、伯益，虽然生活年代早在儒学诞生以前，但都是儒家尊崇的先贤，有关他们的记载和传说是儒家文化的一部分[23]。衡山书院文化始于唐肃宗时，邺侯李泌之子李繁为随州刺史时，在南岳建南岳书院（现名邺侯书院）以作纪念，时约816—824年，这是我国历史上最早的书院。南岳书院数量众多，在全国居第一位[24]。宋代胡安国父子在南岳书院讲学，形成有名的“湖湘学派”，故南岳是“湖湘学派”的发源地。宋明“理学”“心学”在这里也得到较大发展。

## 六、崇拜文化

原始先民由于对自然科学知识的缺乏，对于一些无法解释的现象要寻求精神寄托，希望得到神灵的庇佑，因此出现了各种神灵，山岳便是重要的神灵群体。人们对山岳产生崇敬甚至顶礼膜拜，随之又产生了相关的神话传说。随着这些神话传说的传播深入人心，更加深了人们对山岳的崇拜。山岳崇拜是我国古代自然崇拜的重要内容，也是最为原始的一个宗教形式，在古代盛极一时。我国对山岳的崇拜，可追溯到远古时代。《山海经·五藏山经》中就将我国大山划为5方21个山区，并分别记载了关于这些山区521座山的神灵和祭祀[25]。相传，昆仑山就是华夏民族的圣山、梅里雪山是当地藏民的圣山、长白山是满族人民的圣山、玉龙雪山是纳西族人的圣山。这种崇拜非常虔诚、严肃，加深了山岳的神秘性。因此，许多旅游者也慕名而来，希望能够体会这种崇拜文化的神秘所在[4]222。古代传统文化认为，东方为万物交替、初春发生之地，故泰山有“五岳之长”“五岳独尊”的称誉。自古以来，中国人就崇拜泰山，有“泰山安，四海皆安”的说法。因为东方是生命之源，是希望和吉祥的象征，而古代中国先民又往往把雄伟奇特的东岳视为神灵，把山神作为祈求风调雨顺的对象来崇拜，于是，地处东方的泰山便成了“万物孕育之所”的“吉祥之山”“神灵之宅”。泰山在古代中国人的观念世界中有特别重要的意义，除被认为能够通天外，还被认为是世界上生命所由产生的地方、人死后灵魂的回归之处。它是华夏民族古神话世界里的神圣之山，我国不少的神话故事都发生在这座神圣而神秘的山上[26]。

### 七、封禅文化

封禅是华夏祭祀的一部分，也是历代帝王非常重视的祭祀活动，这不仅表明历代帝王权力正统、神权天授，也标榜自己的功绩，巩固自己的统治。纵观历代帝王的封禅大典，秦始皇、汉武帝、唐高宗都在泰山进行过封禅；武则天也在嵩山进行过封禅。封禅是沟通天、地、人、神关系的重要形式，也可以使精神意识和外在意志达到和谐统一。古人认为山岳较高，足以向上天表达圣意和民意，因此长久以来形成了封禅文化。山岳崇拜致使封禅仪典制度化、神圣化，泰山封禅成为历代帝王梦寐以求的国家政治行为；神灵信仰直接导致了东岳大帝、碧霞元君等泰山神灵群体的出现，使国家与民众都可以在泰山寻求到自己的崇祀对象，开启了中国历史上国家与民众共享泰山的先河[26]。泰山被古人视为“直通帝座”的天堂，成为百姓崇拜、帝王告祭的神山，受天命而帝王的“天子”更把泰山看成是国家统一、权力的象征。为答谢天帝的“授命”之恩，也必到泰山封神祭祀。自秦始皇开始到清代，先后有 13 位帝王亲登泰山封禅或祭祀，另外有 24 位帝王遣官祭祀 72 次。如今泰山的封禅大典为游客再现了秦、汉、唐、宋、清几个朝代的封禅场景，演绎了中华古代历史故事，也增加了泰山的文化底蕴。

## 八、武术文化

山岳的武术文化也源远流长，武术的形成与发展都依托山岳，与山岳有着密不可分的关系。众所周知的武侠小说和影视剧中出现了许多武术流派，如三分剑术的天山派、峨眉剑术的峨眉派、独孤九剑的华山派、太极神拳的武当派以及以“易筋经”和“九阳真经”闻名的少林嵩山派，都让人们想到与之相关的山岳，这些小说和影视剧增加了山岳的知名度，让我们了解了武术流派的发源地及著名人物，也增加了旅游者了解山岳旅游客体的兴趣。例如武当武术历史悠久，博大精深，元末明初武当道士张三丰集其大成，被尊为武当武术的开山祖师，他吸收了道教文化思想，创造了集武术与养身为一体的太极剑与太极拳。峨眉派武术历史沿革与少林和武当派有所区别，峨眉武术形成于峨眉山，故以峨眉而得名，流传于巴蜀，所形成的风格和特征非常相近相通，均以“峨眉派武术”相称，形成以峨眉派为主的一大地域性武术派系。嵩山少林寺也是少林武术的发源地，因为少林武术闻名于世，嵩山也为世人所熟知。

## 九、神话传说

神话传说作为一种独特的文化形式，为名山大川增添了神秘色彩，也增加了山岳旅游客体文化底蕴。一部古老的神话总集《山海经》把中国海内外的大小古名山（真实的和虚拟的）几乎都用奇异的神话塑造完毕，为山岳注入神与神话的文化内涵：盘古开天辟地的神话传说就与历史文化名山五岳有关，《宝莲灯》中沉香劈山救母的神话故事据说发生在华山，华山也流传着吹箫引凤，随凤而去，达到仙境的佳话。相传上古玄武大帝在武当山得道飞升。普陀山是观音菩萨的南海圣境。嵩山神话传说也比较丰富，如九龙圣母的传说、尧舜禹三帝与嵩山等。南岳衡山有火神祝融的传说、衡山夫人传说等。泰山是王母娘娘神话传说的发祥地。峨眉山相传也是《白蛇传》中白素贞修炼得道的地方。西游记中的许多神话传说也与普陀山、五台山、天台山、泰山有着密切联系[27]。这些神话传说不胜枚举，也增加了山岳旅游客体的神秘感和知名度。

## 十、福寿文化

在中国，人们常常用“福如东海，寿比南山”表达美好的祝愿，所谓“寿比南山”，原来是出自于《诗经 • 小雅》：“如月之恒，如日之升，如南山之寿。”比喻人的寿命像南山那样久，“寿比南山”中的南山指的就是衡山。南岳是中国五岳之寿山，历来为祈福、求寿之圣地，福寿文化源远流长。南岳衡山寿文化历史灿烂，氛围浓郁，用“寿”字或化用的“寿”字命名的比比皆是，如万寿宫、寿宁宫、寿涧桥、寿涧溪、百寿亭、延寿亭、延寿村、寿佛殿等寿文化遗迹无处不在。南岳大庙是集南岳寿文化之成的建筑，显眼处满目是“寿”字，屋檐上、横条柱上、装饰架上到处都能看到“寿”字，而御碑亭的楹枋上更是写有 100 个形态各异的篆体“寿”字，故又名“百寿亭”。南岳之所以称为寿岳，还有一个重要原因，那就是南岳衡山拥有适合人们养生健身、益寿延年的自然条件。

# 第四章 水体旅游客体文化

## 第一节 水体旅游客体类别

水是自然界分布最广泛的资源，不仅是人类生命和生活的重要物质条件，也是极具价值的旅游资源。水会为山带来灵气，会滋润生物，使景区秀丽。而水体由于水的形态、水的声音、水的色味不同，本身就可以形成不同的水体旅游资源。这些水体旅游资源由于对旅游者具有吸引力，经过设计、开发、塑造，成为人们游览、欣赏的对象，具有经济效益、社会效益和环境效益，便形成了水体旅游客体。根据水体旅游客体形成的原因及表现的形态，主要有以下几类：

### 一、江河旅游客体

江河在形态上属于线状水体，通常是地表沿线形凹地运动的经常性或周期性的水流[15]54。这些江河通常都是人类文明的发源地，是古代的交通大动脉，两岸经济发达、历史悠久、人文景观较多，加上自身的清澈水质、自然风光，很多被开发利用，形成了著名的江河旅游客体。如素有“旅游黄金水道”之称的长江、华夏文明“母亲河”之称的黄河、南方最大河系的珠江以及世界上海拔最高的雅鲁藏布江等。

1. 长江

中国的第一长河——长江，全长约 6300 千米，在世界大河中，仅次于非洲的尼罗河和南美洲的亚马孙河，居世界第三位。长江从唐古拉山主峰——各拉丹冬雪山发源，干流流经青、藏、川、滇、渝、鄂、湘、皖、苏、沪等 11 个省（自治区、直辖市），支流延至甘、陕、黔、豫、浙、桂、闽、粤等 8 省（自治区）。长江水系庞大，浩荡的长江干流加上沿途 700 余条支流，纵贯南北，汇集而成一片流经 180 余万平方千米的广大地区，占中国国土面积的 18.8%。

2. 黄河

黄河全长 5464 千米，为中国第二长河。黄河发源于青藏高原巴颜喀拉山北麓的约古宗列盆地，流经青海、四川、甘肃、宁夏、内蒙古、山西、陕西、河南、山东等 9 省（自治区），在山东省东营市垦利区注入渤海。黄河流域汇集了 40 多条主要支流和 1000 多条溪川，流域面积达 75 万平方千米。

3. 珠江

珠江是中国第三长河，全长 2320 千米，流域面积为 45.37 万平方千米，地跨云南、贵州、广西、广东、湖南、江西等 6 省（自治区）和香港、澳门特别行政区。珠江由西江、北江、东江和三角洲河网组成珠江水系，干支流河道呈扇形分布，水系河流众多，形如密树枝状。

4. 淮河

淮河位于长江与黄河两条大河之间，是中国中部的一条重要河流，由淮河水系和沂沭泗两大水系组成，流域面积 26 万平方千米，干支流斜铺密布在河南、安徽、江苏、山东 4 省。流域范围西起伏牛山，东临黄海，北屏黄河南堤和沂蒙山脉。淮河发源于河南与湖北交界处的桐柏山太白顶，自西向东，流经河南、安徽和江苏，干流全长约 1000 千米。

5. 海河

海河是中国华北地区最大水系。海河干流起自天津金钢桥附近的三岔河口，东至大沽口入渤海，其长度仅为 73 千米。但是，它却接纳了上游潮白、永定、大清、子牙、南运河五大支流和 300 多条较大支流，构成了华北最大的水系——海河水系。海河流域面积 31.8 万平方千米，地跨京、津、冀、晋、豫、鲁、辽、内蒙古等8省（自治区、直辖市）。

## 二、湖泊旅游客体

湖泊在形态上属于面状水体，是陆地表面洼地积水后形成的。湖泊不仅是人类生存与发展所必需的重要水源之一，也是兴农兴渔和水上交通的物质基础，也因其具有的形、影、声、色的自然形态，给大自然增添了和谐之美、绮丽风光而成为必不可少的旅游资源。如中国第一大淡水湖鄱阳湖、第一大咸水湖青海湖、无数文人墨客赞不绝口的西湖、号称“八百里洞庭”的洞庭湖等。

### 1. 鄱阳湖

鄱阳湖是我国第一大淡水湖，位于江西省，面积3960平方千米。鄱阳湖湖水茫茫，其中岛屿众多。夏季水天一色，帆影点点；冬季水落滩出，湖汊密布。草洲千里，生态旅游环境极佳。著名的旅游景观有长山群岛、东湖公园、天鹅湖、湿地公园等。

### 2. 洞庭湖

洞庭湖是我国第二大淡水湖。古称“云梦泽”，北连长江，南接湘江、资江等水系，号称“八百里洞庭”。整个湖泊浩瀚迂回，山峦突兀，湖外有湖，湖中有山。著名的“洞庭秋月”“远浦归帆”“平沙落雁”“渔村西照”“江天暮雪”都是洞庭湖的美景。

### 3. 太湖

太湖位于江苏和浙江两省交界处、长江三角洲南部，是我国第三大淡水湖。太湖总面积2400多平方千米，周长390多千米，浩渺如海，风光如画。整个太湖中最大也最美的岛屿是洞庭西山。整个岛屿山峦起伏，美景倒映水中。

### 4. 西湖

西湖位于浙江省杭州市城西，南北长约3.3千米，东西宽约2.8千米，水面面积约6.3平方千米。自古以来，历代人文墨客都对西湖美景赞不绝口。最著名的美景当属清康熙皇帝题刻的“西湖十景”，以及杭州市民评出的“新西湖十景”。

## 三、泉瀑旅游客体

泉水、瀑布在形态上属于点状水体，泉水是地下水的天然露头，瀑布则是从悬崖或陡坡上倾泻下来的水流[15]63。泉水因其不同的温度、矿化度、风光等形成了具有不同旅游功能的客体。如黑龙江五大连池的药泉、具有罕见蝴蝶会的大理蝴蝶泉，以及全国各地数不胜数的温泉等。瀑布则是以其奇特的倾泻形态而吸引游客。如雄伟壮观的黄果树瀑布、奔腾怒啸的壶口瀑布、跨中越边境的德天瀑布等。

### 1. 黄果树瀑布

黄果树瀑布，位于贵州省安顺市镇宁布依族苗族自治县，是珠江水系支流白水河九级瀑布群中规模最大的一级瀑布，因当地一种常见的植物“黄果树”而得名。白水河奔腾的河水自 70 多米高的悬崖绝壁上飞流直泻犀牛潭，响声震天。瀑布银流滔天，水珠漫天飘洒，气势磅礴。以黄果树瀑布为核心，其上游和下游共形成了雄、奇、险、秀风格各异的瀑布 18 个。

### 2. 壶口瀑布

壶口瀑布是黄河上的著名瀑布，其奔腾汹涌的气势是中华民族精神的象征。壶口瀑布是中国第二大瀑布，也是世界上最大的黄色瀑布。黄河至此，两岸石壁峭立，河口收束狭如壶口，故名壶口瀑布。壶口瀑布浪涛激起的水雾烟云，随着高度的变化，其颜色会发生变化，在阳光照射下，光彩夺目，景色奇丽。

### 3. 吊水楼瀑布

吊水楼瀑布，又称镜泊湖瀑布，它位于黑龙江省宁安市西南部。瀑布幅宽约 70 余米，雨水量大时，幅宽达 300 余米，落差 20 米 。它下边的水潭深 60 米 ，叫“黑龙潭”。每逢雨季或汛期，水声如雷，激流呼啸飞泻，水石相击，白流滔滔，水雾蒸腾出缤纷的彩虹。

### 四、海洋旅游客体

海洋是世界上面积最大的水体，尽管面积巨大，但用来开发利用的海洋旅游资源只是其边缘部分。主要的海洋旅游客体就是海滨浴场。海滨浴场是海洋旅游客体中的重要部分，在我国比较知名的海滨浴场有大连海滨、三亚海滨、青岛海滨和北戴河海滨等。

1. 大连海滨

大连海滨位于辽东半岛南端，主要海滨浴场有棒槌岛浴场、夏家河子浴场、傅家庄海水浴场等[15]68，著名景点有金石滩景区、星海公园、老虎滩公园等。

2. 青岛海滨

青岛海滨位于山东半岛东南部，环抱团岛湾、青岛湾、汇泉湾、太平湾、浮山湾 5 个海湾。海水浴场水底平坦、沙细柔软，有著名的第一海水浴场、石老人浴场等。

3. 亚龙湾海滨

亚龙湾海滨位于海南省三亚市东。这里三面环山，一面临水，形成了一个群峰拥抱的大海湾。海水波平如镜，风景如画[15]68，海水洁净透明，沙滩平缓宽阔，沙质细腻，沙粒洁白细软。

4. 北戴河海滨

北戴河海滨在河北省秦皇岛市区西南 15 千米处。它西起戴河口，东至鹰角石，东西长约 10 千米，南北宽约 1.5 千米，是一处天然海滨浴场。北戴河海滨海岸漫长曲折，滩面平缓，沙软潮平，海水清澈，是我国一处规模较大、风景优美、设施比较齐全的海滨避暑胜地。

## 第二节　水体旅游客体文化

自然水体资源面积广阔，资源丰富，许多水体资源的旅游价值也较高，目前已经开发利用的水体旅游客体也数不胜数，不仅因为水体资源自身的性质，也因为水体资源所蕴含的文化。水体旅游客体文化，是指自然水体客体本身及其相应的文化底蕴，经过人们长期的审视、品评、“人化”、认同、设计、利用，并成为人们游览、观赏的对象，以及人们在水体旅游客体游览历史过程中的文化积淀，所展现的以自然水体为载体、以水文化为内涵的自然水体旅游客体文化形态 [4]115。水体旅游客体文化主要表现为：

## 一、审美文化

水体美也是人们对自然水域资源的外在形态长期观赏、体验、感受所认同的主观感受。

水体美是不同水体在一定条件下外在形态的展现，可以通过形状、色彩、声音等多方面体现。江河常常给人们的感受是奔流不息、江水永逝的雄壮美；湖泊更多呈现出微波荡漾、宛若平镜的广阔美；瀑布则给人以咆哮而下的气势美；而海洋却以它汹涌磅礴的浩瀚美征服世人。静态的湖泊、池塘给人幽静美；动态的流瀑、飞泉、小溪则给人以活力美。桂林漓江的水清澈碧透，泛舟之上，可一睹“群峰倒影山浮水”“曲水长流花月妍”的妖娆美景 [15]53。湖北神农溪“一里三湾，湾湾见滩”。大理蝴蝶泉风光秀丽，泉水清澈，水质淡美。武夷山九曲溪蜿蜒曲折，景色随溪变换。

水体美也体现在水体与主观欣赏者精神方面的和谐统一。庄子认为，审美主体只有做到“心斋”“坐忘”，即心境的清明虚静、忘怀一切，才可能进入审美境界，进入到那种与天地万物浑然一体的境界中，达到精神上的绝对自由。张孝祥的《念奴娇・过洞庭》展现了一个静谧、阔大的景象：时近中秋的洞庭湖风平浪静，纤尘无染，独荡一叶扁舟漂游在洁白、晶莹的水面上，月色柔曼、星河明亮，水天一片空明澄澈。诗中物我融通、“天人合一”后的光明莹洁虚静清朗，一种精神绝对自由的至美之境[28]。徐霞客在游福建九鲤湖时就曾描述九鲤湖的风光丰富多彩，变化万千，使其目不能移、足不能前！也正是这种对大自然发乎心底的深情，使徐霞客一生与山水相伴，不倦地探寻山水美、品赏山水美，饱享“天人合一”境界带给精神深处的快慰[28]。这些审美文化是人们对于水体旅游客体的意境发掘和感受，是游客对于水体旅游客体最直观的体验。

## 二、崇拜文化

古人对山岳有强烈的崇拜心理，而对水体同样有着浓厚的崇拜意识。人类对于水的崇拜，起源于人们对水的依赖或者是水带来了人们的期待，人们认为水也具有与人相同或者相似的思想和感情等。人类崇敬水，因为水是生命之源。一切生命体都是由于有了水才得以产生和发展的，水是生命之母，也是人类之母。最早的水体崇拜，在一些传统节日和生活习俗中，还可以找到它的遗存。如新疆北部维吾尔族的谒水节，藏族的沐浴节，德昂族的浇花节，湖南、江西交界处的万石山一带汉族的敬水节，水族的洗澡节，等等，把水称为甘泉、甘露、神水，或跪拜或焚香，或饮用或洗浴，表现出对水的虔敬崇拜之意[29]。此外，水体崇拜还表现在乞子、生育、婚仪等习俗中。水能使植物发芽、生长、结果实，这是原始人能经验到的现象。原始人又惯于把人与植物等视为同类。人与植物既然属于同类，水能使植物生长，也就能使人生育繁殖了，所以向水乞求生育就成为水崇拜的原始内涵之一。后世形形色色的乞子、婚仪等习俗还保留了这种原始内涵。云南永宁纳西族有喝水、洗浴的乞子习俗等[29]。

许多水体都成为人们的崇拜对象，因为这些江河是滋养培育这些人的摇篮，所以成为人们心目中的圣水。例如云南的水文化丰富多彩，傣族、哈尼族、藏族等少数民族都把湖泊、河流当作神灵加以崇敬。例如泼水节最初反映了人们征服干旱、火灾的愿望，而后作为一种习流传下来。节日期间，人们把水看作是圣水，不分男女老少，互相泼水，洗旧迎新，象征幸福。如摩梭人将泸沽湖看作是母亲湖，泸沽湖水清澈透明，蓝如宝石，人们认为是泸沽湖水养育了摩梭族人。玛旁雍错是藏族人心目中的圣湖，藏民认为该圣湖是胜乐大尊赐给人类的甘露，以湖水洗身，不仅能清除肌肤的污垢，还可以清除人们心灵上的烦恼业障；而饮用湖水，不仅可以健身，还可以消除百病[30]。纳木错也是西藏的圣湖之一，可以预卜凶吉祸福，被称作“天湖”[31]。水崇拜还体现在丧葬习俗方面。如上至帝王、下至百姓，死后安葬都要考虑水的因素。不仅帝王陵墓考虑风水因素，一些少数民族葬俗选用水葬、船棺等形式，也体现了人们对水的崇拜。

## 三、祭祀文化

人们对于水的祭祀文化始于远古时代人们对于水的恐惧，因为对于水患无能为力，人们不得已祈求那些虚幻的水神，从而出现了水神祭祀文化。由于统治阶级对人们愚昧无知的利用以达到趋利避害的功利目的，加之原始宗教意识的作用，形成了水神的祭祀活动。水祭祀为祭祀的一种，是现实的人对以水为载体的“虚拟的人”的崇拜或纪念。水祭祀有龙祭、禹祭、潮神祭、李冰祭、二郎神祭、许逊祭、屈原祭、妈祖祭、水鬼祭等多种样式[32]。例如，汉武帝时，黄河泛滥成灾，汉武帝曾亲自到决口处沉白马、玉璧祭祀黄河之神。汉宣帝、汉桓帝等都曾举行过隆重的祭祀淮神仪式。同样，居于湖泽附近的人多祭祀湖神；居于海滨的人多祭祀海神，以求保佑出海平安和满载而归。这些祭祀仪式通常比较隆重，要有正式的水神祭祀神位，要有宰杀的牲畜、准备的食物、酒水和水果等，有焚烧香纸、唱戏等活动。有时这种祭祀文化甚至一度达到劳民伤财的地步。如都江堰岁修之前，都要举行盛大的求神、祭祀活动，这不仅是纯粹的封建迷信活动，而且是地方官搜刮民财、中饱私囊的手段。宋、元之际就曾规定，开祭之时，每家每户都要贡献祭物，或宰猪，或杀羊，或献财物，由于劳动人民的强烈不满，曾惊动了朝廷，但屡禁不止[32]。

还有祭龙，人们就曾用大量的牲畜甚至美女等沉河祭祀河神。黄河流域的先民崇拜河伯，卜辞中常见“潦于河”，祭祀时杀羊；又有“沉嬖”陋习，即用年轻女子活祭。这种情况直到战国时期还存在[33]。

水祭祀文化还体现在古代先民用原生态的水祭祀神灵。先民最初是把天然的水放在水池中以供饮用，也用它祭祀鬼神。祭祀时原生态的水称为玄酒，摆放在离神位最靠近的位置，以示其尊贵。古代先民就用这种朴素的方式表达他们对神灵的敬意[34]。水是人类生活中最普通的一种物质，它对人类的生产和生活都产生了极其重要的影响。古代先民由水的重要性而衍生出来的对水的一系列相关风俗，凝聚着我国古代先民对水的认知和感受，也积淀着我们中华民族的智慧和博大精深的中华传统文化。

### 四、原始文化

江河湖海地区通常是人类较早生活的地方，孕育了我们伟大祖国的原始文化，形成了灿烂多彩的人类文明。例如，长江上游著名的巫山大溪文化、长江中游新石器时代的屈家岭文化、长江下游新石器时代的河姆渡文化反映了7000年前长江流域氏族的情况；太湖流域的良渚文化体现了距今5000年左右的太湖流域情况；三星堆文化则体现了中原夏商文化；黄河流域的龙山文化展现了龙山时代的中原文化；黄河流域的半坡遗址展现了新石器时代的彩陶文化，是仰韶文化的代表；辽河流域的红山文化则是母系氏族全盛时期的彩陶文化；还有以黑陶为代表的太湖流域的良渚文化等都向人们再现了不同时期的原始文化。黄河是中华文明的摇篮，而中华文明的主体是汉民族，因此，黄河即是汉民族文化的摇篮。汉民族主源炎黄集团和东夷集团在上古传说时代就活动在黄河流域。据我国古代传说，大约在四五千年以前，在黄河流域、长江流域居住着许多部落和部落联盟。黄帝、炎帝等华夏部落居于黄河上游和中游，太烽、少昧等东夷部落居于黄河下游。南方的长江中游是苗蛮部落的根据地[35]。

山西汾河流域襄汾丁村、史村等 20 多个遗址，发现了旧石器中期的人类化石和典型的文化遗物，称为“丁村人”和“丁村文化”。“丁村文化”与“汾河文化”有密切的关系。这些原始文化加深了水体旅游客体的文化底蕴，也是游客可以从中读到的精神文化。

## 五、养生文化

水体中，温泉、矿泉、海水、湖泊均有康体、疗养的功效，因为它们含有许多有益人体健康的成分[4]225。其中许多矿物质、微量元素、负离子等具有较好的保健作用，例如可以调整血液循环、促进人体新陈代谢、提高免疫能力、治疗皮肤疾病、放松身心等，也由此催生了与水体相关的养生文化。这种养生文化可以追溯到远古时代，那时的人们便祭祀汤神以求祛病消灾，以至于后来出现了闻名遐迩的秦始皇的骊山汤、杨贵妃的海棠汤等，相当于现今的温泉养生，在古代主要为帝王养生。现代人对水体养生文化也尤其重视，使得水体旅游备受欢迎。例如水体按摩可以明显改善肩背僵硬、腰酸腿疼的症状，泡温泉可以松弛神经、缓解压力、排除毒素、增强体质等。海水浴也有很好的保健养生的功效，例如调节神经系统、内分泌系统、免疫系统，有效改善失眠、腰腿痛、颈椎病等。

## 六、民族精神

江河湖海是人类生命的起源地，也是人类文化的发源地。江河湖海浩瀚壮观、变幻多端、自由奔放、奥秘无穷，人类视江河湖海为力量与智慧的象征与载体。江河湖海包罗万象，人类在开发利用这些水体客体的社会实践过程中形成了丰富的精神成果和物质成果，如人们的认识、观念、思想、意识、心态，以及由此而生成的生活方式，包括经济结构、法规制度、衣食住行习俗和语言文学艺术等形态。如先民们把耕海作为获取生活资料的一个重要来源，以海为田，体现了中国古老的海洋农业文化；明朝初期郑和下西洋进行了大量的海外朝贡贸易、官方贸易和民间贸易，中国逐渐形成了宁波商帮、潮汕商帮和福建商帮等靠海起家的商贾团体，他们处变不惊，敢拼敢赢，勇于探险，善于开拓[36]，体现了中国古老的海洋商贸文化。江河湖海等水体客体中崇尚力量的品格，崇尚自由的天性，其强烈的个体自觉意识、强烈的竞争意识和开创意识，造就了人们开放性、外向性、兼容性、冒险性、神秘性、开拓性、原创性的性格品质和拼搏进取的民族精神。它们体现了我们中华民族博大兼容、刚毅无畏、开放交流、开拓探索的精神。无论何时何地，这些水体客体都是我们民族的符号，是我们民族精神的象征。

在漫长历史进程中，中华民族创造和形成了极为光辉灿烂的水文化，其具有永恒价值性的精髓主要体现在：天人合一的和谐理念、以人为本的民生理念、得水为上的发展理念和上善若水的价值理念。这些理念形成一种水精神，构成水文化的核心价值体系的重要内容，也是水文化的灵魂[37]。我们要继承和弘扬传统水文化的精神，充分挖掘水体旅游客体文化。

# 第五章　生物旅游客体文化

## 第一节　生物旅游客体类别

在地球表面，有各种各样的生物，包括植物、动物和微生物，这些生物生活在空中、地表和海洋等各个角落，是地球生物圈的必要组成部分，也与人类有着密切联系。这些生物有的具有观赏价值，有的具有研究价值，有的具有净化作用，也被人类作为旅游开发的对象。这些生物旅游资源由于对旅游者具有吸引力，经过设计、开发、塑造，成为人们游览、欣赏的对象，具有经济效益、社会效益和环境效益，便形成了生物旅游客体。

### 一、植物旅游客体

植物旅游客体是自然界中对旅游者具有吸引力，可以为旅游业所利用，通过设计、开发等，能够产生效益的植物旅游资源。这类资源种类丰富、范围较广。中国植物资源丰富，分布在热带、亚热带、温带、寒带等大部分地区，有食用、药用、工业用、改造环境等多种用途，而且一些植物资源已经成为濒危物种。植物旅游客体不仅作为其他景观辅助资源而存在，也可以作为独立的旅游资源客体而开发利用。依据植物分布的面积、植物类别以及目前被开发利用的状态，植物旅游客体主要包括森林旅游客体、草原旅游客体和花卉旅游客体。

1. 森林旅游客体

我国的天然森林主要分布在东北的大、小兴安岭和长白山地区，西南的横断山区和藏东南地区，以及长江中下游的山地丘陵地区[15]75。森林是人类接触大自然的理想去处，为人们提供了安静舒适的环境，使人们身心健康、陶冶情操，是适宜开展探险、猎奇、疗养、游乐活动的旅游资源。森林旅游客体比较著名的有张家界森林公园、西双版纳原始森林、千岛湖森林公园和蜀南竹海等。

2. 草原旅游客体

草原是在干旱、半干旱气候条件下，由旱生或半旱生的草本植物组成的植被类型。我国的草原遍布全国各省、自治区，主要分布于北方干旱区和青藏高原。我国的草原以温带、暖温带的高山草甸、草原为主，主要分布在内蒙古、新疆、青海、西藏等地区[15]77。草原旅游客体则是以内蒙古、青海、西藏地区的草原为主，如呼伦贝尔草原、鄂尔多斯草原、金银滩草原等。

3. 奇花异木旅游客体

各种古树名木和奇花异卉特点不同，种类繁多，也具有很高的旅游欣赏价值。我国有许多历史悠久的古树名木和奇花异卉，它们形态别致、朝气蓬勃、美化环境，又能寄托民族的思想。古树名木和奇花异卉旅游客体多以植物园、花博园或花卉节的形式展现。知名的有沈阳植物园、云南勐仑植物园、昆明国际花卉节、洛阳牡丹节以及中国花博会和地方花博会等。

## 二、动物旅游客体

地球上的动物种类繁多，数量丰富，但作为主体旅游资源开发的并不多。动物旅游客体主要包括观赏动物和珍稀动物。珍稀动物多数在自己的生活环境中自然存在，作为已经开发的旅游客体的辅助资源而存在，如森林旅游客体中的珍稀动物大熊猫、金丝猴等，江河旅游客体中的海豚、娃娃鱼等，高原旅游客体中生活的白唇鹿、藏羚羊等。珍稀动物作为规模性的旅游客体开发的多数是自然保护区，规模性旅游客体开发的动物多为观赏动物，主要在各大动物园或表演馆内，方便游客对动物近距离观赏。

1. 观赏动物

观赏动物是因其体态、色彩、姿态、发声等方面独有的特征而吸引人们注意。此类动物包括观形动物、观色动物、观态动物、听声动物等几类。

2. 珍稀动物

珍稀动物是具有较高价值、现存数量较少、极为珍贵的稀有动物。这些动物不仅深受人们喜爱，有的还被视为国宝。我国幅员辽阔，环境多样，拥有不少珍稀动物，许多动物都是世界性的珍稀物种，如我国国宝动物大熊猫、金丝猴、白鳍豚、白唇鹿等。

3. 表演动物

表演动物通常是在人工驯养条件下能够模仿人的动作或在人的指挥下做出某些技艺表演的动物。这些动物通过做可爱或可笑的动作来吸引游客，增加游客的观赏乐趣。

## 第二节 生物旅游客体文化

生物旅游客体文化，是指自然生物旅游客体本身及其相应的文化底蕴，经过人们长期的审视、品评、“人化”、认同，设计、利用，并成为人们游览、观赏的对象，以及人们在生物旅游客体游览过程中的文化积淀，所展现的以生物及其生活环境为载体、以生物文化为内涵的生物旅游客体文化形态。

### 一、审美文化

生物的美主要体现在生物的色彩、形态、声音等方面。如茂密的树林，群山连绵，林木苍翠，绿树浓荫；一望无际的草原，微风吹过，犹如碧波荡漾，远远望去就像一片绿色的海洋。不同植物也会有不同姿态、在不同季节也会有不同色彩。珙桐被人们称为植物界“活化石”，其乳白色的大苞片像鸽子翅膀，不仅具有色彩美，而且具有姿态美。黄山的奇松，形态和气势各不相同，有的树冠扁平，飘逸多姿；有的刚劲挺拔，傲然直立。兰花终年常绿，花色淡雅，姿态端秀；梅花花小，多为白色、深红或粉红，在白雪的映衬下格外鲜艳。动物也因其体态、色彩等给人以美的享受。老虎体形高大，狮子毛色壮观，北极熊洁白无瑕，斑马黑白相间，猿猴动作灵巧，棕熊憨态可掬。鹦鹉善仿人言，八音鸟可发出八种声音，弹琴蛙的叫声似委婉动听的古琴声[15]82。正是人们长期以来根据这些生物的特点赋予了它们不同的审美特征，形成了审美共性，进而形成了相关的旅游客体。

## 二、植物文化

在中国传统文化的影响下，植物被赋予了丰富的精神内涵，凝聚了丰厚的民族文化，逐渐形成了具有民族特色的中国植物文化[38]。植物象征文化历史久远，运用广泛，不仅因为植物本身具有的特性，也因后人赋予这些植物特殊的寓意，所以很多植物都作为民族、国家、省市的代表。牡丹在中国传统意识中就是繁荣昌盛、幸福和平的象征，因其雍容华贵而成为我国的国花；玉兰花是上海的市花；黄山松是安徽的省树；芙蓉是成都的市花；月季是北京、天津、青岛、威海、大连等城市的市花；丁香是哈尔滨市的市花；玫瑰是沈阳的市花等。

植物因其自然特性不同，被赋予的文化象征意义也不同。松柏是长寿的象征；松、竹、梅是高贵品格的象征；百合是幸福美好的象征。松树象征长生不老，是千年古寿的形象代表。柏树在民俗中习惯用谐音“百”，柿子谐音“事”，橘子谐音“吉”，这几种植物组合在一起象征百事吉祥。莲花常喻有君子风度，不流世俗。菊花是雅洁高尚、傲霜品格的象征。竹代表高风亮节，谐音“祝”，寓意美好祝愿。大枣、花生、桂圆、栗子有家庭和美之意，是求子的吉祥物，几种植物组合在一起，寓意“早生贵子”，也是植物象征在人们生活中最广泛的体现[39]。月季花或四季花卉如梅、兰、荷、菊等插入瓶中寓意一年四季，月月幸福平安。荷花因其“出淤泥而不染”的生态特征被誉为“花之君子”，它是唯一花、果、种子、根并存的植物，因此被佛、道二教视为圣洁之物，是智慧与清净的象征[38]。桂花是有着古老历史的花木，被称为月中之树。关于它的神话传说不乏其数，如嫦娥奔月、吴刚伐桂，后被打上科举文化的烙印，以“蟾宫折桂”借喻仕途得志，飞黄腾达[40]。梧桐招凤凰，被认为是圣雅之物。可见，中国植物文化象征都是人们对于美好生活的向往。

植物文化还表现为养生文化。人们走进森林或草原，领略大自然的风光，利用森林或草原调节身心的旅游活动，旅游者可以实现回归大自然、返璞归真、追求天人合一的境界，满足其精神上和心理上高层次的追求。

## 三、动物文化

动物文化是指某些动物本身具有的和与其有关的诸社会文化现象，这涉及众多文化领域，其综合效应渗透于人类社会生活的各个方面，动物文化是社会文化的重要组成部分[41]。人类早期的图腾崇拜就属于动物象征文化。中国远古时期众多的氏族集团各有自己的图腾，如黄帝族以熊为图腾，炎帝族以羊为图腾，太昊族以日为图腾，少昊族以挚鸟为图腾，颛顼族以瑞玉为图腾等[42]。商族的图腾是玄鸟，鄂伦春人、鄂温克人崇拜熊，匈奴、突厥崇拜狼图腾等。我们中华民族一直自称为“龙的传人”，衍生了龙文化，将龙作为尊贵、权力的象征，由此产生了龙图腾文化、龙祖根文化、龙皇权文化、龙祥瑞文化，也有许多相关的神话传说。更有代表的动物文化就是中国的十二生肖文化，直至现今在许多方面都影响着华夏子孙。

还有许多被赋予了美好意义的动物。如鸳鸯是祝福夫妻和谐幸福的最好的吉祥物。“鱼”与“余”谐音，所以鱼象征着富贵。“如鱼得水”用来描述工作和生活和谐美满、幸福、自在。古代白象为瑞兽，象字又兼有景象的含义，而古瓶寓太平，古代经常将白象、古瓶与手中各持福字、如意、莲花、笙等物件的童子们组合在一起，寓连年如意、富贵高升、太平有象之意。又如鹿与禄同音。禄，古代称官吏的薪给为俸禄，寓财富。蝠与福同音，取纳福、享福、受福之意。羊有吉祥之意，九羊，寓意吉祥如意之事，数不胜数，连绵不尽，如九阳开泰。麒麟也是传说中的神兽，与龙、凤、龟合称为“四灵”，象征吉祥和瑞，古人常将麒麟与如意、男孩等结合，寓意麒麟送子、麒麟如意等。蜘蛛是一种预报喜事的动物，它从蛛网上沿着一根蜘蛛丝往下滑，表示“天降好运”。“喜鹊”是“鹊”的俗称，在古代，鹊曾被叫作“神女”，它具有感知预兆的神异本领。动物象征不胜枚举，也是人们对于美好愿望的诉求。

## 四、崇拜文化[43]

自然崇拜是人类在发展过程中形成的对大自然最初的认知和阐释，人类自然崇拜的内容很多，也很复杂。崇拜对象与他们最初所处的自然环境有密切联系，因此居住于原始森林环境下的人们对于树木也会有崇拜。许多树木崇拜都存于民间传说或民间故事里，如维吾尔族民间故事《神树母亲》中表现了维吾尔族把树看作是人类的母亲，认为树木非常神圣，呵护着民族的子女。蒙古族民间文学《树的儿子》也认为树是孩子的父母。在蒙古族民俗中，人们将一些高大粗壮、形状奇异的老树看作是神树崇拜。而且北方一些民族为了祭祖先、敖包或山水，也专门挑选树枝或树干。除了植物崇拜，动物崇拜也很多[44]。如傣族人崇拜野象、马鹿和孔雀。森林中的野象是西双版纳傣族的图腾崇拜物之一。在傣族人中广泛流传着许多关于象的神话传说。傣族人自认为是象的后裔，生活中处处有象崇拜的民俗。孔雀也是傣族民众心中的吉祥鸟，民间流传着许多关于孔雀的美丽动人的神话故事。当你进入西双版纳，你会看到村寨中、寺庙内、屋顶上、道路旁、公园里处处有栩栩如生的孔雀雕塑。节日里，傣族青年男女跳起优美动人的孔雀舞。满族崇拜鹰，在善于讲古的满族老人的口碑中，鹰是拯救其先祖女真人的神灵。在保留有野神祭的满族宗族中，鹰神为众动物神灵之首神。藏民族是以牦牛为图腾崇拜物的。历史文献还记载：当初天神之子聂赤赞普从天而降，“遂来做吐蕃的牦牛部之主宰”。

藏族地区“甲戎人供牛头人身像，墙上用白石头嵌牛头、屋顶供奉牛头”。在藏族几千年的历史长河中，对牦牛的图腾崇拜不断发展和演化，形成了一种既古老而又现代的文化形式——牦牛文化。

## 五、辟邪文化

辟邪现象广泛而深刻地渗透进中国民众的日常生活之中，积淀成中国人一些独特的思维方式、价值观念和心理状态，构成中国的辟邪文化。植物在辟邪文化有着非常重要的作用。因为古时医疗不发达，一些疾病无法得到治疗，一些迫害百姓的怪物扰乱民生，人们便利用一些植物进行辟邪驱灾。如古人认为桃木为仙木，凝聚了天地五行之精气，可以压邪，是民间克邪的利器。如新年，人们要挂桃符压服邪气，增福添寿。艾叶和艾草辟邪也是民间广为流传的习俗。因为艾本身是一种中药，有一些神奇的药用，因此其驱鬼克邪的作用被人们神化。如端午时节，人们要饮菖蒲酒，挂艾蒲驱除灾疫、避瘟保健，出门时也可以随身携带。重阳时节人们要佩戴茱萸，饮菊花酒辟毒破气，延年益寿。动物辟邪文化也深入到人们的日常生活中，成为中国辟邪文化的组成部分。例如人们认为貔貅具有招财转运的能力，便佩戴貔貅饰品以求逢凶化吉，招财进宝。龟自古以来就是福禄深厚灵物的代表，人们认为其镇宅辟邪的功效极大，常被人们用来守护宅院。雄鸡也是古代人们认为的吉祥物，在古代传说中，只要雄鸡报晓，一些妖魔鬼怪便了无踪影，或是现了原形，因此雄鸡也常用于辟邪。

# 第六章　天象气候旅游客体文化

## 第一节　天象气候旅游客体类别

天象、气候旅游客体主要是与日月星辰及其相关变化引起的自然现象，我们平时能够观察和欣赏的天象气候现象有日食、月食、星辰、星象、蜃景、极光、云、雾、冰、雪等，有些天象气候的出现，需要有一定的条件，而且这些条件是人们无法左右的，也很难作为主体旅游资源进行开发。但是目前人们已经掌握了一些天象气候的规律，可以预测天象气候的出现时间，特别是一些天象气候资源只能作为一些旅游客体的附属资源而存在，无法作为主体旅游资源而存在，但也属于天象气候旅游客体。例如，在山岳旅游客体中可以欣赏到云海、日出、佛光等景观，在海面可以欣赏到日出、晚霞、蜃景等景观。但是有些天象气候资源可以作为主体旅游资源开发，成为天象气候旅游客体。如哈尔滨冰雪、吉林雾凇资源就是目前开发非常成功的气候旅游客体，人们不仅可以感受到气候现象，还可以参加利用这些气候资源设计的旅游活动，滑冰、滑雪、冰雕、雪雕、冰雪节、雾凇节等。此外，古人通过观测天象了解天文和时间的变化也留下了许多的天文台、天象馆等旅游客体，如北京的古观象台、登封市的测景台、洛阳的灵台等，可以让游客了解天象现象、天象奇观、模拟天空和宇宙。

# 第二节　天象气候旅游客体文化

天象气候资源是自然的客观存在，本身并不具有文化内涵，但是由于先民对于天象气候现象的不解、困惑、崇拜等，给这些天象气候现象赋予了特定的文化。天象气候旅游客体文化，是指天象气候旅游客体经过人们长期的审视、品评、“人化”、认同，设计、利用，并成为人们游览、观赏的对象，以及人们在天象气候旅游客体游览过程中的文化积淀，所形成的以天象气候为载体的文化形态。

## 一、象征文化

自古以来，对于天象气候景观，人们一直存在着某种特别的文化意识，更多源于先民对于天象气候景观无法解释、不可预测，因而将这些天象气候现象赋予了特定的文化意义。例如佛光，人们认为积德行善、与佛有缘的人才可以看见，并不是所有去峨眉山的游客都能够看见，而且佛光被认为是救世之光、祥瑞之光，看到的人会得到佛祖的保佑。彗星则被认为是不吉利的象征，看到彗星的人会厄运连连[4]230。文曲星被认为是主管文运兴衰的星官，牛郎、织女星被看作是爱情受挫的象征等。很多自然现象都被人们赋予了一定的象征意义。如白虹贯日是一种白色的长虹穿日而过的自然现象，古人却认为看到这种天象会有不祥的事情发生。夕阳黄昏多用来象征离别、凄凉、孤独；明月多象征思乡、团圆。蜃景是美好幸福的象征，日月并升奇观更是幸运的象征。陨石陨落也常被看作是伟人逝去的象征。天象气候景观象征很多，有些甚至已经根深蒂固，影响很大。

## 二、节气文化

中国人利用天象气候的变化形成了中国独特的历法——农历，也进而形成了指导农耕作业的二十四节气文化。2006 年 5 月 20 日，“二十四节气”作为民俗项目经国务院批准列入第一批国家级非物质文化遗产名录。2016 年 11 月 30 日，中国“二十四节气”被正式列入联合国教科文组织人类非物质文化遗产代表作名录[45]。二十四节气是结合自然气候、星象、作物等特点命名的，是中国人通过观察太阳周年运动，认知一年中时令、气候、物候等方面变化规律所形成的知识体系和社会实践，对于现今人们的生活仍然有重要的指导意义，并留下许多脍炙人口的二十四节气歌谣、对联、农谚、民俗活动等，例如，一场秋雨一场寒、瑞雪兆丰年等。例如，冬至俗称“冬节”，是中华民族的一个传统节日。古代冬至例行放假，《汉书》中说：“冬至阳气起，君道长，故贺。”人们认为：过了冬至，白昼一天比一天长，阳气回升，是一个节气循环的开始，也是一个吉日，应该庆贺。明、清两代皇帝均有祭天大典，谓之“冬至郊天”[46]，帝王在冬至日要祭祀天地。冬至也是普通百姓祭祀祖宗的日子，直到今天，民间还有“冬至大如年”的说法。古代夏至要祭祀土地神，祈求丰收，防止病虫害发生，或祭祀水神，祈求风调雨顺。

## 三、星占文化

美国有个汉学家说中国天文学起“法典”的作用，把天文学家当成了法律的解释人。比如看见日食出现，天文学家、星占学家就解释说，这发生在哪一个宫，什么变了，皇帝应该怎么办。这套认为天地人是互相感应的自然观，是从董仲舒开始的。这个人之所以能当皇帝，是他能“授命于天”。假如预警，皇帝不改，再预警，还不改，就代表不了天的意志，就要换人，改朝换代跟这一套联系起来，天文学参与了政治运作。这种引起政治运作的东西很多。与其他学科相比，天文学不是一门科学，而成了政治工具，为朝廷和帝王的政权提供合法的依据。古代星占学专以战争胜负、王朝盛衰、帝王安危等军国大事为占测对象。例如武王伐纣就是利用了 7 种天象条件全部满足从而被人们看作是胜利的原因。唐宋的政治中，每每斗争的非常时刻，总会有人从天象的角度来为事变的正常进行提供合理依据。如玄武门事变的发生与当时“太白经天”的出现有直接关系。“彗星三见”也曲折地反映了昭宗、哀帝与朱全忠之间激烈的政治斗争[47]。又如日食，古人认为此天象是上天对最高统治者的警告，对最高统治者不利等。

最典型的中国传统星占学天象政治理论形成了二十八星宿说。二十八星宿包括东方苍龙七宿、西方白虎七宿、南方朱雀七宿和北方玄武七宿，古人把每一方七宿联系起来想象成四种动物形象，叫作四象[48]。二十八星宿则被认为是四方守护神，广泛应用于日常生活中，甚至作为婚姻、祭祀、丧葬等事情的征兆，多年来也被运用于黄道吉日的文化中，以至于后来出土了许多星象图、星占图都收藏于相关的博物馆，供后人了解其文化[48]。

## 四、神话传说

有些天象和星宿比较特殊，引起了人们的想象，也应运而生了许多典故。例如中国传统神话中就有太阳女神羲和注视时日的循环，测定日月星辰的运行规律[49]。古时人们不知道有月食这一天象，每当月食发生，人们都以为是天狗将月亮吞吃掉了，留下了天狗食月的典故。牛郎织女的动人爱情故事就是根据牛郎星和织女星创作的。影视作品中这种神话传说也广为流传。如《新白娘子传奇》中就将许仙的儿子许仕林神化为文曲星转世。在古代神话传说中，文曲星是主管文运和仕途的星宿，所以古代很多文章写得好而被朝廷录用为大官的人多被认为是文曲星下凡。封神演义中比干也被封为文曲星。《封神演义》与天象有着密切联系，神话传说更是不胜枚举。如北斗七星之一的天璇星，又称巨门星，在封神演义中的代表人物是姜子牙的妻子马千金，被看作是掌管是非、口才之神。二十八星宿在封神榜里也都有相对应的星君。而且中国民间重视的福禄寿也有相应的福星、禄星、寿星神话故事，用于民间崇拜祭祀，也是民间吉祥如意愿望的一种寄托。

# 第七章　古工程旅游客体文化

## 第一节　古遗址旅游客体文化

### 一、古遗址旅游客体

古遗址，指古代人类各种活动留下的遗迹。既包括人类为不同用途所营建的建筑群体，以及范围更大的村寨、城堡、烽燧等各类建筑残迹；也包括人类对自然环境利用和加工而遗留的一些场所。古遗址种类十分丰富，包括聚落遗址、住葬地遗址、工业遗址、矿冶遗址等。作为古遗址旅游客体最常见的有古人类遗址、古战场遗址和古道路遗迹等。古人类遗址是指从人类形成出现到文字记载历史以前那一段历史时期的人类活动遗址，包括古人类化石、原始聚落遗址、生产工具和生活用品等[15]135。

1. 旧石器时代古人类遗址

旧石器时代是以使用打制石器为主的时代，旧石器时代人类主要以天然岩洞穴居为主。我国主要的旧石器时代人类遗址有云南元谋人遗址、陕西蓝田人遗址、北京人遗址、陕西大荔人遗址、广东马坝人遗址、山西丁村人遗址、广西柳江人遗址、四川资阳人遗址、北京山顶洞人遗址等[15]136。

2. 母系氏族社会遗址

母系氏族社会遗址主要有河南新郑裴李岗遗址、河南渑池仰韶遗址、西安的半坡遗址、山东泰安大汶口遗址、浙江余姚河姆渡遗址、四川大溪遗址等[15]137。母系氏族社会遗址表明了当时普遍使用磨制石器，出现了石铲、石刀等农业工具；出现了原始畜牧业及农牧业。手工业出现了以彩绘红陶为代表的“彩陶文化”。遗址中出土的还有大量原始房屋遗迹。

3. 父系氏族社会遗址

父系氏族社会遗址主要有山东泰安大汶口二期文化遗址、山东章丘龙山文化遗址、内蒙古赤峰红山文化遗址、浙江余杭良渚文化遗址、湖北京山屈家岭文化遗址等[15]137。父系氏族社会遗址出现了大型磨光石斧、石镰等工具，大型陶瓮、陶杯等饮酒器。手工业以黑陶文化为主。

4. 古道路遗址

古道路遗址是遗留下来的最原始的交通联系通道，在人类社会发展过程中，形成了纵横交错的古代道路网络。古道路遗址旅游客体主要有丝绸之路、茶马古道。丝绸之路是一条横贯亚洲、连接欧亚大陆的著名古代陆上商贸通道。丝绸之路在中国境内跨越了陕西、甘肃、宁夏、青海、新疆等地区，沿线自然景观奇特而壮丽，民族特色独特，传统文化浓厚，还有众多的历史文化古迹，如兵马俑、莫高窟、嘉峪关、汉烽燧遗址、高昌古城遗址等。茶马古道是我国西南地区一条马帮之路，是以茶叶为纽带的古道网络，是一条美丽的文明古道。古道上汇集了无数壮美的景观和神秘的民俗风情。

## 二、古遗址旅游客体文化

1. 远古文化

经考古学家证实，旧石器时代人类遗址显示了云南元谋人距今 250 万年，重庆巫山人距今 200 万年，陕西蓝田人距今 115 万年，北京人距今 40 万～ 50 万年，陕西大荔人距今 20 万年，广东马坝人距今 13 万年，山西丁村人距今 16 万～ 21 万年，山西许家窑人距今 10 万～ 12 万年。新石器时代的母系氏族社会距今大约有 5000 ～ 1 万年，父系氏族社会距今大约3000年，都是远古时代人类生活和生产的遗留和遗迹，体现了不同时期人类农业、畜牧业、手工业的进步程度和特点，体现了当时的婚姻制度、居住形式和生活方式等。这些远古文化我们无法真实感受，只能通过这些古遗址旅游客体文化进行了解。例如，北京人大约生活在距今70万年到20万年，其食物主要来源于狩猎和采集。北京人已经懂得用火和吃熟食，知道保护火种。北京人具有“直立人”的典型形态标准，而北京人对火的使用，更加完备了其作为人的特征。山顶洞人化石和文化遗物的发现，更充分表明了北京人的发展和延续。北京人的发现，为中国古人类及其文化的研究奠定了基础，是当之无愧的人类远古文化宝库[50]。

2. 聚落文化

聚落是人类聚居的空间形式，作为一种物质文化，折射出一个民族的价值观念、道德规范、宗教信仰、思维模式、行为方式等。聚落的成因很多，有自然的也有社会的。聚落在不同时期和不同地域呈现着不同的形态[51]。聚落本义是指村落，后来泛指人群聚居的地方，包括都市、城镇和乡村等。它是在一定地域内发生的社会活动和社会关系，是由共同成员的人群所组成的相对独立的地域社会。聚落是一种空间系统，是一种复杂的经济、文化现象和发展过程，是在特定的地理环境和社会经济背景中人类活动与自然相互作用的综合结果。聚落文化是在长期的历史发展过程中，积累和保存了大量的古代建筑和文物史迹，体现了特定时期的社会的经济基础和丰富多彩的民族文化[2]195。传统聚落是历史时期人类活动和自然环境相互作用的结果，它们从不同侧面记录了当时社会经济、政治、文化和民俗等信息[52]。

从古遗址旅游客体出土的大量房屋遗迹可以看出，它们多数是原始聚落的生活方式。例如半坡遗址位于陕西省西安市东郊灞桥区浐河东岸，是黄河流域一处典型的原始社会母系氏族公社村落遗址，属新石器时代仰韶文化，距今6000年以上。半坡聚落的范围为不规则圆形。居住区在中央，分南北两片，每片有一座供公共活动用的大房屋，还有若干小房子，其间分布着窖穴和牲畜圈栏。居住区有壕沟环绕，沟北是公共墓地，沟东有陶窑场。据研究，此聚落是集聚两个氏族的部落住地。半坡居民的经济生活为农业和渔猎并重。遗址大致分为3个区，即居住区、墓葬区和制陶作坊区。居住区在聚落的中心，周围有一条人工挖掘的宽6～8米、深5～6米的大壕沟围绕，中间又有一条宽2米、深1.5米的小沟将居住区分为两片，形成两个既有联系又相区分的两组布局。大壕沟外北边是公共墓地，东边是制陶作坊窑址群[53]。

3. 器物文化

器物是远古先民为解决衣食住行和生产需要而创造的，是技术的外在物化，也是人类借此而挑战自然、征服自然，取得生存和发展的物质资料的产物。器物文化则是早期人类处理自身与自然关系的物化的表现，是人类技术进步的代表，是人类精神文明进步的标志。一个时期的器物文化则代表了该时期精神文化的走向。透过器物文化，可以摸索出一个时代的精神风貌和审美价值取向[54]。古遗址旅游客体文化从其出土的器物文化上面可以得到明确的体现，很多时候现代的考古专家也是通过对器物的鉴定来推测不同时代和时期人类的生活情况。如母系氏族社会时期兴盛彩绘红陶，红陶制作精致，图案美丽，以至于母系氏族社会代表的仰韶文化有“彩陶文化”之称。以黑陶为代表的龙山文化也可以看出其在器物文化方面的变化。陶器体型偏大，还出现了陶瓮、陶杯等，琢磨技术有所提高。三星堆遗址出土的大量金器、青铜器、玉器、石器、陶器等是长江流域和黄河流域中华文明发源地的史实证明。二里头遗址出土的青铜器铸造工艺、纹饰就可以展示二里头时期的文化。打制石器是旧石器时代的特征，磨制石器是新石器时代的特征。良渚文化是我国长江下游太湖流域一支重要的古文明，是新石器时代文化。出土的石器有斧、凿、锛、镰、镞、矛、穿孔斧、穿孔刀等，磨制精致；特别是石犁的使用，说明当时早已进入犁耕阶段。新出现三角形犁形器、斜柄刀、“耘田器”、半月形刀、镰和阶形有段锛等器形。出土的陶器，以泥质灰胎磨光黑皮陶最具特色，以夹细砂的灰黑陶和泥质灰胎黑皮陶为主。轮制较普遍，一般器壁较薄，器表以素面磨光的为多，少数有精细的刻画花纹和镂孔。圈足器、三足器较为盛行。代表性的器形有鱼鳍形或断面呈丁字形足的鼎、竹节形把的豆、贯耳壶、大圈足浅腹盘、宽把带流杯等。玉器的发现很多，有璧、琮、璜、坠、环、珠等，大部分出土于墓葬中。在陶器时代，中原地区并不流行三足鼎，鼎的器形在良渚的发掘中却十分常见。鼎在其祭祀中的使用，已初具后来中原礼制的萌芽[55]。

不同特征的器物就是一个时代的标志，是一个时期文化的写照。石器文化体现了原始人未有的审美意识和初步的智慧，表达了先民与大自然搏斗的状况，记录了原始先民战胜自然的美好意愿。彩陶文化是人们改造自然的尝试，体现了原始人对于生命的敬畏，折射了母系社会的价值核心，也开启了原始绘画及艺术的开端。青铜器文化具有严格的等级和象征意义，体现了王室贵族对祭祀礼仪的极度重视，体现了强大的宗法伦理意识，表达了对天地的高度崇拜，也表现了人们审美意识的提升及文化自觉性的萌芽。瓷器美观大方、坚固耐用、艺术精湛、装饰精美、题材多样，充满了自然生趣、社会情趣，体现了工匠们的独特天赋和高超的艺术造诣，更展现了中国传统文化意蕴及民族特色。器物文化是中华民族传统文化的一部分，从这些传世的器物中可以看到原始先民们的发展历程和审美标准。他们是中华民族传统文化的物质体现，共同见证了中华民族所走过的辉煌历程[55]。

4. 民族精神

在占世界陆地总面积三分之一的欧亚大陆上，古代曾经有数条以美丽的丝绸命名的交通要道，它们跨越万水千山，在沟通中外文化交流的过程中，起到了特殊的作用，这就是丝绸之路。丝绸之路以特殊的地缘优势，开始于东西两端的游牧民族为媒介的商品交换。长期以来，丝绸之路成为东西方和平往来的友谊之路、经济贸易的桥梁和文化联系的纽带[56]。在丝绸之路上，“丝绸”以“物”的形态承载着“礼”的精神内涵，通过贸易的外壳，播种了“和”的思想文化，使丝绸之路上不同民族、不同种族、不同文化产生了在经济、政治与文化等诸方面空前的交流与合作。丝绸之路从经贸合作开始，最终走向了文化合作，在交换中合作，在合作中共存、共谐、共荣。丝路文化的价值根源于东方文明中的蚕丝文化，是一种农耕文化、对生命具有终结关怀的哲学文化[57]。丝绸以“物”承“礼”，载着宏厚的东方文明以一种宽容的民族性格和处事方式传播了“和”的文化理念，以一种宽大的胸怀面对外来文化，兼容并蓄。丝绸之路是中华民族精神的载体，它的行走路线、历史痕迹显示着生生不息的中华文化，研究丝绸之路，建设丝绸之路文化，会唤起我们强烈的民族自豪感，彰显民族精神中不墨守成规、敢于实践、勇于探索的创造力[58]。

“茶马古道”是一个有着特定含义的历史概念，它是指唐宋以来至民国时期汉、藏之间以进行茶马交换而形成的一条交通要道。具体说来，茶马古道主要分南、北两条道，即滇藏道和川藏道。茶马古道就像一条大走廊，连接着沿途各个民族，发展了当地经济，搞活了商品市场，促进了边贸地区农业、畜牧业的发展。与此同时，沿途地区的艺术、宗教、风俗文化、意识形态也得到空前的繁荣和发展。在古道上是成千上万辛勤的马帮，日复一日、年复一年，在风餐露宿的艰难行程中，用清悠的铃声和奔波的马蹄声打破了千百年山林深谷的宁静，开辟了一条通往域外的经贸之路。在雪域高原奔波谋生的特殊经历，造就了他们讲信用、重义气的性格，锻炼了他们明辨是非的勇气和能力。他们既是贸易经商的生意人，也是开辟茶马古道的探险家。他们凭借自己的刚毅、勇敢和智慧，用心血和汗水浇灌了一条通往茶马古道的生存之路、探险之路和人生之路。茶马古道原本就是一条人文精神的超越之路。马帮每次踏上征程，就是一次生与死的体验之旅，充分体现了中华民族不畏艰难、勇于拼搏、勇敢智慧的民族精神[59]。

## 第二节　古工程旅游客体文化

### 一、古工程旅游客体

古工程旅游客体主要包括古代都城工程、古代军事防御工程、古代桥梁、古代水利工程等。军事防御工程是人类为了保护自身安全、防御外侵的工程。古代桥梁也是集实用性、地区性、社会性和美观性于一体的工程建筑。古代水利工程是先民与洪水搏斗以确保生存和发展的伟大杰作。

1. 古都城工程

中国作为文明古国，早在夏、商、周时代就已经开始筑城。古城遗址主要是历朝历代遗留下来的古城池遗址，著名的古城遗址旅游客体有商都殷墟遗址、周都丰镐遗址、洛阳东周城遗址、郑国韩城遗址、赵国邯郸遗址、燕国下都遗址、秦国咸阳遗址、汉长安城遗址、唐长安城遗址、元大都遗址、明清北京遗址、敦煌古城遗址、新疆高昌古城遗址、楼兰古城遗址、三星堆遗址等。

2. 古军事工程

长城是我国最大的古代防御工程，是春秋战国时期各诸侯国为了互相防御于险要处修建的城墙。随后各国相继修筑长城，直至明代最后一次修建，留下了现今坚固的万里长城。长城的城墙建在蜿蜒曲折的山脉上，上面还建有敌台、烽火台、关隘等。著名的长城关口有山海关、嘉峪关、雁门关等。古军事工程还有御敌台、练兵台、阅兵台、炮台等。

3. 古水利工程

中国自古以来就是个农业大国，农业为国家的生存命脉。由于中国特殊的气候条件，历史上旱涝灾害频繁，所以中国自古以来就重视水利工程的修建。比较知名的古代水利工程旅游客体包括都江堰、郑国渠、灵渠、坎儿井、京杭大运河等。

4. 古桥梁工程

我国古代桥梁形状、构造及用料因地制宜；讲究实用，注重其社会性；同样也兼顾造型美感。古代桥梁旅游客体主要有卢沟桥、十七孔桥、赵州桥、洛阳桥、广济桥、玉带桥、断桥等。

## 二、古工程旅游客体文化

1. 国民利益

古工程旅游客体能够得以建造，多因为出现了危及国民利益的情况。古代都城工程和古代军事工程的建造主要是为了防御，城墙上有城楼、角楼、垛口、敌台、箭楼等防御工程，构成一整套坚固的防御体系。如敌台用于射击进逼城墙的登城者；垛口不仅可以瞭望来犯之敌，还可以射击敌人，隐身防敌。瓮城可以容易地消灭进入城内的敌人；箭楼是可以给敌人致命性打击的射击点。古代水利工程也是古人与旱涝灾害作斗争、保护国家和人民生活利益而建造的成果。都江堰水利工程就是针对古蜀国旱涝灾害修建的。古代每当岷江洪水泛滥，成都平原就是一片汪洋；一遇旱灾，则是赤地千里，颗粒无收。为了古蜀国的生存发展，都江堰水利工程得以修建完工。如京杭大运河最初的修建目的也是为了征服他国，服务于本国军事行动，加强南北方经济的交流。古代桥梁也曾是古代兵家的必争之地。如卢沟桥就是建在燕蓟的交通要道卢沟河上。明上方桥是拱卫南京城的门户，也是历代兵家必争之地。

2. 实用功能

古工程旅游客体虽然都有其主要目的，但更多兼顾实用。如古城墙的门楼，主要目的是守卫功能，平时也用于储备粮食和武器。敌楼主要目的是作战时抗击敌人，也可以供储备粮草、军械、火药，以及士兵居住、遮风挡雨。例如，明南京城墙城门中筑有藏兵洞，每个藏兵洞可容纳百人以上，还可储备粮草和武器。明长城敌台除瞭望射击，下层还用于住人。古代水利工程的实用功能主要体现在农业灌溉、航运等方面。如都江堰水利工程便使得荒芜贫瘠的成都平原变成了如今的天府之国。京杭大运河除了经济、政治、军事目的，主要的原因是漕运，是古代重要的水上运输通道。京杭大运河连通了多个省市的河道，大大地发展了商贸，使得南北方的丝绸、茶叶、煤炭、松木等不同物资得以往来，也成为客运的主要河道，逐渐成为商运之河、民运之河。坎儿井水利工程是吐鲁番地区农业生产和人畜饮水的主要水源之一。古代桥梁主要是用于古人跨江跨海的交通要道。

3. 民族智慧

古工程建筑的设计体现了中华民族的勤劳智慧。例如，城墙顶部是军队防御活动的通道，为了排除下雨时的积水，墙顶还设计有排水沟等设施。此外，瓮城的设计也比较巧妙，一旦有敌人闯入城门，千斤闸随即落下，阻断敌军的后退之路。城墙和长城军事防御工程多建在崇山峻岭之间，其难度可想而知，在没有现代化机械和工具的作业条件下，让我们更加佩服古人的智慧。古代水利工程和古代桥梁工程的修建更是难以想象，在没有火药的情况下，古人如何开山凿石，如何在滔滔江水奔流不息的环境下进行作业。人们的智慧和勇敢最终完成了宝瓶口的引水工程、鱼嘴的分水工程、飞沙堰的排沙工程等。京杭大运河流经山东、江苏、浙江等多个省市，沟通了海河、黄河、淮河、长江、钱塘江五大水系，运河的开凿和水系的贯通都体现了古人的勤劳智慧。坎儿井能够在西北干旱地区不干涸、引用高山雪水进行灌溉就是非常独特巧妙的设计，使沙漠得以变成绿洲。卢沟桥的桥墩奇特，墩下呈船形，船头的分水尖用于抗击水流的冲击，我们不得不感叹古人的智慧。跨海梁式大石桥洛阳桥也是显示中国古代劳动人民非凡智慧的技术创举。工程建设体现了以中华传统文化为思想核心的工程文化，继承了中华传统文化的优良基因，传承了劳动智慧、科学严谨等中国传统文化的优良因素。

4. 艺术价值

我国古代工程建筑客体除了政治和实用目的，还追求艺术美学价值。城墙本是防御建筑，但在建造上仍追求艺术上的美感。如西安明城墙城楼正楼为歇山顶样式，四角翘起，三层重檐，底层有回廊环绕，古香古色，巍峨壮观。朱雀门宏伟华丽，城门柱用大理石制成，青石制作的门槛上刻有线条优美、神采飞扬的蔓草花纹。卢沟桥石雕非常精美，望柱上有400多只石狮子，形态各异，栩栩如生，有吃奶的，有回头抱着的，有背着的，神态和颜色搭配完美。洛阳桥也有许多艺术石雕，造型美观，其船形桥墩更是设计独特。广济桥也是桥梁美学的代表，其桥墩形态各异，而且桥墩上均建有桥亭，全部为中国传统建筑风格，形态多样，空间大小不一。宫殿式桥亭屋顶样式多样，形似大殿。杂式桥亭屋顶样式也各具形态，有圆形、三角形、四角形等。远远望去，就是亭台楼阁的世界。桥上石雕木雕也非常精神，重在吉祥寓意。雕刻内容多为传统吉祥图案，如意纹、祥云、莲花、梅、兰、竹、菊等，柱头雕成花状，寓意平安吉祥。

# 第八章　官职旅游客体文化

## 第一节　官制品阶旅游客体文化

### 一、官制品阶旅游客体

官制，是政权机构的一个重要组织制度。中国的官制，由来已久。大约自原始社会进入奴隶社会，出现了阶级，形成了国家，建立了政权，就逐渐形成了一套职官制度。在中国的奴隶社会，已有一套维护奴隶主专政的职官制度，即《周礼》所谓“体国经野，设官分职”。到了封建社会，尤其是秦统一后的各代，逐渐形成完备的封建职官制度。由封建社会进入半殖民地半封建社会，也有一套适应当时政治形势、阶级关系、经济情况的职官制度。官职，是指在国家机构中担任一定职务的官吏，这里面有职官的名称、职权范围和品级地位等方面的内容。我国古代的职官，历代建置不同，其间因袭变革、增加减少，情况十分复杂[60]。

1. 世卿世禄制

世卿世禄制出现于原始社会末期，盛行于夏、商、周时期。世卿世禄制主要通过家族血缘关系来确定各级官员的任命，依血缘关系的亲疏程度来确定官职的大小和高低，而且一旦确定了一定的官职和爵位后，便可以世代享有采邑和封地。

2. 三公九卿制

三公九卿制主要是封建社会初期（秦汉时期）的官职体系。三公为丞相、御史大夫和太尉，分别掌管行政、监察和军事。九卿也是朝廷各重要部门的行政长官，掌管教育、司法、皇室、财政、手工业等不同事务。三公九卿制主要通过察举征辟制进行各级官员的选拔，考察人才的德行和才能，通过推荐和一些科目的考核选取人才。

3. 三省六部制

三省六部制是封建社会中后期，特别是隋唐以后建立的中央政治体系。三省分别为尚书省、中书省、门下省，其长官具有宰相之职。六部包括吏部、户部、礼部、兵部、刑部、工部，分别掌管官吏选授、人口土地、礼仪祭祀、武选甲械、刑法律令、营建工匠等事务。三省六部制的官员主要通过科举制进行公开考试，择优选才。

品阶，是我国古代国家官员级别高低的标志，将官员分为若干等级，通称为“品”;以某些称号来表示官员应享有某一级别的待遇，称为“阶”。品即品级，是官吏的级别，往往分为流内、流外各九品。而在一品之内，又有上下阶之分，因此称作品阶[61]。官制品阶从唐朝唐太宗时期就有较为完整的体系，文武官都有完整的等级分类，文武官都分别从正一品到正九品、从一品到从九品。官吏任用后，朝廷要发给他们象征等级的凭信。例如不同金属质地（金、银、铜）和紫、青、黑、黄等不同颜色的绶带，标志官员的身份等级。当然，宫中的嫔妃也有品阶的等级。古代除了用等级来区分品阶等级，也以官服、礼帽来区分他们的品阶等级。目前作为主要旅游功能开发而存在的官制品阶旅游客体很少，旅游者可以了解到的官制品阶旅游客体多依附于故宫、承德避暑山庄等旅游客体而存在，而且多为相关服饰的展览。

## 二、官制品阶旅游客体文化

1. 皇权至上

纵观奴隶社会、封建社会的中央官制体系，都是以皇帝为中心的专制主义中央集权制度，不仅皇位是世袭制，而且官制体系的建立以维护皇权、服务于皇帝为目的，体现了皇权至上、皇帝独尊的地位。如商朝的中央官制是以商王为中心的中央机构，设置内服官。周朝的中央官制是以周王为中心的中央机构，下设外廷政务官、外廷事务官、内廷事务官。同样，秦、汉建立了以皇帝为中心的三公九卿制，多数官职职能主要为皇帝及皇室内廷服务，使得国事与君主家事不分，政务与宫廷事务混杂[62]33。隋唐以后乃至明清都是建立了以皇帝为中心的三省六部制，三省六部门互相牵制，真正皇权掌握在皇帝手中。即便是一些中央官制体系的调整，也是为了加强皇权。如汉武帝时期，建立中朝制，选用一批地位较低的内廷人员参与朝政，是为了削弱丞相权力，加强皇权。三国时期，为了加强君主专制，曹丕把尚书台移至外朝，使它成为外围的执行机构。明初废除宰相制，建立内阁制，使得内阁直接参与全国行政，对皇上负责。雍正年间建立军机处，目的也是由皇帝直接控制处理全国军政事务。

2. 体系完备

随着社会的进步及朝代的更替，古代官制体系逐渐趋于完备。原始社会官员极少，尚构不成官制体系，只有各部落的首领或少数管理者。奴隶社会官制体系有了较大的进步，官吏机构更加庞大，出现了相当于宰相级别的官职，而且外廷政务、外廷事务、内廷事务均形成初步的体系，负责具体的不同事务。随着社会变动，封建化进程的推进，已有的官制体系已经不能满足国家发展的需要，秦汉时期建立了以皇帝为中心的三公九卿制。三公九卿制进一步明确了职责，防止官员相互推诿；进行分工协作，提高了朝廷的办事效率，也初步体现了三公九卿之间的牵制作用，防止大臣独揽大权。但是此官制体系使得丞相位高权重，不利于皇权统一。隋唐至明清建立了三省六部制，使专制集权的中央政体更加趋于完备。这种行政体制组织严密、体系庞大，三省六部职权既有分工，又有合作，它们之间相互牵制，互相监督，提高了办事效率，加强了中央的政治力量。三省六部制集体议政，集思广益，分工明细，组织细密，规模趋于完备[63]。古代地方官制也逐渐趋于完备，奴隶社会最初设立郡、县两级制，至东汉末年，形成了州、郡、县三级行政制度。明清时期形成了省、府、县三级地方行政体系。

3. 分工明确

古代官制体系不仅完备，而且分工较为明确。如西周时期外廷政务官有分别执掌政务、司法、民事的任人、准人、常伯，以及分别掌管农事、役徒、营建、刑狱的司徒、司马、司空、司寇。外廷事务官有大都、小伯管理采邑，艺人管理专门技术，表臣百司管理外廷政事，太史负责记事和制作册命等。内廷事务官的虎贲、缀衣、趣马、左右携仆，负责保卫周王的安全、衣冠服饰、车舆马匹、日常所用的器物或车仆等；百司管理王室内廷的各种事务，庶府管理王室内廷物资贮藏仓库等。三公九卿制也有明确的职权分配。三公为相国、太尉、御史大夫，负责掌管全国政务、军事、监察兼秘书等。九卿中奉常掌宗庙礼仪及文化教育；郎中令掌宫殿门户守卫；卫尉掌宫门警卫；太仆掌皇帝车马；廷尉掌司法；典客掌民族事务及朝聘；宗正掌皇室亲属事务；治粟内史掌国家财政；少府掌税收及手工业[62]33。分工进一步细化。三省六部制分工更加细化明确。三省负责行政事务、掌管策令的起草和颁布以及审议等。吏部管理官吏选授、勋封等；户部掌全国疆土、田地、户籍、赋税、俸饷及一切财政事宜；礼部掌典礼事务与祭祀、科举之事；兵部掌全国军卫、武官选授、简练之政令；刑部主管全国刑罚政令及审核刑名的机构；工部管理全国工程事务的机关[62]35。每部还下辖四司，共二十四司。除此以外还有九寺五监，分别负责六部二十四司之外的事宜。职责进一步细化明确。

4. 选官严格

古代比较重视官员的选拔和任用，官员的选拔和任用比较严格。历代统治者为巩固其统治地位，都十分重视培养和选拔人才，并逐步建立了一套严格的考试和选官制度。例如，汉代以后对官员的家世、职业、财产、资历、民族、体格及外貌都有一定要求。而且为避免官场中的徇私，对于任官有相应的回避规定。如汉代规定本地人不可为本地长官，有婚姻亲属关系的不得在同一部门或地区为官。唐代规定兄弟不可在同省任职等。清代规定分管各省事务的各司主管，不得用同省籍人士等。而且有些朝代在选官时还对言辞、书法、言论等方面进行考查。选官制度逐渐趋向于公开、公正、客观、透明，但仍然非常严格。古代科举制的常科考试就有五十多种，而且要经过院试、乡试、会试层层选拔，才能考中进士，进士科第很难。常科合格后，还要经过吏部考试，叫选试，合格者才能授予官职。唐代取士，不仅要看考试成绩，还要有名人的推荐。宋代，为防止徇私舞弊现象，建立了糊名和誊录制度，找专人另誊试卷，以防辨认出字迹。在通过考试后，还要进行选试，相当于现今的面试。而且有的朝代还要考核礼仪、军功、门第、声望等。尽管不同时期选官制度及标准不同，也存在作弊、官官相护、弄虚作假等现象，但总体来说古代选官制度是非常严格的。

## 第二节　科举贡院旅游客体文化

### 一、科举贡院旅游客体

科举制，又称科举、科举制度，是隋唐以后选拔官吏的一种方式。由于采用分科取士的办法，所以叫科举。科举是中国有史以来最重要的一项选举制度，它承载着无数知识分子的出仕做官的理想和抱负。科举制改善了之前的用人制度，彻底打破血缘世袭关系和世族的垄断；部分社会中下层有能力的读书人进入社会上层，获得施展才智的机会。但后期从内容到形式严重束缚了应考者，使许多人不讲求实际学问，束缚思想[64]。科举制开始于隋唐时期，宋元明代进入成熟及鼎盛时期，清代开始出现弊端，逐渐没落。成熟时期的科举制主要包括以下几级考试制度：

1. 童试

童试包括县试、府试和院试三个阶段，院试合格后被录取的人叫生员，也叫秀才，方能进入府、州、县学学习，所以又叫入学考试。应试者不分年龄大小都称童生。

2. 乡试

明清两代每三年在各省省城举行的考试，因在秋八月举行，故又称秋闱。主考官由皇帝委派。考中合格者叫举人，俗称孝廉，第一名叫解元。

3. 会试

明清两代每三年在京城举行的一次考试，因在春季举行，故又称春闱。考试由礼部主持，各省的举人及国子监监生皆可应考，合格录取者为贡士，第一名叫会元。

4. 殿试

殿试是皇帝主试的考试，考策问。参加殿试的是贡士，取中后统称为进士。殿试分三甲录取。第一甲赐进士及第，第二甲赐进士出身，第三甲赐同进士出身。第一甲录取三名，第一名俗称状元，第二名俗称榜眼，第三名俗称探花，合称为三鼎甲[62]41。

科举旅游客体较少，开发较为成功的要属科举博物馆及举行科举考试的贡院。如中国科举博物馆内有以“村童闹学”“贡院赴考”“号舍百态”“鱼跃龙门”为主题的多媒体短片，生动展示了古代读书人从幼学启蒙到金榜题名的生活画卷。影音厅采用浮空投影技术将主题影片《千年科举梦》呈现在观众面前，展示了科举制度以及江南贡院的发展历程。在明代，夫子庙作为国子监科举考场，考生云集。江南贡院，是我国古代最大的科举考场之一，主要收藏展示科举文物史料及研究中国科举制度。馆内至今仍完好保存着 23 块《省级重点文物保护单位——贡院碑刻》等一批珍贵历史文物。北京贡院是全国的考试中心，承载着当时读书人毕生的追求与梦想。还有一部分当时以科举考试为目的的书院，也属于科举旅游客体，例如我国著名的嵩阳书院、白鹿洞书院等，从中也可以了解到部分古代学习及考试情况。

## 二、科举贡院旅游客体文化

中国古人四大人生幸事之一就是“金榜题名时”，直至今日金榜题名仍是现代人最重视的人生大事。古代普通人士只有通过寒窗苦读，才能实现跻身于上层社会的愿望，才可以光宗耀祖，脱离贫穷，因此古人非常重视学习和考试，也形成了一些根深蒂固的思想。

1. 寄托风水

这是祖坟风水显验的通俗说法。风水本是古代中国人十分朴素的建筑选址理论和基本的环境观。但到后来，与国运、家运、寿命、仕途等掺和到了一起，风水便变异成了无所不包、无所不能的江湖秘术。古代考生认为自己能不能考中，常会与祖坟风水有关。古人认为人杰地灵，风水好也可以决定考生命运。苏州就是名副其实的“状元之乡”，江苏的高考状元好多都是苏州学子，而且确有根据风水大师依据安葬祖坟，使得子孙接连科举及第的事例，甚至一些人家还因此迁移祖坟。所以，很多古人在考试前都会到自家祖坟烧香，求逝者保佑。

2. 祈求占卜

占卜在古代考生中的流行程度是今人难以想象的，几乎没有考生不算命的。虽然占卜是一种骗人的把戏，但古代考生非常相信。当然多数算命先生善于察言观色，投考生所好，个别真有神机妙算的事例实为少数。为了保证灵验，占卜还会选日子，好多考生会在参加应试的当年首头，即新春正月占卜问卦，求个上上签，祈求考试顺利[65]。

3. 祭拜考神

信仰是一种文化，中国古人认为，科举考试也是有神灵保佑的。各地考生的信仰对象有所差别，公认的考神是“文昌帝君”，民间亦称“文曲星”，或“文星”，古人认为它是主持文运功名的星宿。在演变过程中，此星神与道教中尊奉的掌管士人功名禄位之神，糅合到了一起，转身为一位科举考试行业的神灵，为士人、学子供奉。考生在考试前都会去祭拜“文昌帝君”。除了拜祭文昌帝君，古代考生还会拜祭“魁星”。魁星是北斗七星中的第一颗，故有“魁首”“魁元”一说。此星神主金榜题名，主文章兴衰，在古代考生心目中的地位很高，要想“高中魁首”、要想“夺魁”，必拜魁星。另外，在开考的前三天，还有拜祭孔庙活动。孔庙是祭祀古代圣人、大儒孔仲尼的祠庙，古代考生相信，孔子的在天之灵，孔子的博大才识，会给他们带来好运气。主考官也希望孔大儒能保佑本届科举考试顺利，选拔到国家需要的人才。所以，除了考生，官方和考试机构在开考前，也会有一系列祭拜孔庙活动[65]。

4. 儒家文化

科举制度的确定奠定了儒学在隋、唐官方意识形态中的支配地位。科举制将儒家思想全面推荐到社会各层面，成为中国传统文化的精神核心。儒家思想是科举考试的主导思想，儒家经籍成为应试士人的必读书目，国家通过科举考试将儒家思想扩大为知识阶层的共同信仰，并以其特有的文化优势引领着整个社会形成了一种民族所必需的精神凝聚力。在科举考试的选官制度之下，中央集权与儒生阶层、儒家思想三位一体，由此保证了中国传统社会与传统文化的持续发展。科举制强化了读书尚文的文化传统，促进了学校教育的发展，造就了大批优秀的文化人才。科举文化发展使贡院的选址、建制逐步规范化，渗透着儒家的礼仪规范。受儒家文化观念影响，贡院一般建于城市的东南方。依据《周易·说卦传》释义，东南为“天门”方位，寓意吉祥。随着宋代科举文化的发展，贡院逐渐形成独具特色的建筑文化。如始建于 12 世纪 30 年代的建康府贡院（江南贡院前身），位于建康城最东面的文化区内，靠近州学、明道书院和先贤祠。如顺天贡院，始建于明永乐十三年（1415 年），清代扩建，位于崇文门内东南隅。它既是顺天乡试考场，也是会试考场[66]。

# 第九章　园林旅游客体文化

## 第一节　皇家园林旅游客体文化

中国的古典园林旅游资源较多，如今的园林不仅是古典园林，还包括现代意义的城市公园、花园等。园林指在一定的地域运用工程科学技术原理和艺术创造手段，通过改造地形（或进一步筑山、叠石、理水）、种植树木花草、营造建筑和布置园路等途径创作而形成的一种美的自然与美的生活境域[15]141。园林按照不同的标准分类可以有很多类型，如按照园林区域分布，可以分为北方园林、江南园林等。而园林旅游客体文化，更多体现的是园林的设计理念、设计思想，按照从属关系和使用功能进行分类，则更加能够体现这种文化。

### 一、皇家园林旅游客体

皇家园林在古籍里面称之为“宛”“囿”“宫苑”“园囿”“御园”，属于皇帝个人和皇室。自奴隶社会到封建社会这一段，连续几千年的漫长历史时期，帝王君临天下，至高无上，皇权是绝对的权威，皇权至尊的礼法制度也必然渗透到与皇家有关的一切政治礼仪、起居规矩、生活环境之中，表现为所谓皇家气派，园林作为皇家生活环境的重要组成部分，当然也不例外，从而也形成了有别于其他园林类别的皇家园林。皇家园林占地面积较大，规模宏大，气势恢弘，装饰讲究。著名的皇家园林旅游客体有颐和园、承德避暑山庄、北京三海等。

1. 颐和园

颐和园，中国清朝时期皇家园林，前身为清漪园，坐落在北京西郊，距城区 15 千米，占地约 290 公顷，与圆明园毗邻。它是以昆明湖、万寿山为基址，以杭州西湖为蓝本，汲取江南园林的设计手法而建成的一座大型山水园林，也是保存最完整的一座皇家行宫御苑，被誉为“皇家园林博物馆”。

2. 避暑山庄

承德避暑山庄又名“承德离宫”或“热河行宫”，位于河北省承德市中心北部、武烈河西岸一带狭长的谷地上，是清代皇帝夏天避暑和处理政务的场所。避暑山庄始建于 1703 年，历经清康熙、雍正、乾隆三朝，耗时 89 年建成。避暑山庄以朴素淡雅的山村野趣为格调，取自然山水之本色，吸收江南塞北之风光，成为中国现存占地最大的古代帝王宫苑。

3. 北京三海

北海、中海、南海位于北京城内故宫和景山的西侧，合称三海。明、清时期称为西苑。它是中国现存历史悠久、规模宏大、布置精美的宫苑之一。三海总体布局继承了中国古代造园艺术的传统：水中布置岛屿，用桥堤同岸边相连，在岛上和沿岸布置建筑物和景点。

## 二、皇家园林旅游客体文化

1. 天人合一

园林天人合一的思想主要来源于道家道法自然的观点，认为人与自然应和谐相处，体现在古典园林上，就是造园者多将园林与房宅相结合，通过自然山水营造彰显品位和审美情趣的艺术空间，体现了追求自然的思想[67]。颐和园鼎盛时期，规模宏大，占地面积 2.97 平方千米（293 公顷），主要由万寿山和昆明湖两部分组成，其中水面占四分之三（大约 220 公顷）。园内建筑以佛香阁为中心，园中有景点建筑物百余座、大小院落20余处，面积7万多平方米，共有亭、台、楼、阁、廊、榭等不同形式的建筑3000多间，古树名木1600余株。其中佛香阁、长廊、石舫、苏州街、十七孔桥、谐趣园、大戏台等都已成为家喻户晓的代表性建筑。颐和园集传统造园艺术之大成，万寿山、昆明湖构成其基本框架，借景周围的山水环境，饱含中国皇家园林的恢弘富丽气势，又充满自然之趣，高度体现了“虽由人作，宛自天开”的造园准则。

避暑山庄整体布局巧用地形，因山就势，分区明确，景色丰富，与其他园林相比，有其独特的风格。山庄宫殿区布局严谨，建筑朴素，苑景区自然野趣，宫殿与天然景观和谐地融为一体，达到了回归自然的境界。山庄融南北建筑艺术精华，园内建筑规模不大，殿宇和围墙多采用青砖灰瓦、原木本色，淡雅庄重，简朴适度，与京城故宫的黄瓦红墙、描金彩绘、堂皇耀目呈明显对照。山庄的建筑既具有南方园林的风格、结构和工程做法，又多沿袭北方常用的手法，成为南北建筑艺术完美结合的典范。避暑山庄不同于其他的皇家园林，按照地形地貌特征进行选址和总体设计，完全借助于自然地势，因山就水，顺其自然，同时融南北造园艺术的精华于一身。它是中国园林史上一个辉煌的里程碑，是中国古典园林艺术的杰作，享有“中国地理形貌之缩影”和“中国古典园林之最高范例”的盛誉[68]。避暑山庄充分体现了康熙根据“物尽天然之趣，不烦人事之工”的原则，利用山庄内山峦、溪流、湖泊、平原等自然条件，因地制宜地修筑亭台楼阁，尽量保留大自然的山林野趣，体现了人与自然的和谐之美[69]。

2. 皇权至上

封建社会中，皇帝的地位至高无上，皇权是绝对威严的权威，一整套突出皇帝至上、皇权至尊的礼法制度，必然要渗透到与皇家有关的一切政治仪典、起居规则、生活环境中，表现为所谓的“皇家气派”[70]。帝王拥有至高无上的权力，制定了一套严格的唯我独尊的等级制度，皇家园林也被打上了专制集权的烙印，园中的建筑严格遵守等级制度的规定。皇家园林注重其精神性的作用，借助皇家园林建筑的风格美，以加强和渲染皇帝的神圣威严，求得精神上的“威震四方”。由此，皇家园林的建筑为突显“皇权至尊，天子威仪”的礼制思想，其布局多出于整体宏大气势的考虑，都为体量巨大的单体建筑和组合丰富的建筑群。而且皇帝贵为天子，可以任意调动全国的人力、物力和财力来营建园林，因此建筑的装饰装修富丽堂皇，烘托了皇家气派。华丽的建筑风格主要体现在建筑物外观的色相、装修以及内部的敷彩和陈设上，给人一种雕龙画凤、富丽堂皇之感。皇家园林的建筑物多用强烈的原色，如屋顶的黄、绿色琉璃瓦与屋身的红柱彩枋交错成文，以求鲜明的对比效果。例如颐和园的主要建筑群，沿湖长廊，长 700 多米，共 273 间，碧柱朱栏，绚丽夺目，宛如一道彩虹，长廊梁、枋上共绘有 8000 多幅山水人物花鸟苏式彩画，体现了皇家的气派，是北方宫苑中少见的宏构[71]。

在中国园林中，皇家地位的尊贵是不可动摇的。在园林建造手法上，皇家园林可以说是专横跋扈，表现为淋漓尽致的施展和无限的追求。在轴线、对称和中心上，皇家园林是坚定不移地走轴线与对称的道路。如颐和园，从后山的北宫门到风景中心的佛香阁，以至昆明湖的凤凰墩，是一条明显的轴线。同时采用轴线与对称的有坤宁宫后面的御花园、慈宁宫花园、宁寿宫花园等。在分景与围合上，中国皇家园林采用实墙厚景和高墙的形式。如北京皇城内园林，每座园林都有高高的城墙围护，承德避暑山庄也是如此。这样的围合是把墙当作安全的城墙来设计的，体现了当时帝王具有神圣不可侵犯的统治地位特点[72]。避暑山庄也体现了皇家的地位、体统和形象。山庄的总规自当以宫殿区为主，湖山苑景区为辅，而宫殿区又以正宫为主，正宫又以“澹泊敬诚”正殿为主，宫殿布局也是依照法定的皇宫制式，尊卑分明，秩序林然。山庄体现众星捧月、日月同辉的主题意境不仅在园内而且在园外的整个山谷盆地中。

围绕山庄的外八庙是蒙、回、藏民族形式的宫观建筑，而且金碧辉煌，形成了内朴外华的巨大反差。但从山庄来看，外虽华丽只是点景，而内虽朴素却是得景，既体现了对少数民族的尊崇笼络，又体现了众星捧月的向心团结之意[73]。

3. 讲究风水

中国的风水学在秦汉时代已经成熟，历代帝王都很重视宫苑的选址，追求完美的风水，认为帝王是受命于天，真龙下凡，必须寻觅适合龙居的风水宝地，才能达到天人相应，避祸致福。明清之际更为风行。在风水选址上，中国的皇家园林是占尽了风水宝地。避暑山庄的选址是清帝康熙亲自查勘定下的。山庄三面环山，武烈河从东侧绕行，温泉自涌，空气爽润，植被丰茂，是理想的避暑行宫。北面隔沟有狮子沟山，东面隔河有馨锤峰罗汉山，南面为伶山山谷。祖山从西北风云岭来，伸向东南河谷，来龙去脉十分明显，便是主山。左右辅山拱卫，团风聚气，灵境天开，气象宏伟。向山僧帽峰远耸承德市南，大有佛教须弥气氛，风水深意更与帝意相合[73]。避暑山庄，东北来水，东南积水，东南流去，西北高山，山是昆仑的代表，是玄武的象征，水是青龙和朱雀的象征。在园林内部，也是仿照风水的格局，进行东、南、西、北的四围山的堆叠，前为案山，后为座山，东为左辅，西为右弼，四围山之中是地势低下的盆地。于是，在盆地中积水为池，以像朱雀。在山水格局上，中国皇家园林采用的是山型的山水园风格。以山为主，以水为辅，讲究智水与仁山的结合，以仁为主，以智为辅，也是中国人的道德观，所以园林中必有堆山，山体高大，以山上的主体建筑为视觉中心，以水中的小岛为构图中心，采用两心合一[72]。

4. 前宫后苑

儒家思想在园林建筑中也遵守严格的等级制和明确的秩序感，其表现是强调布局的严整性，注意轴线的作用，主要空间大都位于轴线上，次要空间则依次分列两侧[74]28。这种礼制的倾向表现得最为彻底的当属皇家园林，比如明清北京紫禁城的城市中轴线、颐和园仁寿殿建筑群中轴线等，皇家园林较之私家园林在不同程度上存在着严整对称的秩序美。最典型的是地处紫禁城中轴线尽端的御花园，体现了封建都城规划的“前宫后院”的传统格局。其建筑布局按照宫廷模式，即主次相辅、左右对称的格局来安排，园路布设呈纵横规整的几何式，山池花木仅作为建筑的陪衬和庭院的点缀。皇家园林这种严整规划的风格受“事严整”和皇宫尚严整的传统思想波及之故[71]。颐和园也是“前宫后院”的传统格局。颐和园分为政治活动区、帝后生活区和风景游览区三部分。政治活动区以仁寿殿为主体，是帝王召见群臣、处理朝政的地方。过了仁寿殿便是帝后生活区和风景游览区。前区位于颐和园的东部，为典型的北方四合院风格的宫殿内廷区，后区为颐和园的西部，为江南水乡风情的湖泊区和藏式风格的宗教区。

承德避暑山庄的建筑布局大体可分为宫殿区和苑景区两大部分。苑景区又可分成湖区、平原区和山区三部分。宫殿区位于山庄南部，正宫是宫殿区的主体建筑，包括9进院落，分为“前朝”“后寝”两部分。主殿叫“澹泊敬诚”，是用珍贵的楠木建成，因此也叫楠木殿。宫殿区是清帝理朝听政、举行大典和寝居之所。宫殿区坐落在避暑山庄南部，东北接平原区和湖区，西北连山区。主体建筑居中，附属建筑置于两侧，基本均衡对称，充分利用自然环境而又加以改造，使自然景观与人文景观巧妙结合，使避暑山庄宫殿建筑园林化，又显示出皇家园林的气派[68]。苑景区包括湖泊区、平原区和山峦区。湖泊区在宫殿区的北面，8个岛屿将湖面分割成大小不同的区域，层次分明，洲岛错落，碧波荡漾，富有江南鱼米之乡的特色。东北角有清泉，即著名的热河泉。平原区在湖区北面的山脚下，地势开阔，有万树园和试马埭，是一片碧草茵茵、林木茂盛、茫茫草原风光。山峦区在山庄的西北部，面积约占全园的五分之四，这里山峦起伏，沟壑纵横，众多楼堂殿阁、寺庙点缀其间。整个山庄东南多水，西北多山，是中国自然地貌的缩影。平原区西部绿草如茵，一派蒙古草原风光；东部古木参天，具有大兴安岭莽莽森林景象[68]。

5. 求仙长寿

秦汉时期，追求一种战国以来流行的求仙幻想长生不老的理念。于是，延长生命，幻想长生不老成了最高统治者最大的需要，想求得仙药永远活在仙境中，成了皇帝最大的追求，并不惜付出最大的代价，从秦始皇到唐太宗无不如此。在这种荒诞思想的支配下，皇家园林在追求宏大广博的基础上，形成了“一池三山”的建筑模式[75]。秦始皇听信方士之话在咸阳为自己创造出一个人造仙境。汉武帝在建章宫筑蓬莱、方丈、瀛洲三岛，俨然是一个模拟的海上仙境。秦汉时期开始的“一池三山”园林建筑模式奠定了隋唐以后园林以山水为主体的基本格局。颐和园也利用了中国古代神话中“海上三仙山”的构思，在昆明湖及西侧的两湖内建造三个小岛：南湖岛、团城岛、藻鉴堂岛，以比喻海上三山：蓬莱、方丈、瀛洲。昆明湖中象征着蓬莱、方丈和瀛洲三座仙山的岛屿是乾隆皇帝按照道家祈求长生不老的思想特别设计建造的。如果把长堤比作项链，那么这三座岛就像是三颗散落的宝石，在波光粼粼的水面上发出璀璨的光芒。它们刚好分别坐落在西堤划分出的三个大小不等的湖面的中心位置，彼此遥相呼应。雍正皇帝则让工匠在圆明园的东湖之中用嶙峋巨石堆砌成大小三岛，象征传说中的蓬莱、瀛洲、方丈“三仙山”，岛上建有殿阁亭台，“望之若金堂五所，玉楼十二”，并按“徐福海中求”的寓意，把东湖命名为“福海”。清避暑山庄湖泊区有澄湖、上湖、下湖、银湖，其中有环碧岛、如意岛、月色江声三岛互相交映在塞湖中间，形成“一池三岛”的蓬莱仙境[76]。

求仙长寿文化还表现在园林的建筑命名方面。如颐和园主要建筑名称有仁寿门、仁寿殿、乐寿堂、介寿堂、益寿堂、景福阁等。景福阁寓意皇权稳固、安定，国运昌盛亿万年。万寿山和乐寿堂都是乾隆为其母六十大寿而建，不仅希望其母健康长寿，更是希望国家社会安定，国泰民安。仁寿殿为光绪皇帝在国家已是内忧、外患、民不聊生的局面下命名的，表达了国家长寿的愿望，施行仁政是他们认为的最佳选择。为了展现四方臣民对天子发布的号令而喜悦，君、民上下相爱的仁，与国家兴盛的寿，慈禧还亲笔写了一幅巨大的“寿”字，象征着国家长寿。益寿堂在景福阁东北，光绪年间建，此处原为皇家药房。益寿取长寿之意，语出宋玉的《高唐赋》，九窍通郁精神，而可延年益寿。介寿堂的介寿取祝寿之意，体现了皇家注重养生、祈求长寿之意[77]。园林中还常用玄武来命名建筑，玄武是传说中的神龟，象征长寿，能活千年，体现了皇家的祈寿愿望。求仙长寿文化在园林的动植物方面，远古神话所描述的神仙居所都是植物繁茂，有着各种珍禽怪兽、奇花异木的仙境，因此皇家园林中也是遍植树木花草，营造人间仙境。除了植物数量上堪比仙境外，帝王还在宫苑中栽植、养殖神话中仙境生长的动植物，如仙鹤、鹿、虎等动物，以及水仙、蟠桃、扶桑、木兰、芙蓉、灵芝等神秘植物表达求仙愿望[78]51。如蟠桃有三千年开一次花、三千年结一次果，吃了可以长生不老的神话。《洛阳伽蓝记》卷一载：“有仙人桃，其色赤，表里照彻，得霜即熟。”历史记载唐华清宫也有桃树栽种的记载。宋艮岳中有蟠桃岭、桃溪等景点，清漪园、畅春园中也有桃树种植。圆明园紫碧山房象征西王母住所，东面的果园就如同西王母的蟠桃园[79]119。仙鹤在中华民族文化中被认为是永生、长寿的代表。在人们的观念中，很早就有超凡脱俗的仙气。清漪园中就置有铜鹤，象征求仙。

6. 象征文化

园林建筑在其表现手法方面经常运用一些含有传统意义的动植物表现园林所要体现的象征意义和某种意境。如皇家园林中随处可见的龙凤装饰，江南园林建筑中的孔雀和仙鹤，都是具有区域特色的动物装饰，这些不同纹样的装饰在点缀美化建筑的同时，也包含着丰富的象征寓意，如龙和凤是中国古代封建社会皇权的代表，是皇帝、皇后的象征；龟和鹤则被视为长寿的象征，而蝙蝠因音同“福”而受到大众的喜欢，并被广泛应用在园林建筑装饰之中[67]。如颐和园里有很多这种题材的雕刻，比如有扇门上的图案是 5 只蝙蝠围绕着 1 个寿桃，寓意五福捧寿[80]。而圆明园的皇家象征寓意体现得更加充分。曾经的圆明园后湖九岛象征禹贡九州；东面的福海象征东海；西北角的最高山象征昆仑山，整个园林布局象征全国版图。圆明园中的九州清晏位于九州九岛的中心位置，是一组组庭院重深、循环往复的四合院，中轴线上由三座大殿组成，自南往北分别是圆明园殿、奉三无私殿和九州清晏殿。这里一直是帝后居住的寝宫，象征天上帝王居住的紫薇垣[78]26。

清漪园也是按照中国版图以北山（万寿山）南水（昆明湖）模式布局，而且清漪园中的昆明湖再现了上林苑开凿昆明池以象江海、雕刻牵牛织女隔池相望以象天汉的寓意。湖上“十七孔桥”两头分别为“铜牛”和“耕织图”，整个布局以神话牛郎织女为蓝本，铜牛和耕织图象征牛郎和织女，十七孔桥象征鹊桥，昆明湖象征天河[81]。清漪园的昆明湖除了象征银河之外，也很好地表现了帝王祈祷祥福寿禄的愿望。昆明湖的设计采用了“桃山水泊，仙蝠捧寿”的方案，将昆明湖挖成寿桃的形状；十七孔桥连着的湖中小岛——南湖岛平面略成圆形，恰似龟状，十七孔桥就是龟颈，寓意长寿。同时，万寿山下濒临昆明湖北岸的轮廓线，设计成一只振翅欲飞的蝙蝠，佛香阁两侧的建筑群设计成蝙蝠两翼的形状，整体看来恰似一只蝙蝠，取“蝠”的谐音“福”，寓意多福吉祥[82]。

象征文化还体现在园林的山水草木的运用方面。在植物种类上，园林建筑多喜欢采用四季开花的植物。如岁寒三友和花中四君子。对春之桃、夏之荷、秋之枫、冬之松，都有同样的喜好，是儒家思想中庸之道的表现。在植物修剪上永远是自然形态的优美高于一切[72]。避暑山庄为了加深野趣，还运用大片集中栽植方法，布置了“万树园”（榆林），“梨花伴月”（梨林），“万壑松风”“松鹤清越”（松林），“青枫绿屿”（枫林），“香远益清”“曲水荷香”（莲花）等以植物为主的景点。特别是从五台山引种了旱金莲，花冠周径二寸多，金黄色，既有佛家的名气，又有皇家的色彩，康熙特建五楹殿，植金莲数亩，题景名“金莲映日”，寓意颇深[73]。此外，皇家园林中种植牡丹，象征皇家富贵；种植桂花，象征无战事，天下太平；种植石榴，象征多子多孙；种植银杏，象征长寿；蔓草由蔓延生长的形态和谐音引申出“万代”的寓意，与牡丹在一起谓富贵万代[83]46，被皇家园林普遍种植用来祈祷江山万代永固。

7. 宗教元素

宗教思想对中国园林建筑风格及艺术有较大的影响，不仅体现在园林选址方面注重道教风水学，园林建造方面注重佛教超凡脱俗的意境，在实际建筑中更是利用大量的宗教元素进行装饰和渲染。如圆明园的安佑宫（鸿慈永祜），是按照景山寿皇殿的旧例建造的，用来祭奉康熙、雍正皇帝“神御”，是园内的皇家祖祠。宫为九间，正脊重檐歇山，以黄色琉璃瓦覆顶，是园内体量最大的一个建筑物。周围有乔松偃盖，中轴线南端有两对华表，给人以庄严肃穆之感。方壶胜境，位于福海东北海湾岸边，是按照幻想中的仙山琼阁建造的，据史料记载，这里供奉有2200多尊佛像，有30余座佛塔。这处建筑的前部底座以汉白玉砌成“山”字形，伸入水中。整个建筑体态庞大，金碧辉煌。每当清晨薄雾初起，该建筑在烟雾中时隐时现，宛如琼阁瑶台一般。这处建筑的格调和气势，是我国现存园林建筑中所少见的。舍卫城，是一座典型的佛教建筑。据说是仿照古代印度桥萨罗国都城的布局建造的，城内共有殿宇、房舍326间。康熙以来，每当皇帝、皇太后寿诞，王公大臣进奉的佛像都存放在这里。其中有纯金的、镀银的、玉雕的、铜塑的，年复一年，竟达数十万尊。圆明园遭劫掠焚毁，仅此一处所造成的损失，无论是经济价值还是文化艺术价值，都是难以用数字估量的[84]。

皇家园林中还蕴含着一些宗教符号和宗教寓意。“卐”图案表示万福，是释迦牟尼三十二相之一，即“吉祥海云相”，是佛教的标志性象征符号，象征太阳和火，又称吉祥喜旋，表示佛的慈悲与智慧无限[85]。“卐”字经过艺术加工使其向四方不断伸展延续，连绵不绝，称为“万字流水纹”，寓意统治者江山永固，万世不腐，是帝王祈福心理的美好愿望之一。圆明园“万方安和”殿，“水心架构，形作万字”（乾隆《圆明园四十景图咏》），共 33 间建在水池北端的水中，隐含吉祥平安之意。清漪园也有装饰“卐”“寿”纹样的露陈座，寓意江山永固，统治者万寿无疆[78]46。颐和园中的佛香阁也是一座宏伟的塔式宗教建筑，是颐和园建筑布局的中心。从乾隆时代，佛香阁就供奉接引佛。佛香阁内供奉明代铜胎千手观音佛像一尊，铜胎鎏金，高 5 米，头面分 4 层，每层 3 面，共 12 面，24 臂，下蹬 9 层有 999 个花瓣的莲花宝座，法相庄严，铸造精美。佛香阁北侧是众香界和智慧海。众香界建筑层顶、壁画均用五色琉璃装饰，殿内供有观音和菩萨像，用五色琉璃包身的外墙，上面嵌满了琉璃小佛像，共一千多尊。众香界和智慧海被视为佛门福地。佛香阁西侧为五方阁建筑群，此建筑群以宝云阁铜殿为中心，由主配殿、角亭、游廊等围合成方形院落，其布局象征佛教密宗的“曼荼罗”，意喻“万德圆满”、众神聚集。五方阁为宗教建筑，指东西南北中五个方位，象征佛教中的“五方五佛”之说。阁下石壁是喇嘛诵经时悬挂佛的地方。佛香阁东侧是转轮藏建筑群，是清朝帝后贮藏经书、佛像和念经祈祷的地方[86]。

## 第二节　私家园林旅游客体文化

### 一、私家园林旅游客体

私家园林是属于王公、贵族、地主、富商、士大夫等私人所有的园林。

私家园林是指在一定的地域运用工程技术和艺术手段，通过改造地形即进一步筑山、叠石、理水、种植树木花草、营造建筑和布置园路等途径创作而成的美的自然环境和游憩境域。这种园林规模较小，以修身养性、闲适自娱为园林主要功能；园主多是文人学士出身，能诗会画，清高风雅，淡素脱俗。私家园林集中在南京、苏州、无锡等地。现代保存下来的园林大多属于明清时代，这些园林充分表现了古代传统园林建筑的独特风格和高超的造园艺术。私家园林旅游客体主要包括北京的王府园林、以苏州园林为代表的江南园林、岭南园林以及少数分布在其他省份的园林。

1. 北方私家园林

北方私家园林主要集中在当时的政治中心北京，多为王府花园。园林主人为显示其王公贵族的身份，园林规模一般较大，风格稳重刚健。而且受皇权制约较大，园林设计布局等级分明，严谨有序。北方私家园林代表主要有北京恭王府花园、醇王府花园、棍贝子府花园、涛贝勒府花园等，以及京郊的熙春园、承泽园、礼王园、太谷孟氏花园等。

2. 江南私家园林

江南私家园林以苏州园林为代表，也包括附近扬州、无锡、吴江等地的私家园林。江南私家园林一般建于城区，规模一般较小，与街道住宅相连，与居住、生活融为一体，开成可赏、可游、可居的特点。江南私家园林多为文人画家参与设计，并受隐逸思想的影响，风格素雅清秀，温婉飘逸。江南私家园林主要包括拙政园、留园、狮子林、沧浪亭、网师园、个园、何园、环秀山庄等。

3. 岭南私家园林

岭南园林是中国南方五岭之南园林的概称。岭南私家园林发展较晚，风格介于北方园林与江南园林之间，又受构园方法和地理因素的影响，具有明显的热带自然景观特征。岭南私家园林不同于北方园林的壮丽，区别于江南园林的纤秀，独具自在敞开、轻盈秀丽的特点。岭南私家园林主要有余荫山房、可园、清晖园、梁园等。

## 二、私家园林旅游客体文化

### 1. 天人合一

中国园林崇尚人与自然的和谐，重“天道”与“人道”的统一，这种天人合一的思想体现了中国人对自然的尊重。从老庄崇尚自然到以表现自然美为主旨的山水诗、山水画和山水园林的出现、发展，都贯穿了人与自然和谐统一的哲学观念，这个观念深刻影响了中国园林艺术的创作[87]。源于自然，高于自然，以表现大自然的天然山水景色为主旨，布局自由；所造假山池沼，浑然一体，宛如天成，充分反映了“天人合一”的中华民族文化特色，表现了一种人与自然的和谐统一的宇宙观。《周易》也强调天、地、人三才以人为本，重视人与自然、人与人之间的和谐统一关系。主张人与自然和谐相处，认为天人是相通的，有“天人合一”“万物与吾一体”之说。于是，这些思想的形成，导致了中国人的艺术心境完全融合于自然，“崇尚自然，师法自然”也就成为中国园林所遵循的一条不可动摇的原则。在这种思想的影响下，中国园林把建筑、山水、植物有机地融合为一体，在有限的空间范围内利用自然条件，模拟大自然中的美景，经过加工提炼，把自然美与人工美统一起来，创造出与自然环境协调共生、天人合一的艺术综合体。

先秦老子哲学思想的影响对中国私家园林也产生了一定影响。在园林布局和营造手法上，私家园林以师法自然为目标，力求做到“天人合一”。因此，中国私家园林的造园手法必定是有定法而无定式，其最高境界就是虽由人作，宛自天开。中国私家园林的“天然”性在于自然美，“人工”性则主要体现在建筑美。以“天人合一”为理想追求的中国文人、士大夫，在园林建设上，始终致力于自然美与建筑美的和谐统一。纵观中国私家园林，山水与建筑始终是胶合、渗透在一起的。一座优秀的园林，每一座亭台楼阁都不会脱离周围环境而单独存在，每一块石峰、每一株虬柯、每一泓溪流，也同样不会无视周围建筑的存在，正可谓：小廊回合曲阑斜，庭院深深深几许。园林建筑之美，本身就是一种自然之美[88]。

北京私家园林在建筑、叠山、理水、花木等造园手法方面非常注重自然美与人工美的和谐统一，强调山水的自然形态，富于自然之趣又不失王府园林的华贵，充分利用各自的地域特色，构造出独特的胜景佳境。江南私家园林善于把有限的空间，巧妙地组合成千变万化的园林景色，再现大自然的美景，把山水、花木、建筑融为一体，把自然美、艺术美有机地统一在一起。苏州私家园林基本布局是以厅堂作为全园的活动中心，面对厅堂设置山池、花木等对景，厅堂周围和山池之间缀以亭榭楼阁，或环以庭院和其他小景，并用曲径和回廊联系起来，组成一个可居、可观、可游的整体。拙政园具有浓郁的江南水乡特色，亭榭典雅，山水环抱，花木繁盛，处处充满了诗情画意。园内布局更是竭力追求顺理自然，环水而绕，森林葱郁、明堂开朗、水道绵延，具有良好的心理空间和景观画面。园林环境宁静、素雅、淡泊、幽深，构筑了一种人与自然和谐相处的居住空间。

2. 选址讲究

选址是中国古代造园的首要环节，得到好的地段往往可以达到事半功倍的效果。历代北京私家造园，同样十分重视选址问题。随着北京城址和城墙位置的变化，对不同时期的园林选址也产生一定的影响，但其总的原则并未改变，始终符合中国古代造园的传统要求和基本准则。明代计成《园冶》中辟有“相地”一节专述园林选址，有山林地、城市地、村庄地、郊野地、傍宅地、江湖地之分。虽主要以江南园林为描述对象，但也均可在北京私家园林选址中找到相应的例证[89]。不难发现，明清文人对这些好的造园地段所用的评语往往是“不异江南”“大类江南”“颇似江南风景”“宛似江南”“大似江南水国”“俨然西子湖”等，可见历史上北京园林选址的好坏经常以是否类似江南水乡作为一条很高的标准。

如恭亲王府的选址就占据了京城绝佳的位置。古人修宅建园很注重风水。据说北京有两条龙脉，一条是土龙，故宫的龙脉；一条是水龙，指后海和北海一线，而恭王府正好在后海和北海之间的连接线上。古人以水为财，恭王府内处处见水，而且水只内入不外流，符合风水学敛财的说法。

即便在同一地区，具体的位置也有好坏之别。好的地段往往水泉条件优越，而且借景角度最佳，需要慧眼加以选择。《帝京景物略》曾记载崇祯年间英国公张维贤路过银锭桥旁的观音庵，“立地一望而大惊，急买庵地之半，园之”。此小园周围近处可见什刹海水面、古木、古寺、银锭桥，远处还可见东面的稻田、南边的万岁山（景山）、北面的烟树乃至西边的群山，位置绝佳，四面借景，富有层次，因此被视作是难得的园址。以同样位于什刹海地区的清代恭王府园和醇王府园相比较，后海的醇王府园紧邻湖面，水流充沛，环境幽静，而且视野开阔，明显优于处于前海坊巷包围中的恭王府园。又如同属海淀地区的赐园中，承泽园独揽两条长河入园，朗润园紧邻万泉河，周围园亭相接，西山在望，都是极好的地段；而礼王园地势较高，无水可引，只能营造以假山为主景的旱园，外围可观之景也少，比承泽、朗润等园的地段条件逊色很多。康熙年间内城最有名的私家园林为大学士、太傅明珠的府园位于什刹海附近，此园依临什刹海，可远眺皇城城墙、景山，地理条件十分优越[90]。

苏州园林在相地选址、建造园林的过程中，力图营造一种“居尘而出尘”的城市山林景观。拙政园虽位于苏州城内，但周围也是山清水秀。拙政园以北为外护城河，以东为外护城河之流，南面和西面分别有大路，也为大吉之地，符合中国风水天人合一、趋吉避凶的风水模式。沧浪亭的选址、营造理念、布局、空间序列、构景手法也是根据“源于自然又高于自然”的理念，运用“小中见大”缩移、再现咫尺山林的自然景观手法，追求诗情与画意相熔铸的情景，借鉴诗歌文学的立意与结构，从而营造出含蓄、凝练、隽永，犹如诗歌的情调与韵律以及绘画般的构图形式和笔墨意趣。沧浪亭始建于宋代，是江南现存历史最悠久的私家园林之一。取“沧浪之水清兮，可以濯我缨；沧浪之水浊兮，可以濯我足”之意，名亭曰:“沧浪亭”。沧浪亭位于城南三元坊附近，占地面积 1.1 公顷。北宋庆历年间诗人苏舜钦遭贬谪流寓来苏，因感其原址高爽静僻，野水萦绕，遂以四万钱购得，始在水旁筑亭，取名“沧浪亭”[91]。山西古代私家园林主要分布在城内或是城郊，大多以风水适宜、交通便利为上，以方便贸易上的来往，如榆次常家大院、乔家大院等都处在当年商业繁华的交通要道上。别墅园以城郊山水清幽处为主，如太原城附近的晋祠，因其背山临水、风景优美，自北魏以来便一直是兴建私家园林的最佳地点[92]。

3. 宅园结合

居住是建造私家园林的主要功能之一，居住的物质形态打上精神文化的烙印更是私家园林的常态。在中国传统文化中，居住行为尤其受到关注，孟子就有：“居移气，养移体大哉，居乎。”（《孟子·尽心上》）中国传统的居住典型模式即“宫与苑相伴，宅与园结合”。刘致平先生认为：“住宅与园林成为统一的整体，左右对称，自然变化。”彭一刚先生也指出：“有宅必有园，可以说是我们的传统。”如此这般“宅”与“园”的复合结构正是儒家传统礼乐思想互补精神在居住问题上的舞台化表现。“宅”即是“礼”，“园”即是“乐”，空间是乐为基础的人的互动[74]26。北京私家王府园林就是典型的宅园结合的格局。恭王府前半部是富丽堂皇的府邸，后半部为幽深秀丽的古典园林。府邸宽大，建筑规制较高。府邸建筑分东、中、西三路，每路都是由南向北以严格的中轴线贯穿的多进四合院落组成。后花园则模仿皇宫内的宁寿宫建造，园内布局、设计均具有较高的艺术水平。与府邸相呼应，花园也分为东、中、西三路。花园内怪石林立、古木参天、环山绕水、亭台楼榭、廊回路转，景致千变万化。醇王府分为府邸和花园两部分，府邸部分由中、东、西三组院落组成，中路轴线上依次为大门、正殿、过厅、后寝及东西配房及罩楼；东路是家祠、佛堂等；西路为王府的生活起居处所；府邸西边则是王府的花园。

江南私家园林也是宅园结合式。宅邸部分具有一种明确的轴线组织规律，建筑是以间为单位构成的单座建筑，进而以庭院为单元，组成各种形式的建筑组群。在整个建筑组群中，主次区别尤其明显，就单体建筑而言，普通的单体建筑也因其服务对象、使用功能的差异，按三纲五常的人际关系展开，相应大小、位置、主次均不同，单个建筑只有在主体建筑的参照中才会体现它的地位。拙政园分为东、中、西和住宅四个部分。住宅是典型的苏州民居。东部为田园美景。中部是主景区，为园林精华所在，总体布局以水池为中心，具有典型江南水乡的特色。中部的前面则为原住宅区，后面则是以“远香堂”为主体的主景区。西部为靠近住宅一侧的景区。留园也是集住宅、祠堂、家庵、园林于一身，综合了江南造园艺术，以建筑结构见长，全园用建筑来划分空间，可分中、东、西、北四个景区。网师园是一组完整的住宅群。住宅西侧为花园，布局十分紧凑。艺圃为东宅西园，北宅南园，形制古朴，布局开朗。耦园住宅居中，东、西两侧各建一园。该园以四进宅地为中心，东、西两园与住宅之间以重楼相通。退思园则一改以往园林纵向结构而为横向建造：左宅、中庭、右园，集晚清园林建筑之长，堪称江南古典园林的经典之作。岭南园林多数也是宅园的结合，一般为庭院和庭园的组合。

4. 礼制思想

中国古代封建社会礼制森严，等级鲜明，建筑作为社会各阶层身份的直接物化形式，历代也多规定了严格的等第差别，特别是邸宅建筑更是如此。如《大清律例》明确规定：“房舍、车马、衣服等物，贵贱各有等第，上可以兼下，下不可以僭上。……房舍并不得施用重砚重檐。……庶民所居堂舍，不过三间五架，不用斗砚彩色雕饰。”……私家园林属于邸宅的一部分，自然也必须遵守这套规制。如北京作为天子脚下的京师首善之区，私家园林的建筑形式、规模乃至叠山、引水都受到更多的封建等级制约。尤其到了明清时期，随着封建专制的强化，这些规制也更趋于严明苛刻，不但对园林建筑有等级规定，在山水营建方面也有若干限制，特别是禁止私自引水[93]。

礼制的倾向江南私家园林较之皇家园林表现得较为含蓄，由于受到儒家礼制思想中“三纲五常”的影响，私家园林的住宅部分表现出对称的秩序，功能与形式体现的是伦理道德规范，严格依照宗法和等级制度，是一种“礼”的精神[94]。江南私家园林的住宅部分布局具有明显的轴线对称，以及“男女有别、等级分明、尊卑有定”的位置序列，强调了礼的秩序观念，蕴含着“礼”之序伦理价值追求。提倡通过一系列的伦理道德来约束人们的言行，维护家庭秩序的和谐，私家园林中宅邸建筑的布局自然也直接体现出这一礼制思想。“男女有别”“内外有别”是礼制思想在私家园林住宅部分最为突出的表现。以苏州私家园林拙政园为例，拙政园是具有代表性的城市地、傍宅地，整体布局由东、中、西和住宅四个部分组成。住宅建筑部分是典型的苏州民居布局形式，按照宗法礼教要求而兴建，住宅整体采用井然有序的“多进式”布局，建筑布局坐北朝南，以正落轴线为中心向东西两侧对称展开分布，整体布局典雅而庄重，亲切而含蓄。拙政园南侧部分的建筑纵深四进，有平行的正落和侧落轴线，正落主轴依次为大门、二门、轿厅、正厅、内厅、堂楼，为典型的周线分明、等级明显的住宅布局。

基于礼制规范与实际生活的功能要求，私家园林一般主体建筑按次序布局，把最重要的建筑摆在中间，次要的建筑环绕两侧，相互之间连廊相连，庭院穿插，山石以饰，呈现主次有序、对比均衡的节奏与韵律。这一思想也含蓄地表现在园林建筑的布局上。园林建筑主要有亭、廊、楼、阁、殿、舫、榭、厅、斋、馆、轩这 11 种类型，不同类型建筑通过体量大小、建筑样式的差异来表现园林建筑的主次关系，营造和谐有序的园林建筑序列[74]28-29。

5. 隐逸思想

私家园林起源于魏晋南北朝时期，也就是中国古典园林发展史上的转折时期。文人士大夫们为了逃避黑暗的政治斗争，开始寄情山水。民间的造园活动逐渐兴盛起来，形成了一直延续到清末的私家园林造园热潮。魏晋南北朝时期的私家园林主要以建在城市内的宅园和建在郊外的庄园、别墅园为主。此时隐逸思想已经对造园活动产生了一定的影响。唐宋时期，中隐盛行，士大夫们将他们的精神理想寄托于园林，追求精神世界的独立[95]。而且由于连年的战乱，人们被迫栖身山林之中，“隐逸文化”开始盛行，许多文人雅士因为长期战乱或厌倦官场，选择了归隐山水、回归田园，长期栖息自然山水之中，逐渐对自然山水产生了深厚的感情。他们开始以山水诗和山水画的形式描摹自然山水之美，向往自己理想中的人生远景[87]。受中国传统隐逸思想观念的影响，中国私家园林采用内向式布局，用院墙和房子围合而成，对外不开窗，与外界紧密隔绝。而且私家园林的园主多为文人，其园林主要体现了文人士大夫怡情自然山水、超脱世俗功名的情结。在这种思想指导下，私家园林追求的是一种山林野趣和朴实的自然美，习惯于在有限的空间将景象无限地拓展和延伸。它们或临街而建，或枕水而居。在园中则是小桥流水、曲径通幽，有着千变万化的空间组合[71]。

吴地历来重文好道，推崇礼乐。苏州富庶的经济、清灵的山水、浓郁的文化氛围，也吸引来许多官场失意的官吏、不得志的文人，他们在园林中追求一种摆脱“尘网”的隐逸生活。苏州有代表性的园林多数都是他们建造的。文人造园，或是为了隔绝尘世喧嚣，远离都市繁华；或是为了回避险恶政治，拒绝权贵舆从；或为了致虚守静……园林旨在创造一种月色空庭的雅静闲适意境，暗示山林隐逸的意趣，体现远离尘嚣的追求。这样的美学思想，自然在园林建筑上打下了深刻的烙印[70]。江南私家园林，大多是由文人、画家设计营造，因而其对自然的态度主要表现出士大夫阶层的哲学思想和艺术情趣。江南私家园林一般与住宅相连，多呈内向不开放形式，环境闭塞，在有限的空间内，通过把自然的美景加工、集中、概括，并与主观的“情”相融合，利用置石、叠山、理水、养育花木等构景手段，创造园林艺术境界，并最终表现园主或造园者的人格理想，正是由于受儒家士大夫隐逸文化和借园抒情的哲学背景影响[96]。如苏州网师园“渔隐”这一主题就表达了南宋年间吏部侍郎史正志被贬谪后对隐逸生活的向往之情。后清朝宋宗元退隐后依旧延续了史正志的渔隐的蕴意。“网师”也是渔翁的又一叫法，因此网师园主人用这一名字暗示了自己的渔隐之情。在网师园中可见建筑的构造和山水的排布，景点的命名和匾额、楹联等一系列都蕴藏着十分浓郁的隐逸气息，这些都能够很好地表现出园主隐退的心绪。网师园几经更主，但不变的是网师园的主题——渔隐[97]。耦园东西两侧各建一园，因“耦”与“偶”相通，寓夫妇归田隐居之意。退思园主人任兰生曾任清朝兵备道，因贪污被罢官后建此园隐居，有“退则思过”之意。

6. 士林文风

北京的私家园林在表现京官文化的同时，也同样深刻体现出京城士大夫文化的特点，典型者如半亩园，被《天咫偶闻》评价为“富丽而有书卷气，故不易得”。其中“富丽”是北京官僚宅园追求的主要风尚，而“书卷气”则源于京城浓烈的文化范围，二者看似矛盾却又常常融于同一园中。身居高位的京官大多也是饱学文士，往往具有很深的文化底蕴，而元、清两代很多京园的主人虽为蒙古人、色目人和满族人，却常常表现出高度的汉文化修养。元大都最著名的私家园林万柳堂主人廉希宪即为维吾尔族，为当时的儒学大家。而清朝的满族权贵之家更不乏优秀的学者和艺术家，如流连于禄水亭的纳兰性德虽贵为相国之子，却是清朝最著名的词人；拥有恩波亭、诒晋斋的成亲王永瑆身为王爵，也素称“诗文精洁，书法遒劲，为海内所共推”，而其他王公府园的主人如简仪亲王崇尚理学，慎靖郡王诗笔清秀，均享盛名；又如半亩园的主人麟庆，为金世宗后裔，其完颜家族一直是满族最著名的文化世家[93]。

“吴才大贤，尽出江南”，江南风物清嘉，人文荟萃。苏州园林的园主人也多为官绅名士，他们都有较高的文化修养，能诗善画。文人士大夫首先作为一个文人，受过良好的教育，有深刻的文化底蕴，体现在园林艺术中，则是“寄情于山水”的淡泊与情调。许多苏州园林都是吴中画家直接参与营造设计的，他们将文人画的理论巧妙地运用到造园中去，将中国画画论的要素灵活运用于造园的立意、构图、造景等处理手法之中[96]。这些园林多以画为本，以诗为题，通过凿池堆山，栽花种树，创造出诗情画意的景观。在苏州园林中游赏，犹如在品诗，又如在赏画。为了表达园人的情趣、理想和追求，园林中有许多匾额、楹联之类的诗文题刻，如以清幽的荷香自喻人品的拙政园的远香堂，以清雅的香草自喻性情高洁的拙政园的“香洲”，追慕古人似小舟自由飘荡而怡然自得的怡园的画舫斋，表现园主人企慕恬淡田园生活的网师园的“真意”和留园的“小桃源”，等等。这些充满书卷气的诗文题刻，都是中国园林追求的“意境”[16]186-187。

7. 装饰象征

由于古代私家园林大多面积较小，所以建筑的灵活多变在私家园林的营建过程中就显得尤为重要。装饰作为建筑的一个重要组成部分，更能够突出其独特的文化底蕴和历史风采，装饰艺术在园林的脊饰、雕饰等很多方面。江南私家园林中的建筑装饰图案，是一种艺术符号也是一种特殊的民族语言，具有丰富的内涵，催人遐想，耐人咏叹。建筑装饰题材涉及天地自然、祥禽瑞兽、花卉果木、人物，等等，在符合礼制要求的同时，又极力映射出园主的个人追求。在礼制思想的约束下，五品以下官员房屋和普通居民房屋是不施彩绘的，于是私家园林便以雕饰代替彩绘，既不逾礼也能表达伦理教化、修身养性的意图，其题材极为丰富，包括戏文典故、岁寒三友、琴棋书画、鲤鱼跃龙门、茂叔爱莲和二十四孝等[98]。如江南私家园林的脊饰，在尊崇礼制的基础上，正脊两端多用哺龙脊、雌毛脊、哺鸡脊、纹头脊、甘蔗脊等，如网师园从濯缨水阁朝东北方向望去，五峰书屋和空亭上的鸱吻参差排列为哺鸡脊、如意头等脊。屋顶脊饰常采用寿桃、佛手、石榴等寓意吉祥的形式，正脊正中的脊刹有聚宝盆、福禄寿、平生三级等吉祥图案，轻巧秀雅的脊饰，与自然融为一体，美不胜收[74]35。

此外，私家园林用精雕细琢的雕饰来创造出了惊人的美和宁静的和谐。如山西古代私家园林的砖雕主要用于照壁、墙壁和栏板，木雕一般用在门窗等地方，而石雕的主要形式有抱鼓石、门枕石、上马石等。这些雕刻艺术的内容涉及广泛，从历史典故、生活场景到寓意象征一应俱全，有些还体现主人的兴趣爱好等，这些图案不仅能给人带来优美的视觉效果体验，还能够体现当地的地域特色和深厚的历史文化情怀[92]。如网师园正对着大厅和撷秀楼的院墙大门上各有一座装饰性的门头，全部用砖仿照木结构的形式贴附在墙上，其中一座门头的左右两侧梁枋上特别雕出两幅由人物、建筑组成的戏曲场面，用多层透雕表现出来的人物连面部神态都能看到。在另一座门头的两侧也都有雕饰的磬、鱼等形象，以象征“吉庆有余”。这里的木雕工艺都称得上是精雕细刻，但两座门头上的砖雕工艺水平之高更令人叫绝。灰色砖石门头坐落在双扇黑漆大门之上，在周围雪白粉墙衬托下，像两座雕刻艺术品，精美绝伦，绝无艳俗奢华之感。岭南传统建筑园林也极具强烈的装饰表现。和江南园林相比，岭南园林重在庭园建筑空间，强调以建筑、装饰、小品、植被综合取得的艺术效果，而这种效果在很大程度上表现为人工之艺术。岭南古典庭园喜用较为规则的方池或曲池。庭园布局规整、严谨，甚至连庭园路径也采用规整的形体图案，有很强的人工艺术感受。叠石手法亦有很强的人工味，岭南庭园堆山极少用土，而用石。清代佛山岭南名士梁九图在诗中更是直言道："不看真山看假山"，直接告诉观者就是要人工艺术的堆山，具有极强的人为修饰的艺术效果[96]。

8. 意境审美

意境是我国古典美学的重要组成部分，它与文学、绘画、书法等关系非常密切，具有丰富的文化内涵，蕴含了较高的品质和独特的民族特色，更加具有艺术魅力和吸引力。私家园林意境审美由于受传统文化的影响，善于寓意造景，选用植物常与比拟、寓意联系在一起。如竹，因有"未曾出土先有节，纵凌云处也虚心"品格，被喻为有气节的君子，还常常利用植物的形态和季节变化，表达人们一定的思想感情和形容某一意境。如"夜雨芭蕉"表示宁静的气氛。有的植物，只从其名称上便可直接领会其含义，如吉祥草、如意兰。如运用植物的特征、姿态、色彩给人的不同感受而产生的比拟、联想，作为某种情感的凭拖或表达某一意境。各种植物由于生长环境和抗御外界环境变化的能力不同，在人们的观念中留下了它们各自不同的性格特征。如松刚强、高洁；梅坚挺、孤高；竹刚直、清高；菊傲雪凌霜；兰超尘绝俗；荷清白无染。杭州的西泠印社，以松、竹、梅为主题，比拟文人雅士清高、孤洁的性格。人们对花草树木的鉴赏，从形式美升华到意境美。在私家园林的构景中就常用花木来表达感情。这种意境美感多由文化传统逐渐形成。自古以来，咏草颂花的诗词歌赋，以植物为题材的各类作品数不胜数。不同的植物，被赋予不同的情感含义，对植物造景中植物的运用也各有看法。南方庭园喜在墙前植芭蕉、棕竹及观赏竹类，以求"粉墙作纸，植物作画"的效果；江南私家园林一般为主题园，其园名或记事、或写景、或言志、或言情，其中通过隐喻的手法将其思想意境表现出来。江南园林更有"无竹不美"之说。如扬州个园原名"寿芝园"，所有者黄应泰本人别号个园，故取名"个园"，其隐喻是不言而喻的；园中种植的主要是竹子，竹子在中国文化中代“清高有节，坚贞不屈”，这也是园名中所包含的意境[99]。

造园者在建造园林时借鉴绘画笔法，造园布局中使用幽深的景色起到半含半露的效果，或是在景色的背后隐含一种思想，采用欲扬先抑的手法将园林意境逐步展开，达到曲径通幽的效果。拙政园在造园过程中就巧妙地体现了美学意境。拙政园利用原来的地形划分出了若干个景区，在每一个景区中设计出了深具各种意境趣味的景点，在建筑时充分使用了对景、借景、障景等手法，从而形成了具有藏露旷奥、疏密得当、曲径通幽、柳暗花明等意境空间。沧浪亭充分用河水造景，加上园中挖池堆山，使得有限的空间变得开阔且丰富。沧浪亭在植物的运用上也体现了不同手法：孤植、对植、丛植、群植等。在沧浪亭的东南部运用孤植手法使得天空和园内空间形成图底关系，在入口大门处运用对植的手法形成呼应，不仅是对入口空间的强化，也是对此标识意义的恰当表达与呼应。在真山林上运用群植和丛植形成自然的山林野趣，不致使山林有虚假之感。在造园手法上也充分运用了卜筑相地、经营位置、步移景换、小中见大、虚实相生等。在成景类型上也运用主景、借景、框景、对景、漏景、障景、影景等手法。看山楼的突兀出现，是一种主景的手法，突出这个至高点，不仅是一种很好的风景，也出于突出这个观看全园最好去处的考虑。运用门洞和漏窗的结合既加强了空间的联系，又丰富了空间的层次，而且产生一种层层叠叠相互衬托的景观效果。这样做丰富了园林的诗情画意的效果，又使得园林更有一种含蓄的美，一种精神层而上的韵味。运用白墙，在墙上的光影变化可以创造类似水墨画的效果；在墙上开漏窗不仅沟通内外空间，而且利用一种漏景的手法创造一种虚实莫辨的景观效果。沧浪亭的漏窗式样颇多，无一雷同，分布在园内各条走廊上。花纹图案变化多端，含蓄精巧，使园内园外似隔非隔，苍山碧水欲断还连，造成面面成景，处处有情[91]。

私家园林的意境体现在园林主题、园林的山水景观、园林的植物配置、园林的建筑小品等许多方面，主要通过模仿大自然的景观，寻求诗情画意，将大自然的优美景观进行浓缩提炼以后放入园林之中，将其以诗情画意的形式表现出来，形成一个艺术的形象，使游人在游玩的时候感受到造园家所想表达的意境。私家园林通过借景、障景、象征、比拟、联想、楹联、题刻、以小见大、以少生多等各种千变万化的手法来进行各种意境的表达，含蓄委婉地表达园主人的情感与精神境界。

# 第十章　皇家建筑旅游客体文化

## 第一节　宫殿建筑旅游客体文化

### 一、宫殿建筑旅游客体

宫殿是随着封建中央集权制度的建立而成为帝王居住和施政的专用场所的[15]125。古时宫殿指高大的房屋，后逐渐成为帝王专用房屋的名称。中国历史上宫殿建筑经历了几次重要时期，主要有史书记载的秦汉时期的阿房宫、长乐宫、未央宫、建章宫等；隋唐时期也留下了代表作唐大明宫；目前保存最完好的宫殿建筑旅游客体就是明清时期留下的皇宫。宫殿建筑旅游客体是具有较高历史文化价值、旅游审美价值的一类客体，不仅在于其独特的建筑特点，更在于宫殿建筑的历史文化内涵。

1. 故宫

明清故宫位于北京市中心，也叫“紫禁城”。这里曾居住过明、清两代 24 位皇帝，1925 年辟为故宫博物院。故宫是世界上现存规模最大、保存最完整的帝王宫殿，占地 72 万平方米，建筑面积 16.3 万平方米[16]102，宫墙四周长 3400 多米，围成故宫宫区。宫墙外环绕着 52 米宽的护城河。整个宫殿布局严谨、富丽堂皇、金碧辉煌。硕大的斗拱、金黄色的琉璃瓦、高大的盘龙金柱、雕镂精美的天花藻井、绚丽的彩画、汉白玉的台基栏板等共同构成了庄严雄伟的故宫宫殿建筑群。

2. 沈阳故宫

沈阳故宫位于沈阳旧城中心，是清初的皇宫，又名奉天行宫。现有房屋300余间，占地4.6万平方米，由十几个院落构成。整个皇宫楼阁耸立，殿宇巍然、雕梁画栋、富丽堂皇，是我国现存仅次于北京故宫最完整的皇家宫殿建筑群。沈阳故宫也同样分为东、中、西三部分，收藏有丰富而珍贵的宫廷文物。

3. 长乐宫

长乐宫在汉长安城的南隅，又称东宫，是由秦兴乐宫改建而成的。汉初，刘邦从栎阳城徙居此宫，处理朝政。惠帝以后改为太后的居所，新莽末年毁于兵火。宫殿平面为不规则的方形，周围筑墙，周长1万余米，面积6平方千米左右。宫内主要有前殿、临华殿、长信宫、长秋殿、永寿殿、神仙殿、永昌殿和钟室等14座建筑。宫墙四面各有一门，东门和西门外有阙。现仅存汉长安城遗址。

4. 未央宫

未央宫在汉长安城的西南隅，又称西宫，为皇帝朝会之所。西汉、王莽、东汉献帝、西晋、前赵、前秦、后秦、西魏、北周等各朝代的皇帝都曾在此处理朝政，是中国历史上最有名的宫殿之一。隋唐时，未央宫被划入隋大兴城和唐长安城的禁苑。唐武宗时重修了宫殿，因此现存遗迹有很多是那时遗留下来的。未央宫的平面接近正方形，四面筑围墙，东西长2150米，南北宽2250米，面积约5平方千米。宫城四面各辟一门，在东门和北门外立阙。现仅存汉长安城遗址。

5. 大明宫

大明宫，大唐帝国的大朝正殿，唐朝的政治中心和国家象征，位于唐京师长安北侧的龙首原。始建于唐太宗贞观八年（634年），原名永安宫，是唐长安城三座主要宫殿中规模最大的一座，称为“东内”。自唐高宗起，先后有17位唐朝皇帝在此处理朝政，历时达200余年。大明宫是当时全世界最辉煌壮丽的宫殿群，其建筑形制影响了当时东亚地区的多个国家宫殿的建设，被誉为千宫之宫、丝绸之路的东方圣殿。现为大明宫遗址。

## 二、宫殿建筑旅游客体文化

### 1. 皇权至上

受儒家伦理观影响最直接的是都城和宫殿建筑，它们所体现的是当朝建筑的较高标准和主流文化及统治者的意志。他们一方面强调皇权的“至高无上”，一方面强化等级伦理，渲染一种不平等的和谐观。《考工记•匠人》中描述周都城洛阳“匠人营国，方九里，旁三门。国中九经九纬，经涂九轨。左祖右社，面朝后市。市朝一夫”。据此可知，周王城的平面建筑形制是由对称道路分划的九区正方形，且王宫居中。这种方形平面形制，一方面体现了古人天圆地方的观念；王者居中，便于对属下千邦万国的全方位统治；另一方面，“国方九里、国中九经九纬、经涂九轨”中单位数字最高者“九”字的反复使用，体现了帝王“九五之尊”之位。可见，周王城之制，反映了周人择中营王国是“以土中治天下”“居天下之中”的王权至上思想。古代匠师按照“礼”的要求，“择中立宫”表现帝王至尊，即“中轴对称，中为至尊”。

其实这些手段，都是为了烘托皇权的威严，渲染皇帝、皇权的至高无上。唐大明宫麟德殿的三重殿既是一个整体，同时又高低错落，等级分明。沿中轴线的含元殿、宣政殿、紫宣殿三大殿，有层层高升的趋势，其中紫宣殿最高，体现了皇帝贵为天子，高高在上。汉长安城中间的御道宽 20 米，专供皇帝通行，两侧的边道各宽 12 米，供官吏和平民行走。汉宫内有 40 多座建筑，其中最高大的是前殿，居全宫正中。故宫正门是外三内五的格局，中门为皇帝专用，其他人不得通行，也是皇权至上的体现。皇权至上的思想体现在宫殿建设的方方面面，殿堂高大宽敞、重檐庑殿顶、金黄色琉璃瓦、九间面阔、屋顶的九个走兽、金龙和玺彩画等，在故宫太和殿、乾清宫等皇帝办公和生活的建筑上表现得非常充分，将皇权至上的思想表现得淋漓尽致。

2. 尊卑等级

宫殿建筑明确规定了建筑的形式、屋顶的样式、面阔、色彩装饰、群体组合、方位朝向、建筑用材等的等级标准。这种建筑的等级制度表面看来仿佛只是表现某种威严气派，然而实际上它所要传达的是一种统一的秩序感；并且通过这种秩序反映一种国家政治、社会关系的秩序；同时熏陶人的意识，使人们时刻不忘上下尊卑的社会等级。为了突出皇家君权的地位和建筑等级观念，历代都有相应的规制法典对城制、组群、间架、装修等等级做出严格的规定[100]。序列式空间布局，这吻合了维持中国古代社会稳定的礼数制度，因而强调"尊者居中"等儒家之"礼"制;"前朝后寝"式的基本布局已经能够体现中国传统儒家的君臣伦理观念；"左祖右社"反映出中国以孝为先、"民以食为天"的礼教思想，而且这种中央式布局的建筑也从一定角度能反映出清朝统治阶层的权力更迭。反映在建筑上就是要突出中轴线建筑要宽敞高大，以表明皇帝的至高权力和至高无上的尊贵地位，中轴线两侧的建筑要低矮窄小，以显示居住者的从属地位及卑微的身份。无论是唐大明宫、北京故宫还是沈阳故宫，都采取了"前朝后寝、三大殿制、左中右三路"的总体布局方式。三朝五门制度中，中门为皇帝专用，文武百官走左门，王室至亲走右门，三品以下官员只可以走东西掖门，以此体现宫殿建筑的尊卑等级。故宫天安门前金水河上的金水桥也是等级制度的表现，不同的桥供不同等级层次的人通行。中间的桥等级最高，称"御路桥"，刻有龙纹图案，供皇帝通行;两旁的桥称"王公桥"，刻有莲花图案，供亲王通行;再旁的桥称"品级桥"，供三品以上的官员通行。

从建筑装饰上看，这种等级制也十分明显。如故宫屋脊上有数量不等的琉璃小兽。这种走兽装饰的最高等级规定是用 9 个，紫禁城前三殿中的太和殿和保和殿屋顶上用的是 9 个，后三宫中的乾清宫、坤宁宫用的也是9个；交泰殿、中和殿地位稍低，用的是7个，太和门地位重要，用的也是7个，地位稍低的乾清门用的是5个；御花园的亭阁上只用3个。宫殿大门的颜色和上面一排排的门钉数量也是区分建筑等级的一种标志。明代规定，皇宫建筑的大门用红门金钉，以下官吏根据级别大小分别用绿门、黑门，用铜钉、铁钉。门钉数量上也有等级的规定。皇宫重要大门的门钉最多，9路9排共81枚钉；往下依次是单数递减，直至5路5排。屋顶样式也可以反映建筑等级，重要级别依次是重檐庑殿顶、重檐歇山顶、单檐庑殿顶、单檐歇山顶等；面阔开间的数量也分别用9间、7间、5间、3间来显示不同建筑的等级；不同级别的宫殿建筑施以不同的彩画，以区分等级，这些等级制度在现今的故宫及沈阳故宫里都可以得到明显的印证。甚至宫殿的名称也可以体现尊卑等级，如东西六宫的承乾宫表明要顺承皇帝。专制社会的等级制度思想可以如此明显地反映在宫殿建筑的布局和装饰中，实在令人为之感叹。

3. 天人合一

中国传统文化中天人合一的观念是一个很深刻的概念，现在的理解是人与自然的和谐共处，简单来说就是人与宇宙是一体的，人是宇宙的一部分，所以人必须按自然规律办事。按自然规律办事就可以得到“天”助，就可以自强不息、厚德载物。按天上星座的布列来安排地上皇家宫苑的布局，就是“天人合一”思想在帝都规划上的具体体现。如咸阳城市横跨渭河南北两岸，但由于渭北地势高亢，咸阳宫仍起着统摄全局的作用，因而把它作为“紫宫”星座的象征，也是实际上的“天极”。再利用“甬道”等交通道路的联系手段，参照天空星象，组成一个以咸阳宫为中心、具有南北中轴线的庞大的宫苑集群。这个庞大的宫苑集群突出了咸阳宫的总绾全局的主导地位，其他宫苑则作为后者的烘托，犹如众星拱北极。它体现了人间的皇帝的至高至尊，以皇帝所居的朝宫沟通于天帝所居的大极，又把天体的星象复现于人间的宫苑从而显示天人合一的哲理。如大明宫选址在唐长安城宫城东北侧的龙首原上，利用天然地势修筑宫殿，形成一座相对独立的城堡。宫城的南部呈长方形，北部呈南宽北窄的梯形。利用自然的地势兴建皇宫，体现了人与自然的和谐统一。汉长安城的平面呈不规整的方形，由于城墙是在长乐、未央两宫建成后才开始兴建，因此为迁就两宫与临近河道的位置，形成南墙曲折如南斗六星、北墙曲折如北斗七星的形状，因而汉长安城有“斗城”之称。

我国古代把天上的恒星划分为三垣、四象和二十八星宿。三垣指的是太微垣、紫微垣和天市垣。紫微垣居于中位，传说是天上皇帝居住之处，称为紫宫。人间的封建帝王自诩为真龙天子，所以其居住的皇宫也被称为紫宫[16]103。因此依照中国古代星象学说，紫微垣（即北极星）位于中天，乃天帝所居，天人对应，故宫又称紫禁城。天人合一还体现在宫殿的名称上。故宫三大殿分别为太和殿、中和殿、保和殿，“太和”出自《易经》中的“保合大和”，“中和”取自《礼记·中庸》的“和也者，天下之达道也”，“保和”取“保合大和”之意，都是天人合一观念的延伸，强调君臣、人与自然、民族之间的和谐。北京故宫殿宇如海，但见不到一座与众不同、个性十足的单体建筑。它注重的是建筑群体的和谐组合、平衡对称。整个建筑群在命名上也好似一个宇宙生成的过程，乾为天为阳，坤为地为阴，隐含有“天地阴阳”的思想。交泰殿在后三宫的布局中，乾清宫位于前即南，坤宁宫位于后即北，交泰殿处于二者之中，为天地交通之处，符合“天地交通”的原则[101]。还有象征日月的日精门、月华门和象征十二星辰的东西六宫，形成了众星捧月的格局。可以说天人合一的物化在宫殿建筑中表现得淋漓尽致。

4. 阴阳五行

建筑中的阴阳五行理念主要来源于中国古哲学书籍《周易》，以阴阳二元论为基础对事物运行规律加以论证和描述，对于天地万物进行性状归类，对于天干地支五行进行阐述，甚至用这些理论对事物的未来发展进行预测。如隋帝国以《周易》的乾卦理论为指导建造了大兴城，也就是后来的唐长安城，象征阳。故宫中的东西六宫就以坤卦理论为指导建造，象征阴。故宫分外朝和内廷两大部分，外朝为阳，内朝为阴。外朝的主殿布局采用奇数，称为五门、三朝之制，这正是中国哲学习以上方、前方、奇数、正数为阳的缘故。内廷宫殿多用偶数，如两宫六寝，是下方、后方、偶数、负数在中国传统习以为阴的缘故。阴阳学说讲究辩证，有“阳中之阳”与“阴中之阳”的学说，故宫忠实地实践着这一思想。外朝的主殿太和殿为“阳中之阳”，内廷主殿乾清宫则为“阴中之阳”。而且中国的传统阴阳思想还要讲究阴阳平衡。故宫的三大殿里面运用了很多奇数来体现阳，如九五至尊、九个小兽、九间面阔等，为了达到阴阳平衡，三大殿的台阶的数字采用了偶数。交泰殿前面有乾清宫代表天（阳气），后面有坤宁宫代表地（阴气），交泰殿的含义则是“天地交而为泰”即指天（乾）地（坤）即阴阳二气在此交会，天地才能太平，这就是指“乾清”和“坤宁”二宫。交泰殿悬轩辕镜象征天地阴阳交会。太和殿、中和殿和保和殿的含义源自《周易》所云:“乾道变化，各正性命。保和太和，乃利贞。”“太和”之意，朱熹解释为：“大和（太和），阴阳会合、冲和之气也。”所以交泰殿和太和殿内悬轩辕镜，象征阴阳和谐，永远融洽无偏，意思就是指阴阳交会[101]。

五行观念也充分运用在宫殿建筑中，不仅表现在五行在宫殿建筑的方位、色彩等方面的运用，还体现在五行相生相克理论的运用。故宫中前朝在南，后寝在北，按五行说南方从火，阳性，含生长之意，是适合从政的地方;北方从水，阴性，含收藏之意，是适合寝居之地。东方从春，因此凡属文化、文治方面的宫殿及设施，多列于东侧；西方从秋，所以凡属兵刑、武备方面的宫殿设施，多列于西侧。如文华殿在东，武英殿在西。又五行学说认为土为黄色居中，代表国家，表示皇帝所居为天下的中心，所以故宫屋顶多为黄色；火能生土，火为红色，主光大，所以宫殿柱子都用红色，以示兴旺发达之意。单体建筑也因性质不同而用色各异，如藏书的文渊阁，用黑瓦，黑为水，可克火，利于藏书。天安门至端门不栽树，意为南方属火，不宜加木，木生火在此不利于木结构的防灾。故宫中的社稷坛最典型、最直观地体现了五行思想。在这里，台基作出表现方位的五色土，坛的四周砌以矮墙，矮墙按五行体系作出各色琉璃瓦顶：东方为青蓝，以应五行之木；南方为赤，以应火；西方为白，以应金；北方为黑，以应水；中央为黄，以应土方位、色彩，严格纳入规范的五行系统。

5. 象征文化

古代宫殿是古代建筑艺术美的集大成，是我国建筑中级别最高、技艺最精的建筑类型，体现了当朝皇帝的个人意志以及国家臣民的集体意愿，这些意志和意愿主要通过象征文化体现，而且体现在建筑的方方面面。如宫殿及其建筑的命名都有一定含义。起初大明宫取名为“永安宫”，意求太上皇长永安泰。长乐宫是中国汉代的“三宫”之一，意为“长久快乐”。故宫叫紫禁城，寓意庶民百姓的禁地。太和殿、保和殿寓意“保合大和”，寄托天人合一，君臣、人与自然、民族之间的和谐愿望。中和殿体现儒家的中庸思想。乾清宫取自韩愈《六合圣德诗》句的“乾清坤夷”，寓意天下清和各地平安。交泰殿取自《易经》中的“天地交泰”，象征帝后生活和谐[16]107。坤宁宫象征天下太平，大地安宁。日精门和月华门象征日月争辉，东西六宫象征十二星辰。东西六宫的名称要体现古代妇女作为妻子和后宫嫔妃的本分。如景仁宫寓意大仁大爱、永寿宫寓意令仪淑德、承乾宫寓意顺承皇帝、翊坤宫寓意护佑大地、储秀宫寓意茂修内治、太极殿寓意勤襄内政、永和宫寓意仪昭淑慎、长春宫寓意敬修内则、咸福宫寓意内职钦承等。慈宁宫、宁寿宫、寿康宫、寿安宫等寓意永远健康长寿等。沈阳故宫的正殿为崇政殿，寓意崇尚德政。永福宫有福寿长久之意。麟趾宫寓意多子多孙、子孙贤能。飞龙阁意为飞龙在天，普降甘霖，象征皇帝恩泽普及万众。类似的名字不胜枚举。

除了宫殿名字体现了象征意义，在建筑布局、建筑装饰等方面也体现了象征意义。如皇宫大殿的面阔开间与纵深比为九比五，寓意为九五之尊，象征帝王。故宫三大殿的台基构成土字，在五行中居中，寓意只有皇帝住的地方才可以位于中间。宫殿屋顶的琉璃吻兽是抽象的立体动物形象，都有各自的象征意义。龙代表皇帝，凤代表皇后，象征龙凤呈祥。狮子象征威严。狻猊，古书记载是与狮子同类能食虎豹的猛兽，也有说为龙的九子之一，亦是威武百兽率从之意。天马、海马寓意皇家的威德可以通天入海。獬豸，我国古代传说中的猛兽，与狮子类同。它能辨曲直，又是勇猛、公正的象征，是皇帝、“正大光明”“清平公正”的象征。狻猊是龙的九子之一，狎鱼是海中异兽，斗牛传说中是一种虬龙，传说这几种动物与龙一样，都可以兴云作雨，灭火防灾、镇火防灾。行什是传说中的雷公，防雷的象征，表达了人们镇宅辟邪防火的愿望。屋顶的和玺彩画多为龙凤图案，象征着皇帝、皇后，龙凤呈祥。苏式彩画的“万”“寿”字寓意万寿无疆，祈祝皇帝长寿。而且大量的云、蝙蝠图案，寓意“万福流云”。此外，还有“寿山福海”图案寓意福如东海、寿比南山。一些花卉组成的吉祥图案也多有采用，牡丹花、玉兰、海棠、石榴、佛手等，常组合在一起寓意“玉棠富贵”“富贵多子”“多子、多福、多寿”等。

此外，宫殿都会有一些固定的陈设品，这些陈设品也都有它们特定的文化内涵。华表通常是宫殿前后的固定陈设品，是帝王勤政为民的象征，提醒帝王体察民间疾苦、勤于朝政、治理国家。华表上方的朝天吼是帝王与上天对话、上传民情下达天意的神兽。石狮也是宫殿门前的固定陈设品，显示皇家的尊贵和威严。雄狮象征着统一寰宇和至高无上的权力；雌狮象征着皇室子孙绵延。嘉量象征国家统一和强盛。吉祥缸象征门海，寓意缸中水深似海，可以扑灭火灾。铜龟铜鹤象征长寿，庆贺享受天年。皇帝宝座前通常还会摆设太平有象、甪端仙鹤。太平有象常为大象驮瓶的形象，瓶中装满五谷，象征天下太平，五谷丰登。角端是中国神话传说中的神兽，可日行一万八千里，通四方语言，只陪伴明君，专为英明帝王传书护驾，象征国泰民安、生活富裕、人世昌隆、人寿年丰。仙鹤是比较长寿的禽类，在古代也是皇家专用标志，象征国家长久、帝王长寿（用于大臣象征忠贞清正、品德高尚、指日高升）。类似的陈设品还有很多，向人们传达着它们的中国传统文化内涵和象征意义。

6. 宗教色彩

古代很多帝王都信奉宗教，不仅是作为自己的精神寄托，更是为了更好地统治国家，因此为了避免兴师动众、路途遥远地去宫殿外的道观或寺院，宫殿里都会有相应的宗教建筑以满足皇室信道礼佛的需要。如道教与李唐王朝有着特殊的深厚渊源，其中一个重要原因就是唐初门阀士族的传统势力还很强大，若非系出名门，就很难得到社会的尊重。唐朝皇帝为提高自己的门第出身，便利用道教始祖李聃姓李、皇室也姓李的巧合，附会自己是太上老君李聃的后代，是“神仙之苗裔”。道教因而也就成为李唐王朝信奉的重要宗教。唐朝的统治者崇尚道教，认老子为祖先，道教被尊为国教，许多李氏皇族都是虔诚的道教信徒，因此在大明宫内建有三清殿、大角观、玄元皇帝庙等道教建筑。道教建筑以及带有道教色彩的建筑物在大明宫中有很多。供奉道教神仙的殿宇及道观、道场至少有十余处，以道教词汇命名的建筑物，举不胜举，如清思殿、大福殿，这是道教在唐代宫廷中极盛的一个标志。李唐王朝，以老子后裔自居，对道教的祭祀活动甚至超过了祭祖和祭天、地、社、稷。道教建筑等级、规格极高，内部装潢也是极为豪华。如三清殿是大明宫内等级最高的宗教建筑，位于宫城的东北隅，台上是楼阁式建筑。三清殿为大明宫宫苑区最高的建筑，大明宫只有龙首山上的前朝三大殿能与之媲美；其出土的建筑材料及装潢构件之华丽，被考古学者认为是“绝无仅有的一处”[102]。唐宪宗时期，为满足皇家的宗教需求，又建西夹城，便于通往长安城西面修德坊内的兴福佛寺。汉武帝刘彻慕仙好道，于公元前 104—前 100 年修造神明台。神明台是建章宫中最为壮观的建筑物，高达 50 丈，台上有铜铸的仙人，仙人手掌有 7 围之大，至于仙人之巨大可想而知。仙人手托一个直径 27 丈的大铜盘，盘内有一巨型玉杯，用玉杯承接空中的露水，故名“承露盘”。汉武帝以为喝了玉杯中的露水就是喝了天赐的“琼浆玉液”，久服益寿成仙。神明台上除“承露盘”外，还设有九室，象征九天，常住道士、巫师百余人。巫师们说，在高入九天的神明台上可和神仙为邻通话。为了求神祈仙，汉武帝还在太液池中筑有三座假山，以象征东海中的瀛洲、蓬莱、方丈三座神山[103]。

道家思想也应用在宫殿建筑上。如故宫“神武门”，明朝时为“玄武门”，玄武为古代四神兽之一，从方位上讲，左青龙，右白虎，前朱雀，后玄武，玄武主北方，所以帝王宫殿的北宫门多取名“玄武”。清康熙年间因避讳改称“神武门”，这就是利用了道教四方守护神的思想。道家风水思想通常用在宫殿建筑的选址及相关物品的摆设方面。“风水”理论的基本取向就是关注人的居住环境，人与自然的和谐及建筑空间与自然环境的相互协调，客观上形成了特殊的生态观念。“风水”起源于人类早期的择地定居，形成于晋汉之际，成熟于唐、宋、元代，明清时期日臻完善。它注重人居环境的环境容量、环境质量和景观问题。“风水”也称“相地术”或者“堪舆术”。 历史上就有周公卜居营洛邑的故事，继承了殷人择中建王城的观念精心经营。伍子胥设计建造吴都阖闾城，在《吴越春秋》中记载：“子胥乃使相土尝水，象天法地，造筑大城，周回四十七里。陆八门，以象天八门；水八门，以法地八聪。筑小城，周十里。陵门三。不开东面者，欲以绝越明也。立阊门者，以象天门通阊阖风也。”隋大兴城建造时，宇文恺不仅有斟酌地势，将太极宫置于乾位，且又以承天、朱雀等命名。实际上历代建都的地方均经慎重考虑，如北京形胜为“北枕居庸，南襟洛河，右拥太行，左环沧海”，山川环卫，气候宜人，是“王者不得不可为王之地”[104]。

清朝满族有自己信奉的萨满教，故宫中还可以看到萨满教祭祀的建筑。如沈阳故宫的清宁宫门前竖立有祭天的“索伦竿”，西侧干墙上放置萨满祭祀的神位，用于满族传统祭祀。北京故宫的坤宁宫在清朝时期就是祭祀萨满教的地方。清朝皇室信奉佛教，因此故宫留下了许多佛教建筑。出于清朝皇室礼佛的需要，故宫中的佛堂有数十座。雨花阁是其中最大的一处，是一座藏传佛教的密宗佛堂，是乾隆皇帝仿照西藏阿里古格的托林寺坛城殿修建，其中供奉西天梵像、无量寿佛等事部主尊，二层及楼梯间前供奉佛像、佛母和金刚；三层供奉瑜伽部佛像；顶层供奉密教金刚[105]。主要目的是为了清王朝联络西藏各部，也为乾隆祈寿。慈宁宫后殿的大佛堂也是宫中较大的佛堂。清初大佛堂为宫中藏传佛教的中心，也举办汉传佛教佛事，由太监和尚、太监喇嘛管理，汉传佛教的道场主要在万善殿进行。大佛堂明间正中主要供奉三世佛、天王、韦陀、十八罗汉，前面还设有众多小佛像、佛塔、佛龛、供案、供器等，摆放整齐，气氛庄严。皇帝寝宫养心殿内也有专为皇帝礼佛的小佛堂。英华殿也是明清两代皇太后及太妃、太嫔礼佛之地。明代每年万寿节、元旦都要在英华殿做佛事。清代皇太后、皇后也以此为礼佛之所[106]。宫殿中也有道教建筑。故宫中的典型道教建筑是钦安殿，是明清两代作道场的主要场所。钦安殿内供奉道教中的北方神玄武大帝，在阴阳五行中北方属水，供奉玄武大帝守护紫禁城免受火灾。而且由于真武大帝是得道飞升之仙，象征长生不老，在宫中信仰更加盛行。清朝皇帝经常在钦安殿设道场，为皇太后祈求福寿安康[107]。无论是哪种宗教色彩，都寄托了国泰民安、健康长寿的美好愿望。

## 第二节　坛庙建筑旅游客体文化

### 一、坛庙建筑旅游客体

古代由于人们对大自然现象不能作出科学解释，产生了万物有灵的观念，总是把自然物当作神奉祀，祈求它们保佑风调雨顺、吉祥安泰。这种信仰一直流传下来，我国便建造了许多祭神坛庙，留下了大量坛庙建筑客体。坛是中国古代用于祭祀天、地、社、稷等活动的台型建筑，是封建社会最高统治者专用的祭祀台，用于祭祀天、地、日、月、社、稷以及风、云、雷、电、山、川、河流等自然神灵，通过祭祀表达人与自然的关系。比较著名的有天坛、地坛、日坛、月坛、社稷坛等。庙是祠的同义词，用来祭祀人。皇家祭祀祖先的宗庙称太庙，级别高，规模大，是等级较高的坛庙建筑，如北京太庙。祭祀先贤的祠庙叫圣贤庙，例如孔庙、关帝庙等。此外还有民间祭祀的神庙，如城隍庙、妈祖庙等。

1. 天坛

天坛是明清两代皇帝每年祭天和祈祷五谷丰收的地方。天坛以严谨的建筑布局、奇特的建筑构造和瑰丽的建筑装饰著称于世。总占地面积约 270 万平方米，分为内坛和外坛。主要建筑物在内坛，南有圜丘坛、皇穹宇，北有祈年殿、皇乾殿，由一条贯通南北的甬道——丹陛桥，把这两组建筑连接起来。外坛古柏苍郁，环绕着内坛，使主要建筑群显得更加庄严宏伟。坛内还有巧妙运用声学原理建造的回音壁、三音石、对话石等，充分显示出古代中国建筑工艺的发达水平。天坛是我国保存下来的最大祭坛建筑群。

2. 地坛

地坛又称方泽坛，是古都北京五坛中的第二大坛。地坛公园位于北京市东城区安定门外大街，占地 37.4 公顷。公园始建于明代嘉靖九年（1530

年），是明清两朝帝王祭祀“皇地祇神”的场所，也是中国现存的最大的祭地之坛。地坛公园有方泽坛、皇祇室、牌楼、斋宫等著名旅游景点。1984 年被评为北京市文物保护单位。

3. 社稷坛

社稷坛位于天安门西，为明清两代祭祀社、稷神祇的祭坛，其位置是依周礼《考工记》“左祖右社”的规定，置于皇宫之右（西）。祖与社都是封建政权的象征。社稷是“太社”和“太稷”的合称，社是土地神，稷是五谷神，两者是农业社会最重要的根基。不仅在京城有国家的祭坛，地方各级城市也都有祭祀社稷的场所。

4. 太庙

太庙是明清两代皇帝祭奠祖先的家庙，始建于明永乐十八年（1420 年），占地 200 余亩，是根据中国古代“敬天法祖”的传统礼制建造的。天花板及廊柱皆贴赤金花，制作精细，装饰豪华。太庙是皇帝举行祭祖典礼的地方，大殿两侧各有配殿 15 间，东配殿供奉着历代的有功皇族神位，西配殿供奉异姓功臣神位。大殿之后的中殿和后殿都是黄琉璃瓦庑殿顶的九间大殿，中殿称寝殿，后殿称祧庙。此外还有神厨、神库、宰牲亭、治牲房等建筑。

5. 孔庙

北京孔庙规模宏伟，占地广阔，约 2.38 公顷，古建筑面积约有 7400 平方米，现有房屋 286 间，前后共三进院落，中轴线上依序为先师门、大成门、大成殿、崇圣门、崇圣祠五座建筑。大成门外东有碑亭、宰牲亭、井亭、神厨；西有碑亭、致斋所、神库，并有持敬门与国子监相通。孔庙珍藏丰富古迹众多，而以石刻最为著称。主要有进士题名碑、乾隆石鼓、十三经刻石以及明清石刻碑亭等。

## 二、坛庙建筑旅游客体文化 [108]

### 1. 天地文化

天地文化主要体现古人的“天圆地方”“天阳地阴”“天南地北”思想观念。古代有天圆地方之说，因此我们现在看到的北京天坛和地坛正是建成圆坛和方坛。天坛有坛墙两重，形成内外坛，均为北圆南方，以象征“天圆地方”之说。天坛由圜丘和祈年殿为主要两组建筑，另有神乐署和斋宫等。圜丘由坛“土遗”和皇穹宇两部分组成，坛“土遗”外方内圆。坛域北呈圆形，南为方形，寓意“天圆地方”。圜丘坛专门用于冬至日祭天，中心建筑是一巨大的圆形石台，象征天。圜丘坛是三层坛制，每层四面出台阶各9级。上层中心为一块圆石，外铺扇面形石块9圈，内圈9块，以9的倍数依次向外延展，栏板、望柱也都用9或9的倍数，象征“天”数。祭天用的燔柴炉也是圆筒形。供奉圜丘坛祭祀神位的皇穹宇围墙呈圆形，东殿殿内供奉大明之神（太阳）、北斗七星、金木水火土五星、周天星辰等神祇，西殿则是夜明之神（月）、云雨风雷诸神神牌供奉处，均为传说中的天神居所[109]。就天坛建筑本身而言，圜丘坛在南，祭天，祈谷坛在北，也是古人天地关系的文化观念体现。

地坛呈方形，整个建筑从整体到局部都是遵照我国古代“天圆地方”“天青地黄”“天南地北”“龙凤”“乾坤”等传统和象征传说构思设计的。地坛主要用于古代帝王祭祀社稷。在古代中国，“天圆地方”的观念源远流长，因此，作为祭祀地祇场所的地坛建筑，最突出的一点即是以象征大地的正方形为几何母体而重复运用。从地坛平面的构成到墙圈、拜台的建造，一系列大小平立面上方向不同的正方形的反复出现，与天坛以象征苍天的圆形为母体而不断重复的情形构成了鲜明的对照。按照古代天阳地阴的说法，方泽坛坛面的石块均为阴数即双数：中心是36块较大的方石，纵横各6块；围绕着中心点，上台砌有8圈石块，最内者36块，最外者92块，每圈递增8块；下台同样砌有8圈石块，最内者

200块，最外者156块，亦是每圈递增8块；两层平台用8级台阶相连。凡此种种，皆是“地方”学说的象征[110]。

古人将距离城池十里之内的范围定为城郊，天、地、日、月四祭坛便分布在城郊的南、北、东、西四个区域，加之皇城内的社稷坛，这“五坛”依据《周易》的理论来讲，“南北东西中”相互对应，体现了“天地日月人”之密不可分的关系。

2. 皇权神授

古人云：“国之大事，在祀与戎。”因此可以看出，不论是石器时代的先民还是封建时期的帝王，都把祭祀看成头等大事。特别是在封建时期，祭祀被当作国家大事之首列。京城里是否有坛庙是立国合法与否的标准之一，这就要求古代帝王在设立首都营造自己的宫殿的同时还要建造合乎礼法的坛庙。《礼记·王制》中写道：“天子祭天地，诸侯祭社稷，大夫祭五祀。”祭天是皇帝的专利，必须是皇帝亲自去，强调皇帝是“受命于天”的“天子”之地位。祭坛的每组棂星门的中门供神仙上帝出入，左门供皇帝出入，其他官员只能从右门出入，体现皇帝授命于天，帝王至尊。太庙是祭祀祖先的场所，祖先地位高，在左面。社稷坛是祭土神和谷神的场所，粮食为人之根本，安排在右面祭祀安排。东西南北四方又设天坛、地坛、日坛、月坛，对紫禁城形成拱卫之势，象征帝王至高无上的地位[111]。

天坛连接祈谷、圜丘两坛的轴线，是一条长360米、宽28米、高2.5米的砖石台，称为“神道”，又称“海墁大道”，也叫“丹陛桥”。它寓意着上天庭要经过漫长的道路，也是皇权神授的体现。帝王祭天是为了表现自己是上天之子，受命于天，那么，他们在祭地之时，所要强调的是自己君临大地、统治万民的法统。因此，天坛建筑以突出天的至高无上为主，而地坛建筑更要突出作为大地主人的君王的威严，要唤起帝王统治万民的神圣感和自豪感。地坛上层设皇帝祖先配位、下层设代表天下名山大川的四从坛，表示以皇权为中心的大一统观念。日坛是明清两代皇帝祭祀太阳大明之神的地点，每年春分日出寅时行祭礼，西棂星门正对的外坛至西天门为神路，是帝王祭日的必经之路，寓意皇权神授。

3. 礼制文化

礼既是规定天人关系、人伦关系、统治秩序的法规，也是约制生活方式、伦理道德、生活行为、思想情操的规范。它带有强制化、规范化、普遍化、世俗化的特点，渗透到中国古代社会生活的各个领域，当然也深深地制约着活动的诸多方面。《易传》称：“天尊地卑，乾坤定矣；卑高以陈，贵贱位矣。”《左传》说：“贵贱无序，何以为国。”[112] 儒家认为礼就是秩序与和谐，其核心是宗法和等级制度，人与人、群体与群体都存在着等级森严的人伦关系。礼制性建筑的地位，远高于实用性建筑；礼对建筑的制约，首先表现在建筑类型上形成了一整套庞大的礼制性建筑系列，而且把这些礼制性建筑摆到建筑活动的首位。礼制性建筑起源早、延续久、形制尊、数量多、规模大、艺术成就高，从建筑类型看，坛、庙、宗祠，明堂，陵墓，朝堂，阙、华表、牌坊等为礼制性建筑的五个类别[112]。由于祭祀在古代被列为立国治人之本，排在国家大事之首列，因此祭祀天神、日月、山川的坛，祭祀圣贤的庙以及祭祀祖先的宗祠在建筑中占据着最为重要的地位。这些礼制建筑是源于对天地、祖先的崇敬和感恩。

中国的礼制思想，有一个重要内容，则是崇敬祖先、提倡孝道；并祭祀土地与粮食神，代表了国家与政权，以求国泰民安，政权稳固。“左祖右社”之格局正是体现了这种礼制观念。在营建时，故宫坐落于北京城的中轴线上，方正布局，以中轴线上从北至南的午门至天安门为界，西侧建社稷坛，东侧建太庙。以皇帝“坐北朝南”为方位，左祖——即中轴线东侧为太庙；右社——即中轴线西侧为社稷坛[113]67。

帝王祭祀祖先的宗庙称太庙，按周制，位于宫门前左（东）侧。文献记载，古代宗庙，是每庙一主：唐夏五庙，商七庙，周亦七庙；汉代则不仅京城立庙，各郡国同时立庙，于是其数达176所，这是和后来天子宗庙仅太庙一处的制度很不相同的。每庙一主变为一庙多室、每室一主的形制，大约是魏晋年间事。太庙是明清两代皇帝祭奠祖先的家庙，始建于明永乐十八年（1420年），占地200余亩，是根据中国古代“敬天法祖”的传统礼制建造的。庙是皇帝举行祭祖典礼的地方，大殿两侧各有配殿15间，东配殿供奉着历代的有功皇族神位，西配殿供奉异姓功臣神位。大殿的重檐庑殿顶，三重汉白玉须弥座式台基，名贵的沉香木和金丝楠木都是帝王身份的体现。太庙正殿牌位按等级分昭穆而列，正殿前东西庑列功臣牌位，祭祀时用为陪祀，明显地体现了被祭祀者的等级。太庙戟门按最高等级的仪门礼制，太庙戟门桥中间一座为皇帝走的御路桥，两边为王公桥，次为品官桥，边桥二座供常人行走，也体现了封建社会的等级制度[114]。

4. 祭祀文化

古代人类在生产生活中发现了许多无法解释的事情以及对于自然规律的敬畏，渐次产生虚幻、梦幻，集众人之幻，就臆想出超自然的“神鬼”，出现神宗迷信，把万物归宿于天地神鬼的造化安排，若遇不解之事就求救天地神鬼给以保佑和恩赐，臆造出“皇天”“地祇”掌管天、地之一切，而祭拜这些神灵鬼魂的活动就统称为祭祀。古人云：“国之大事，在祀与戎。”因此可以看出，不论是石器时代的先民还是封建时期的帝王，都把祭祀看成头等大事。特别是在封建时期，祭祀被当作国家大事之首列。古人祭祀与供奉的主要目的有三层：一是“祭宗庙，追养也；祭天地，报往也”，就是寄托对祖先养育恩情的感激与追念，以及报答自然神祇护佑的恩泽；二是为今人祈求福祉，确保平安；三是起到表达政治目的的宣示作用。如对血统、特权等宗法制度合理性的宣示等，这就是所谓的“礼”的核心内容之一，因此也把祭祀的礼仪称作“吉礼”。前两者是显性的，后者是隐性的，也是祭祀文化在成熟之后真正的本意。

祭祀活动相关的内容，还有一套完整的仪式和节日，即各种祭祀活动都有相关的规范内容，包括时间、地点、人员、服饰、器具、祭品、音乐、规模、程序等。如天坛神乐署就是明清时期演习祭祀礼乐的场所。明清两朝祭地形式尤为隆重。每逢农历夏至或国有大事，当朝皇帝都要亲至地坛拜祭，祈求“风调雨顺，国泰民安”。春分祭日，在春分日的寅时迎日出。秋分祭月，在秋分日的亥时迎月出。朝日迎神四拜，饮福受胙两拜，送神四拜；夕月迎神饮福受胙送神皆再拜。宫廷祭祀共 80 多种，分为大祀、中祀和群祀三个等级。大祀为皇帝亲自祭拜，中祀一部分是皇帝亲祀，大部分分派官员祭祀。群祀就是官员代替皇帝祭祀去。而且古代遵从“四郊分祀”制度，根据“四郊分祀”制度，嘉靖帝下旨在北京城外建圈丘于大祀殿南以祭天，取名天坛。另在北郊建方泽坛以祭地，取名地坛；东郊建朝日坛以祭日；西郊建夕月坛以祭月。这四处坛址，就是今天北京城现存的天、地、日、月坛的前身[113]68。根据“四郊分祀”制度，南北郊祀天地，东西郊祀日月。

太庙是明清皇帝对先祖祭祀的地方，每年都要进行祭祀。太庙每年的祭祀种类一般有三种方式和规格。享祭是常规性祭祀仪式。每年的四季每个季节首月的阴历初一都要进行祭祀，太庙各个地方的牌位都要捧到享殿，而皇帝会亲自来这里祭祖，被称为“四孟时享”，简称享祭，把当时时令的蔬菜瓜果祭祀祖先。每遇到国家重大事情，皇帝登基或者皇帝的大婚以及册立皇后的时候都要去太庙的寝殿进行祭祀叫告祭。袷祭是一年中最大规模的祭祀仪式。在每年的除夕的前一天，历代帝后神主都将恭请到大殿合祭，这叫袷祭[114]。太庙享殿又名前殿，是明清两代皇帝举行祭祖大典的场所。殿内陈设金漆雕龙雕凤帝后神座及香案供品等。祭前先将祖先牌位从寝殿、祧庙移至此殿神座安放，然后举行隆重的仪式。整个大殿雄伟庄严，富丽堂皇。每年举行大典时，仪仗整肃，钟鼓齐鸣，韶乐悠扬，佾（音：义）舞蹁跹，是中华祭祖文化的集中体现。

5. 象征文化

坛庙建筑旅游客体体现了古人的思想观念，其表现方式主要运用了象征手法。如祭坛的方位也有说法：祭天于南，祭地于北，祭日于东，祭月于西。古人以黄颜色来象征地，形成“天谓之苍，地谓之黄”之说。据此，方泽坛和皇祇室均采用黄琉璃构件。日坛坛面明代为红琉璃，以象征太阳。明朝嘉靖时月坛坛面用白琉璃瓦，象征月亮。明嘉靖时期的北京天坛大享殿设于正阳门外东侧。三层屋檐用了三色琉璃：上层为蓝，象征天；中层为黄，象征地；下层为绿，象征万物。坛面中间的一块圆形石板叫“天心石”，象征宇宙的中心。天坛祈年殿中间四根“龙井柱”，象征着一年的春夏秋冬四季；里层十二根大柱比龙井柱略细，名为金柱，象征一年的十二个月；外层的十二根柱子叫檐柱，象征一天的十二个时辰。里外两层柱子共二十四根，象征二十四节气。里外二十四根楹柱和四根“龙井柱”共二十八根，象征二十八星宿[111]36。天坛祈谷坛的神厨、神库和宰牲亭与祈谷坛之间由长廊相连，长廊由东砖门至东北方的宰牲亭呈曲尺形，共七十二间，与祈年殿大小三十六根柱子相对应，象征七十二地煞。

社稷古代是分开的两个词，现代合用。“社”指五土之神，“稷”指五谷之神。社稷坛是严格遵照古制而筑的，坛上层铺五色土：中黄、东青、南红、西白、北黑，象征五行。坛中央原有一方形石柱，为“社主”，又名“江山石”，象征江山永固。坛四周建有宇墙（壝），墙顶依方位覆青、红、白、黑四色琉璃砖[115]，太庙中殿殿内祖宗牌位同堂异室。各夹室内陈设神椅、香案、床榻、褥枕等物，牌位立于褥上，象征祖宗起居安寝[114]。

6. 阴阳学说

阴阳是中国古代哲学的一对范畴。阴阳的最初含义是很朴素的，表示阳光的向背，向日为阳，背日为阴，后来引申为气候的寒暖，方位的上下、左右、内外，运动状态的躁动和宁静等。如上属阳，下属阴；天为阳，地为阴；动为阳，静为阴；南为阳，北为阴；东为阳，西为阴；男为阳，女为阴等。中国古代的哲学家们进而体会到自然界中的一切现象都存在着相互对立而又相互作用的关系，万事有阴阳，万物有阴阳。阴阳乃阴阳二气，阴阳二气互相融合作用构成万事万物。北京祭坛的择址就充分借鉴了中国古代阴阳学说的理论，将其发挥得淋漓尽致，处处体现了阴阳观对祭坛择址的重要影响[113]72。

道家阴阳五行学说认为：天为阳，地为阴，南为阳，北为阴，因此在选址时将天坛定位于南向，地坛定位于北向。几千年来，历代帝王都将南郊建坛以祭天为正统[113]68。古制“九天方位说”理论认为：西南为朱天，东南为阳天……坛址选择城南本属阳，天宫分为“九野”，正南为炎天，而丙巳位即东南方向则属于阳中之“阳天”方位，因此也更好地体现了“就阳位”的本意[113]69。而且早在周代初期，在国都镐京（今西安西南）的南郊营建郊坛时，就提出了距国门“五里”和“七里”两个阳数方案。古人以奇数为阳数，偶数为阴数，因此五里与七里的定制均属于阳数，最符合“祭天从阳”的古制[113]70。根据道家阴阳学说及在长期的生活实践中，古人认为万事万物都有相反与矛盾的两面：向日为阳，背光为阴；南为阳，北为阴；东为阳，西为阴；太阳为阳，而月亮又称作太阴，故太阳属东，月亮属西。故北京城的日、月坛在择址上，两坛相互对称，朝日坛居东郊，夕月坛居西郊[113]71。从干支五行阴阳学说讲，相对于北京城中心来讲，天坛位于丙巳位，而先农坛则位于丙未位，天干字“丙”为南方火，属阳，地支字“未”为四季土，属阴。这种阴阳结合的选址方法，除与天坛形成轴线对称外，还具有更深一层的含义，可谓是设计者的良苦用心。先农坛与社稷坛的祭祀乡土之神、方泽坛祭祀大地之神不同之处就在于，先农坛主要祭祀的是农业神，反映了对农业的重视与对农耕的崇拜。皇帝亲耕于先农，男为阳，因此皇帝亲耕的先农坛就阳位于城南郊，属于天干字“丙”为南方火，属阳的范畴。而祭祀四季农业、农耕土地，地为阴，先蚕选址同样依据了阴阳学说：女为阴，北方为阴，皇后亲蚕于先蚕坛，故择址城北[113]71-72。

# 第三节　陵墓建筑旅游客体文化

## 一、陵墓建筑旅游客体

陵墓建筑是中国古代建筑的重要组成部分，陵墓建筑是中国古建筑中最宏伟、最庞大的建筑群之一。

陵墓在中国古代建筑遗产中是数量较为丰富、保存较为完整的一类，其中蕴含了大量古代艺术珍品，同时陵墓建筑本身也是古代艺术瑰宝。“陵墓”是指帝王或诸侯的坟墓或者指当代杰出人物的坟墓[116]。陵墓建筑在中国传统建筑组成中不可或缺，是中国古建筑中较为宏伟和庞大的建筑群之一。陵墓建筑在不同时期有着不同建筑风格和建筑特色，每一时期的陵墓建筑背后反映出这个时期特有的文化艺术形式和思想观念，我国目前保存完好的陵墓建筑旅游客体包括秦始皇陵、明十三陵、清东陵、清西陵等。

1. 秦始皇陵

秦始皇陵，在今天陕西西安临潼区城东的骊山北麓，是保存至今的中国最大的帝王陵墓之一，被联合国教科文组织列为世界文化遗产。陵园在陵区的中部，有内外两重城垣，从平面图上看像一个南北长的回字形。内城的四个角上都建有角楼。陵墓在内城南部，陵墓的地宫接近方形，周围有砖坯砌成的墙。在陵区里发现了大量分布的陪葬坑、殉葬墓和从葬坑。从陪葬坑里发掘了珍禽异兽坑和铜车马坑，通体彩绘并装饰有大量的金银，制作相当华丽精美。秦始皇陵园里最壮观、最引人入胜的莫过于兵马俑了。兵马俑军队象征了秦始皇东征六国的军队和出行的仪仗队，形象地再现了秦始皇统一六国的雄壮景象。

2. 西汉帝陵

西汉历时 210 年，有 11 位帝王临位，在关中形成了西汉帝陵群，9

座主要陵墓分布于渭河北的咸阳原上。汉文帝霸陵为方上形，周围有夯土围墙，四面开门立阙，陵旁建寝殿和祭庙。汉武帝的茂陵是汉陵中规模最大的，周围有陪葬墓 12 座，陵前石刻为我国最早的石刻遗存，堪称珍品。汉景帝阳陵坐西朝东，与秦陵陵制一致。帝陵位于中轴线西端，四条墓道呈“亚”字形[117]149。

3. 唐代帝陵

唐代历经 290 年，有 20 位帝王，其中 18 位皇帝葬于渭水之北，北山之阳，东西绵延 120 多千米，号称唐十八陵。唐太宗昭陵首开以山为陵的先例，地宫开凿于山南半山腰；内外有两重城垣，南有献殿北有祭坛。乾陵位于唐十八陵最西，以梁山北峰为陵，以南双峰为阙。乾陵是唯一一个两个皇帝的合葬墓，其陵墓石刻规模宏大，艺术精湛，成为帝陵定制。陵前遗存石刻众多，从二道门到内城朱雀门陈列多对石翁仲、石人以及华表、鸵鸟、翼马等。

4. 明代帝陵

明代帝陵分为三处，即南京明孝陵、北京明十三陵和景泰陵。明孝陵为明代开国皇帝朱元璋之墓，位于紫金山南麓，首创了宝城宝顶式墓制，影响了明清两代帝王的陵墓形制。孝陵主要包括引导建筑和陵寝两部分。明十三陵位于北京昌平天寿山南麓，诸陵依山而建，形成庄严和谐的整体布局。各陵共用总神道、牌坊、石像生等，各陵神道从总神道分出，是我国保存完整的帝王陵园。

5. 清代帝陵

清代帝陵共分为三处，包括关外辽宁新宾和沈阳的三陵、河北遵化清东陵和河北易县清西陵。关外三陵为清代先祖的永陵、努尔哈赤的福陵和皇太极的昭陵。清东陵为顺治、康熙、乾隆、咸丰、同治五位皇帝及众多嫔妃的陵墓。其中地面建筑以慈禧太后的定东陵最为考究，其殿堂选料上乘，装饰考究，金碧辉煌，光彩夺目。地下建筑以乾隆皇帝的裕陵最为壮观，其整个地宫由汉白玉砌成，内部装饰极尽豪华富丽。

## 二、陵墓建筑旅游客体文化

陵墓文化对传统文化的发展有着重要意义。自古以来，人们不得不面对死亡，而事死如事生的观念在历史发展过程中逐渐形成。在传统思想中，灵魂不灭与厚葬思想根深蒂固。为了让先人能够像活着时一样，人们开始修建坟墓、制定丧葬制度表达对先人的怀念和祭奠，久而久之形成一种独具特色的文化。陵墓文化是通过陵墓的规模、形制、陪葬品、建筑形式、礼制制度、祭祀活动等方面表现形式，对不同时期的物质文化与精神文化的一种直观反映。同时，陵墓文化也是一定时期内的政治、经济、思想文化、宗教习俗、生活习惯以及科学、技术等各方面的物化表现。

### 1. 事死如生

走入帝王陵墓的地宫，仿佛就置身于帝王的宫殿。地宫虽然深埋地下，是帝王以及后妃百年之后的居住场所，然而受“事死如生”文化传统的影响，生者要按照死者生前的生活居住情形为死者安排冥间的一切。地宫的建制模仿宫殿，大部分墓室明显分为前后两部分，前边相当于堂，后边相当于室，用来放置棺木。这种形制与帝王生前所在的宫殿形制相似。历代帝王公侯陵墓有多重墓室，尽显生前的宫殿庭堂风采。如明神宗定陵地宫的墓室由 5 个高大的拱券石室组成，分为前殿、中殿、后殿和东西配殿。后殿相当于室，中殿相当于堂，前殿相当于庭，两个配殿相当于房和厢。帝陵神道两侧的石像生象征着朝中位列两侧的文武大臣。普天之下，莫非王土，率土之滨，莫非王臣，宝座上的古代帝王憧憬着自己的政权统治与日月同辉，希望在冥间继续生前豪华的生活，威严浩大的地宫及其内部种类繁多的明器和价值连城的随葬品都是这种思想的见证。

秦始皇陵上具天文，下具地理，百川江河大海一应俱全，将秦始皇生前国家景象全部在陵墓中体现。秦军的兵马俑坑就是当时秦军阵势的真实再现，俑的造型因出身、地位、经历的不同而显出不同的特征和表情。它们不仅装束服饰不同，而且神态各异，据说都是按照当时的真实士兵塑造的。汉高祖刘邦的长陵是在其称帝的第二年开始营建的。陵园是仿照西汉都城长安建造的，只是规模略小而已。陵园内还建有豪华的寝殿、便殿。寝殿是陵园中的正殿，殿内陈设汉高祖的“衣冠几仗象生之具”，完全像皇帝生前时一样侍奉。刘邦生前就迁徙大姓和贵戚之家在陵邑中，让其侍奉陵园，陵邑户口多达5万多。近年在长陵陵邑范围内曾经发现树木双兽纹半瓦当和大量瓦片堆积、水管道、生产工具等。从文献记载来看，这些残留的废墟、出土文物，可以窥见当年陵邑朱檐彩栋、深宫广院、车马人熙的繁华景象。

2. 厚葬文化

古代中国是一个礼制盛行的国家。守孝、祭祖是中国儒家礼俗中的头等大事。“何谓孝？”“生，事之以礼；死，葬之以礼，祭之以礼”。厚葬是表示生者对死者忠孝的一种重要方式。厚葬以明孝，通过埋葬死者来规范生者的行为举止，强化忠孝等级和伦理观念。历史上很多明君如光武帝刘秀、宋太祖赵匡胤等都提倡薄葬，但在整个古代社会厚葬的风气始终都很浓厚。贞观十年（636年）长孙皇后死后，唐太宗就开始营建昭陵。他极力宣扬薄葬，目的是为了使“奸盗息心”，免得像汉朝诸陵一样被偷盗，尸骨无存。但事实上，昭陵的建制并非俭约，而是十分奢华的。整个陵园方圆几十千米，气势壮观雄伟，是以往的帝王陵园所无法比拟的。唐太宗死后葬入玄宫，与长孙皇后合寝，以便让皇后按礼制在寝宫内侍奉墓主。昭陵墓室内部非常华丽，据传举世闻名的大书法家王羲之手书《兰亭序》真迹就在其中。唐代诗人杜甫曾经作诗描述了昭陵玄宫辉煌壮丽的景象。光绪皇帝的棺椁底下的“金井”，中国考古工作者从中掘出珍珠、翡翠、玉石、子母铁球等珍贵文物200多件。

慈禧定东陵在建筑材料的贵重、工艺的精湛、装饰的奢华等方面均居于清朝皇后陵寝的首位。她的随葬品之奢华也令人瞠目结舌，叹为观止。慈禧的随葬品分为两部分：生前置放于墓中金井里的珍宝与下葬时的随葬珍品。慈禧死后，又将穷其一生巧取豪夺的奇珍异宝，聚集棺中。据李莲英和侄子所著的《爱月轩笔记》记载：慈禧尸体入棺前，先在棺底铺三层金丝串珠锦褥和一层珍珠，共厚一尺。慈禧尸置荷叶、莲花之间，头部上首为翠荷叶，满绿碧透，精致无比，叶面上的筋络不是雕琢之工，均为天然长成；脚下置粉红碧玺莲花[118]。慈禧棺内底部铺的是金丝织宝珠锦褥，下面镶大小珍珠，红光宝石，白玉多块，锦褥之上再铺一层绣满荷花的丝褥。盖在慈禧尸体上的是一条织金的陀尼经被。慈禧头戴凤冠，冠由珍珠宝石镶嵌而成。口内含夜明珠一粒。慈禧脖颈上有朝珠三挂，两挂是珍珠的，一挂是红宝石的。她身穿金丝礼服，外罩绣花串珠褂。足蹬朝靴。手执玉莲花一枝，头前方有蚌佛 18 尊，头顶一翡翠荷叶。头两侧有金，翠玉佛 10 尊，手边各置玉雕马 8 匹，玉罗汉 18 尊。在其尸体旁或足下共有金佛、玉佛、红宝石佛、翠佛无数；翡翠西瓜、翠桃、翡翠白菜等稀世珍宝数不胜数。据说棺内最珍贵的是座率纹花，烟云流动用白玉雕琢成的九玲珑宝塔。其尸体旁边还放满了宝石、玉石、红珊瑚树、墨玉荸芥、珍珠、红蓝宝石、祖母绿宝石无数。以上才是入棺葬品的一部分。从 1879 年东陵慈禧墓完工到地宫最后封闭，其间 30 余年中，还陆续向地宫内放置了各种奇瑰珍宝，金玉祭品 1000 多件[118]。

古代这种厚葬之风为我国留下了大量宝贵的建筑遗产与丰富的文化旅游资源，同时也引来了持续不断的盗墓之风。众多陵墓在不同时期遭到程度不同的破坏，有的甚至遭到致命的洗劫，带来无法估计的损失，为后人了解消逝的历史建筑文化与工艺艺术设置了障碍。

3. 宗法孝道

儒家特别强调孝道，认为是维系以血缘关系为纽带的宗法社会秩序的稳固基础，只要躬行孝道的人，就不会犯上作乱。孝事家庭尊长，不但应该在尊长生前，即使在尊长死后，也要事死如生，按时祭祀，逢事祭告，甚至平日出门进门，也要告于祖先牌位。祖先死后，入土为安，坟墓是祖先在另一个世界的住所，称作“阴宅”，理应像“阳宅”一样予以充分重视，甚至更加重视。帝王陵墓更是这样。孝陵是清朝入关后第一帝顺治皇帝的陵寝，也是清东陵的第一座陵寝。孝陵在规划建筑时充分考虑了首领为尊的独特地位，借以彰显后代子孙的孝道情怀。首先是奉孝陵为主陵，居于陵区中轴线上，坐北朝南。其次是孝陵的建筑规制最为完备。孝陵是顺治帝死后由其子康熙负责修建。康熙为了显示天家孝道，一方面借鉴明代长陵制度，另一方面因时制宜，使孝陵别开清一代皇陵典制。景陵是清五朝在东陵界内营建的第二座皇帝陵，为了彰显孝道，景陵的建筑多遵照孝陵的规制，如神道碑亭以北的建筑规制几乎与孝陵相同。而最终建成的景陵，其规模仅为孝陵的一半左右，不仅裁撤了石牌坊大红门具服殿等建筑，而且将石像生由孝陵的 18 对缩减为 5 对，并将体量大幅度缩小 [119]。

为显示孝道，许多皇帝继承皇位以后，还将曾经没有做过皇帝的祖先追封为皇帝，并为他们建造陵墓。如中都皇陵，是朱元璋父母的陵墓，在安徽凤阳县明中都城西南方向。陵冢高大雄伟，就是朱元璋做了皇帝后，体现孝道，为其父母修建的陵墓。清永陵也是努尔哈赤做汗王后为其远祖、曾祖、父亲、叔父及其妻子修建的墓地。历史上著名的康熙皇帝也是大孝皇帝，特别是对于辅佐他的祖母向来孝顺备至，不仅生前对祖母的话言听计从、每日请安，对于祖母的陵墓康熙皇帝也是非常重视。听从祖母生前遗嘱，康熙将祖母葬于清东陵，称昭西陵。昭西陵是清王朝皇后陵中级别最高的陵寝，也充分体现了康熙皇帝的孝道。昭西陵享殿为庑殿顶，因孝庄太后生前对所住紫禁城内慈宁宫东侧的一座小殿十分喜爱，所以康熙命人拆掉，移到陵区重建成享殿。孝庄太后的棺椁被葬于暂安奉殿的宝座上，以土掩埋后永闭殿门，以示永世长存，不为后人打扰。清代帝陵，无论是帝后陵，还是妃园陵，大殿都是歇山顶，只有单檐、重檐之别，唯独昭西陵大殿是重檐庑殿顶，是古建筑中最尊贵、最高级的屋顶形式。清代所有陵寝的周围只建一道围墙，只有昭西陵建有内外两道围墙。这种陵墓建筑形制不仅体现了墓主人的尊贵地位，更显示了康熙皇帝的大孝之道。

4. 皇权至上

作为统治阶级，要处处体现其皇权至上，陵墓也是体现皇权的重要象征。陵墓的皇权至上主要表现在陵墓的建筑规模及布局上。秦朝是中国历史上第一个统一的、中央集权的封建制国家。秦始皇开创的陵寝制度对以后历代帝王陵园建筑影响是最大的。秦始皇时，陵园的布局既继承了秦国的陵寝制度，同时又吸收了东方六国陵寝的一些做法，规模更加宏大，设施更加完备。总体上仿照都城宫殿的规划布置，充分体现了中央集权制封建皇权的至高无上。汉高祖刘邦长陵，在陕西省咸阳市窑店乡北的咸阳原上，坐北朝南，南面是川流不息的渭水，北面是巍峨壮观的九峻山，秦川故道穿逾原下。长陵坐落在咸阳原的南部，居高临下，威武壮观，显示了封建帝王高高在上的尊严。西汉灭亡之后，历代帝王曾对长陵采取一些保护措施。比如魏明帝诏："高祖陵四方各百步，不得耕牧樵采。"宋太祖乾德规定："给守陵五户，长史春秋奉祀。"这使两千多年之后的高祖长陵仍以高大雄伟的姿态，屹立在咸阳原上。昭陵的布局，不仅体现了王权的"至高无上"的气概，还说明了李世民一心想结成以宗室和大臣为主体的新的氏族集团，以便于唐代王朝的长期统治。长陵规模宏大，气势雄伟，布局合理，为中国古代建筑史上的杰作。陵园纵贯南北，由三个院落组成。第一院落从石碑坊到棱恩门。石碑坊位于十三陵神道最南端，为汉白玉雕刻而成，晶莹光洁。六根大柱排空屹立，上系蓝天，下接白云，远远望去犹如天地间浮沉的一朵彩云，好似神话传说中的南天门。

皇权至上在陵墓中主要还体现在陵墓的陈设品方面。如华表是皇家的陈设品，除了宫殿前后各陈列一对，通常陵墓也各陈列一对，作为皇家权力的象征。古代的吉祥瑞兽通常也是皇家专用，特别是陵墓神道前都要陈列多对瑞兽，祥瑞祛邪，保佑子孙后代。齐景帝修安陵依山为穴，陵前建有神道，神道两侧列置石兽一对，东为天禄，西为麒麟。天禄和麒麟是传说中的灵异瑞兽，陵前列置二兽，寓意皇帝受命于天，象征着至高无上的权威。孝陵规模宏大，建筑突出了献殿，以示推崇皇权，企图达到巩固封建统治的目的。陵园最前面是下马坊，碑刻"诸司官员下马"六个大字，是陵寝威严的标志，陵前的神道两侧排列着石像生 12 对，有石狮子、石獬豸、石骆驼、石麒麟、石向和石马各两对，相立对峙，造型生动，比唐宋帝陵的石雕体态显得更为壮观。昭陵是清初三陵中规模最大、保存最完整的一座帝陵，是清皇太极的陵墓。昭陵陵山为人工推造而成，号称隆业山，占地面积达 18 万平方米。整个陵墓可分为三个部分，从下马碑到大红门是一个部分，下马碑在陵区的最前面，碑文用满、汉、蒙、藏、回五种文字镌刻着"亲王以下各等官员至此下马"，以显示陵区的神圣和庄严。

5. 等级观念

"礼"是中国文化人伦秩序与人伦原理最集中的体现，可以说，儒家的伦理规范就是"礼"的秩序。

"礼"原先是尊敬和祭祀祖先的仪式、典章或规矩，后在长期社会发展中逐步演变为以血缘为基础、以等级为特征的伦理规范，并渗透在君臣、父子、夫妇、兄弟等各种人伦关系和社会生活的各个领域之中。"礼"的突出特征就是它有上下等级、薄卑贵贱等明确而严格的秩序规定。如荀子说："礼者。贵贱有等，长幼有差，贫富轻重皆有称者也。"（《荀子·富国》）《礼记·曲礼》说得也很清楚："夫礼者，所以定亲疏、决嫌疑、别同异、明是非也。"而且，作为一种统治秩序和人伦秩序规定的"礼"往往把强调整体秩序作为最高价值取向。而个体是被重重包围在群体之中的，每个人首先要考虑的是应该在既有的人伦秩序中安伦尽份，维护整体利益，而个人的权利则显得不那么重要。

同宫殿一样，古代陵墓建筑也是重要的政治性建筑，具有鲜明的等级性。陵墓的方方面面都印上了等级制的痕迹。社会等级不同，死后使用葬具的规格差别很大。根据《礼记》记载，“天子之棺四重，诸公三重，诸侯再重，大夫一重，士不重”，不得僭越。陵丘形状也有具体规定，比如秦汉时期，只有帝王才能用方形坟丘，一般贵族官员只能用圆锥形坟丘。而且坟丘的高矮、上面封树的多少都可以表明死者的身份，有着严格的规定。石像生的数量也有规定。三品以上的官员可制石人、石羊、石虎各两件，四五品官员只能制石人、石羊各两件，六品以下则不得制。相比之下，皇帝陵墓的石像生一般都在 10 对以上。唐朝帝王陵园中的石像生初具规模，如唐高宗和武则天的乾陵中，神道长 3 千米，两侧整齐排列着华表 1 对、鸵鸟 1 对、翼马 1 对，石马及牵马人 5 对，石翁仲 10 对，内城各门均有石狮 1 对，充分显示了帝王的威严与权势[117]150。

清东陵的 15 座陵寝是按照“居中为尊”“长幼有序”“尊卑有别”的传统观念设计排列的，充分体现了儒家礼制文化及等级观念。入关第一帝世祖顺治皇帝的孝陵位于南起金星山、北达昌瑞山主峰的中轴线上，其位置至尊无上，其余皇帝陵寝则按辈分的高低分别在孝陵的两侧呈扇形东西排列开来。孝陵之左为圣祖康熙皇帝的景陵，次左为穆宗同治皇帝的惠陵；孝陵之右为高宗乾隆皇帝的裕陵，次右为文宗咸丰皇帝的定陵，而且各陵墓的神道可以通向孝陵的主神道，形成儿孙陪侍父祖的格局，突现了长者为尊的伦理观念、以左为上的传统伦理观念。同时，皇后陵和妃园寝都建在本朝皇帝陵的旁边，而且皇后陵与妃园陵寝的墓道只能通向各自的帝王陵墓，表明了它们之间的主从、隶属关系，体现了夫为妻纲的尊卑等级观念。

6. 风水文化

中国古代社会，帝王非常重视自己的陵墓选址。古人的观念，阴宅选址的地形地势、方位和安全，将长久地影响后代子孙的命运。堪舆学说认为，选择好地，则子孙荫福，选择坏地，则祸患无穷。《葬书》中提出："风水之法，得水为上，藏风次之。"选择阴宅最理想的环境是背靠祖山，前景开圹，有流水自山间流来，呈曲折绕前方而去，朝向是坐北向南，形成一个四周有山环抱、负阴抱阳、背山面水的良好环境。历代皇帝陵墓依据风水文化选址。如唐乾陵是唐代帝王在陕西关中地区"十八陵"中保存得比较完整的一座，也是唐陵中具有代表性的皇陵。墓穴在最高的北峰南麓穿山开凿而成，陵墓本来是一个圆锥形石灰质的山峰，蔚为壮观。三峰耸立，最高山峰为陵的主体，南面二峰较低，东西对峙，形成乾陵的天然门户，气势雄伟。据说，在晴朗的天气，在此居高临下，能够望见当时的古都长安。明中都皇陵，是朱元璋父母的陵墓，在安徽凤阳县明中都城西南方向。陵冢高大雄伟，登上陵顶环顾四方，南有丘陵绵亘数百里，北临淮河滔滔东流去，东西二隅地势逐渐内低。皇陵头枕山峰，足登淮水，犹如仰卧在巨大的躺椅之中。

明太祖孝陵是明太祖朱元璋和皇后的合葬陵，位于江苏省南京市紫金山独龙阜玩珠峰下。紫金山巍峨峻秀，从六朝以来就流传有"钟阜龙盘，石城虎踞"的诗句，所以有"虎踞龙盘"之说。玩珠峰下泉壑幽深，紫气蒸腾，云气山色，朝夕多变。朱元璋登基不久，就选中这里为陵址。明十三陵也根据风水、禁忌、避讳等因素选了两年多，最终选择了北京昌平。明十三陵位于北京市昌平区北 10 千米天寿山南麓，陵区周围约 40 千米，东、西、北三面群山耸立，重峦叠嶂，如拱似屏。南面为蟒山、虎峪山相峙扼守，气势磅礴的大宫门坐落在两山之间，为陵区的门户。整个陵区得天独厚，雄伟壮观。从明成祖朱棣选为陵址开始，一直到明朝灭亡，历经二百余年，陵园经过不断修建，成为一座规模宏大、建筑完美的陵墓建筑群。清永陵是努尔哈赤的远祖、曾祖、父亲、叔父及其妻子的墓地，在辽宁省新宾满族自治县内。背依启运山，前临苏子河，与烟囱山隔山相望。永陵陵园较小，但景深开阔，风光旖旎，犹如点缀在万山丛翠中的一片红叶。清福陵是清太祖努尔哈赤和高皇后的陵墓，又称“东陵”。位于辽宁省沈阳市东郊的丘陵地上，前临浑河，背依天柱山。万松耸翠，大殿凌云，山陵与自然景色浑然一体，独具风格。清东陵背依昌瑞山。历史记载，这块地方是由顺治皇帝亲自选定的。清入关之后，有一次顺治皇帝狩猎，偶然来到昌瑞山下，停辔四顾，惊叹道：“此山王气葱郁，可为朕寿宫。”说完就取出佩扔向远处，对侍臣说：“落处定为穴。”[120]

可以看出，风水文化对墓地选址及布局影响之大，古代皇室陵墓的选择更是直接关系到子孙福祸、王气兴衰，要讲究聚气纳势、依山带河。

7. 陪葬文化

陪葬是中国古代丧葬习俗，通常以器物、牲畜或逝去的人同死者共同葬入墓穴，以求死后可以把生前享用的一切带走[121]，供帝王在逝去的世界继续享用，妻妾、大臣、侍仆等可以继续陪伴服侍帝王。如秦始皇陵在陵区里发现了大量分布的陪葬坑和从葬坑。从陪葬坑里发掘了珍禽异兽坑和铜车马坑，通体彩绘并装饰有大量的金银，制作相当华丽精美。从葬坑排列密集有序，坑里埋有跪坐的陶俑和马骨，大约是宫廷的马厩和养马的仆役。秦始皇生前享用的衣食住行在陵墓中应有尽有，仆役也享用不尽。汉长陵的陪葬墓群在陵园东部。唐朝诗人刘彦谦《长陵诗》说：“长陵高阙此安刘，附葬累累尽列侯。”在西汉诸陵中，长陵的陪葬墓数量最多，跟随刘邦南征北战的功臣和贵戚，死后多陪葬在长陵。唐太宗昭陵陵园内有160多座功臣贵戚的陪葬墓。其中有魏征、房玄龄、温彦博、李靖、尉迟恭等历史有名人物的坟墓。昭陵居高临下，陪葬墓分布在两侧，其中公主妃子的墓多数在山上。唐太宗昭陵南侧有167座陪葬墓，依次构成皇亲国戚墓葬群、文相墓葬群、武将墓葬群，使陪葬从葬成为定制[117]150。汉景帝阳陵有后陵、嫔妃墓葬、南北从葬坑、刑徒墓地，在城墙与封土之间发现从葬坑道81条，放置有丰富的陪葬品。陪葬墓还另有陪葬墓，多达16排107座[117]150。

8. 殉葬制度

殉葬也是中国古代丧葬习俗，通常以器物、牲畜或人与佣同死者共同葬入墓穴，以保证死者亡魂的冥福[122]。特别是从龙山文化时期开始，就出现了非常残忍野蛮的人殉制度。商周时期，殉葬的人多为被俘的奴隶。秦始皇陵在陵区里发现了殉葬墓。殉葬墓里的殉葬者有男有女，是被杀戮后一起掩埋的。殉葬通常是被逼迫的，自愿殉葬的较少。殉的人通常为女人，而且常为地位较低的妃，没有为皇室留下血脉的人及宫女、太监等，少数情况下有大臣陪葬。用活人殉葬在秦汉时期有所收敛，用木俑或陶俑替代。但随后又开始盛行。如辽太祖耶律阿保机死后，一百多名大臣被迫殉葬[122]。唐太宗生前平定突厥，与吐蕃和亲，为中华民族的发展做出了贡献，深得各族人民的拥护。太宗死时，突厥阿史那社尔请求殉葬，于是高宗派人打制了这14个少数民族酋长的栩栩如生的石像，立在昭陵前。这14尊雕像是唐太宗时期良好民族关系的写照。

明代前期，由于皇权专制，从明太祖朱元璋起就严禁后妃参政，这个政治特点在葬制上也有所体现。明太祖死后，共有38人殉葬[122]。在明英宗以前，除皇后附葬帝陵以外，其他宫妃大多殉葬而死。据史书记载，在宣宗的嫔妃殉葬的队伍中，有一名宫廷女官叫郭爱，擅长诗文，入宫才20天就被迫去殉葬。据《李朝实录》记载：殉葬的那一天，殉者先要赴宴，宫内摆设宴席，这时哭声震天，她们被迫站在小木床上，将早已准备好的绳索套在脖子上，活活吊死，惨不忍睹。明朝这种残酷的人殉制度，一直到明英宗后才被废除[16]120。史料记载，清初皇室人殉曾非常盛行。清太祖努尔哈赤去世后，其大妃及其他几位妃子都跟随殉葬。皇太极死后也有几位妃子殉葬。据说顺治皇帝的董鄂妃去世时，顺治帝担心其无人照顾，让 30 多个宫女、太监殉葬去服侍。从康熙帝后，人殉制度逐渐取消了。

殉葬制度历经了多个朝代，残忍地杀害了许多生命，是古代丧葬陋俗，但有些朝代还为这些殉葬的人修书、立牌坟，称她们为“烈女”“节妇”，是一种扭曲的社会形态。

9. 祭祀祖先

在坟墓祭祀神灵是较原始的方法，多用于祭祀祖先神。古人认为，到坟墓祭祀离祖先最近，祖先神听得最清楚。古代皇帝祭礼当天，三更天就要沐浴更衣，让祖先看到皇帝勤奋，以表示皇帝的诚心。

清朝历代皇帝都非常重视祭祀祖先，每年祭祀活动多达 30 多次。祭祀分为大祭、旁祭、小祭和特祭四种。大祭在每年的清明、中秋、冬至和立春举行。旁祭是在努尔哈赤和高皇后的忌辰举行。小祭在每月阴历初一和十五举行。特祭是遇国家大典的临时祭祀。祭祀所用物品都有一定规格和数量。顺治年间规定，大祭用牛、羊、猪各一头，献果酒、点香烛，焚帛，祝词，行大礼。清中叶以后，流民起义不断，清朝统治者为了求救于祖先“在天之灵”，保佑大清统治的稳定，进一步扩大了祭祀的规模。大祭祭品增加到牛二头、羊四只、面八百斤、油四百斤。每年仅祭祀福陵就用银 5 万两[123]。

永陵启运殿是祭祀谒拜祖先的场所，也是永陵陵园的主体建筑，黄琉璃瓦顶，殿内四壁嵌饰着五彩琉璃蟠龙，殿堂供设暖阁、宝床和神位，殿前还有焚香楼。福陵的主体建筑也是祭祀祖先的隆恩殿，昭陵方城内的隆恩殿是供奉神牌和祭祀祖先的场所，庄严肃穆。清顺治皇帝孝陵神道北端是巍峨的隆恩殿，是举行祭祀活动的主要场所，也是陵园的主体建筑。为了推崇皇权，清朝统治者不惜工本，极力装修隆恩殿，金龙环绕，富丽堂皇。历史记载，清朝祭祀盛京祖陵是最重大、最烦琐的礼制活动。

皇帝及陪祀随行大臣行三跪九叩之礼，皇帝取盛酒之爵，高举过额，奠于奠池内，告见礼毕。然后皇帝行告成礼，告知祖先已寰宇一统，江山稳固。随后皇帝取香、点香，三跪九叩，其他陪祀随行依次立献爵、跪献帛。而后皇帝继续行亚献礼，于帛祝案前一跪三叩，捧祝、帛送至燎炉。最后，礼成，行告辞礼。皇帝及众人再度三跪九叩，祭祀祖先仪式结束。康熙皇帝、乾隆皇帝、嘉庆皇帝、道光皇帝等都多次东巡，到永陵、福陵、昭陵祭祀祖先，寄托哀思，感谢祖先开创了大清国的丰功伟绩，也祈求祖先保佑大清国家兴盛。

10. 宗教色彩

历代帝王都比较重视宗教，在世时就请宗教人士作道场，以求国泰民安、人寿年丰。去世时宗教也有其重要作用。在帝王出灵当天，都要请大批和尚、道士、尼姑、道姑和喇嘛，身着法衣，手执法器，不断地吹奏、诵经，以超度帝王灵魂。在隋文帝泰陵祭祀坛的残砖碎瓦中，历史学家发现了带有浓厚佛教色彩的文饰和形制。比较多的是莲花状的方砖。方砖中央是浮雕的莲花图案，角边饰以蔓草，四周刻着连珠纹，非常美观大方。特别的，这里还发现了一枚残破的、以菩萨形象为纹饰的瓦当。它的正面用弦纹和连珠纹组成一个心形，中心端坐着一尊双手合十、结迦趺坐的菩萨。据说这种直接以菩萨为纹饰的瓦当在国内是非常罕见的。清东陵裕陵地宫是拱券式结构，全部用雕刻或加工过的石块砌成，布满了与佛教有关的各种经文和图饰雕刻，犹如一座地下佛教艺术石雕馆。清西陵泰陵的主体建筑——隆恩殿。隆恩殿由东西配殿和正殿组成，东殿是放置祝板的地方，西殿为喇嘛念经的场所。清西陵崇陵地宫虽规制并不宏大，但工料之精、耗银之多也是相当可观的。墓道有四重石门，每重门由两扇整雕的清白玉石合成。上面有菩萨浮雕一尊，菩萨头带佛冠，身披袈裟，足登莲花座，善心善面地躬身挺立在石门上，护门念经。地宫内床为青石雕成的须弥座，上面左右并排停放着光绪皇帝和隆裕皇后的棺椁。棺椁四周镌刻有藏文和梵文经咒[123]。

古代宗教有佛教、道教、伊斯兰教以及祆教、景教、摩尼教等，其中以佛教最为兴盛，道教、伊斯兰教次之。现存的宗教建筑无论是数量、技术或者艺术质量，都在建筑发展史上占有重要地位，充分反映了建筑艺术各方面的伟大成就。无论任何阶层对于陵墓的建筑皆倍加用心，不惜耗费巨额财力、大批人力去精心构筑。在漫长的历史进程中，陵墓建筑得到了长足的发展，以致产生了举世罕见且庞大的古代帝、后墓群，如陕西的秦始皇陵、北京的明十三陵等。陵墓建筑并非是单一的建筑体，在历史演变过程中，已逐步与绘画、书法、雕刻等诸艺术门派熔为一炉，成为反映古代先民多种艺术成就的综合体。

# 第十一章　民居建筑旅游客体文化

## 第一节　民居建筑旅游客体类别

中国传统民居建筑，是中国传统建筑的一个重要类型，地域分布广泛，形态丰富多样，文化内涵丰富。

中国传统民居建筑凝聚了中华先民的生存智慧和创造才能，形象地传达出中国传统文化的基本精神及其深厚意蕴，直观地表现了中国传统文化的价值系统、民族心理、思维方式和审美理想，记录并表征了中国传统社会的哲理思想、宗法观念、环境意识、思维特征。中国传统民居可谓中国传统文化的缩影。透过中国传统民居建筑，我们可以形象而深切地感受到中国传统文化的思想资源和基本精神及其深广影响。中国传统民居的哲理观、宗法观、环境观、思维观，等等，从各个不同层面反映出中国传统文化的博大精深和高明智慧。

民居是中国传统农业文明和草根文化的集中反映。民居数量大，分布广，类型丰富，是由老百姓自己设计和建造，真实地体现了各色的传统文化和乡土生活。民居依形式分类大致可有七种：北方院落民居、南方院落民居、南方天井民居、岭南客家民居、西南少数民族干栏式民居、西北窑洞民居和南方自由式民居。而四合院在北方院落民居中最具典型意义。在中国的民居中，最有特点的是北京四合院、西北黄土高原的窑洞、安徽的徽州古民居、广西四川的竹楼、云南的一颗印民居和福建、广东等地的客家土楼。

## 一、四合院式民居

四合院式住宅在我国已有两千多年的历史，各地都有不同形式与特点的四合院式住宅，其中，北京的四合院最具有代表性，而从历史上保留至今的四合院也成为北京住宅的一道独特风景。北京典型的四合院都是青砖灰瓦，玉阶丹楹，墙体磨砖对缝，工艺考究。之所以称作“四合院”，是因为这种住宅建筑东、南、西、北四个方向都有房子，围合在一起，形成一个院落。四合院规模有大有小，相差悬殊。但其基本的建筑形式是相同的，都是由四合院的基本单元组成的，这个基本单元，称为一进四合院，是由四面房屋围合起的一个庭院。四面的房子中北房为正房，东西两侧为厢房，南房称为倒座房。四合院的正房、厢房之间，一般由抄手游廊连接，抄手游廊既是供人行走的通道，又是供人休憩的场所。依此类推，两个院落即为两进四合院，三个院落为三进四合院，王府宅第可多达七进、九进院落，除中路主院外，两侧还有东西跨院，院落重叠，前廊后厦，院内有院，院外有园，院园相通，正所谓“深宅大院”，例如被列为国家重点文物保护单位的恭王府、孚郡王府等。

除了以北京为代表的华北四合院外，还有典型的晋商四合院民居及窑洞四合院民居等，主要以平遥古城民居和祁商民居为代表。晋中四合院民居及窑洞四合院民居是在平地上用砖砌成的窑洞，一排排，一座座，比那些土窑洞更加坚固与美丽。窑洞大多是正房（北房），周边围成院落，其他三面有厢房，是配角，中间有垂花门分隔，整体呈现四合院形状，是典型的中国北方汉民族民居。整座大院沿中线由几套院落组成，中间多用短墙、垂花门楼分隔，形成二进之四进的“目”字结构、青砖灰瓦的四合院群，浑然一体。这样的院落封闭而整洁，形成深宅老院，是中国传统封建思想和正统的礼制观念在居家建筑上的体现。房间的分配上十分讲究，始终按传统的礼制来分房，有正房、偏房、厢房、耳房等，主次有序、轴线分明。这样的封闭院落建制是内向型民族性格的典型写照[124]。

四合院的建筑本身只是一种物质形态，而建筑的文化内涵和精神理念则是建筑的神。四合院作为文物遗产加以保护，不仅要保护它的形，更重要的是要延续与发展四合院文化内涵与建筑理念中值得发扬与继承的精髓[125]。

## 二、天井式民居

天井，俗称“天空之井”，是汉族对宅院中房与房之间或房与围墙之间所围成的露天空地的称谓[126]。天井与京畿地区形成明显的差异，南方各地因自然条件所限，庭院空间比北方要小得多，并且多数为楼层结构，南方的民居建筑分别形成江浙、安徽、两湖、四川为代表的建筑体系，以及福建、广东、云南等地的建筑体系，虽然派系有别，但由于南方湿热多雨、人多地少的环境特征，各地民居的房屋布局均表现出相连式特征。如江南民居布置紧凑，院落占地面积较小，由四合房围成的小院子通称天井，仅作采光和排水用。因为屋顶内侧坡的雨水从四面流入天井，故这种住宅布局俗称“四水归堂”[127]，也叫天井式住宅，天井式民居主要以徽州民居、晋中民居、客家民居等为代表。天井式民居，其基本单元是以横长方形天井为核心，四面或左右后三面围以楼房，阳光射入较少，有利通风。

天井民居以皖南赣北最为典型。徽州民居以三合院作为一个基本单元。它在住宅中功能最为重要，兼有居住、起居和接待功能。三合院既是空间单元，也是生活单元。正房三开间，一明两暗格局。明间为开敞堂屋，与正对主院落连成一体，是家庭公共生活中心。左右次间是卧室。正房两侧伸出的厢房简化为进深浅、面积小的边廊或小间，以减少对正房卧室的遮挡。连接上下楼的楼梯通常被隐藏在堂屋太师壁的后面。主院落被称为天井，是一个进深浅狭长方形的窄高空间，四周由两到三层的正房和外墙围合[128]。徽州民居天井的横剖面高宽比约 2 ∶ 1，天井进深浅，四周围合界面高且垂直感强。主体房屋两层，外围墙基本与二楼屋檐口相当。由于二层屋檐的出挑，天井的占地面积大于上部的开口面积，天井中人对天空的视线得到了控制甚至约束，如坐底观天[128]。天井是一种内向型建筑方式，以天井为基本单元，聚合成一个家族，反映了徽州人聚族而居、不染他姓的宗族观念。

### 三、干栏式民居

干栏式民居是远古时代南方的建筑风格，这种建筑以竹木为主要建筑材料，主要是两层建筑，下层放养动物和堆放杂物，上层住人。干栏式建筑主要为防潮而建。“吊脚楼”是山区少数民族一种特别的干栏式楼居形式，因山而建，黔东南地区的苗族的曾家寨，土家族的彭家寨、汪家寨吊脚楼都是最具特色的民居建筑。吊脚楼属于歇山穿斗挑梁干栏式楼房，结构简单，稳固性强，以柱、仿为基本构件，通过穿斗形式完成构筑空间。因为吊脚楼的二层和三层通过挑梁伸出屋基外面，形成上大下小造型结构的建筑形体，具有通风防潮的作用。因二层以上有挑出外面空间的支撑柱，大概有 60 厘米左右吊在楼层外边的楼层之下形成吊脚，所以称为吊脚楼[129]。吊脚楼大多为三层，总高有 7 ～ 11 米不等，靠山坡而建。一层的室内分为两部分，后半部分是利用山坡作为基础，而前半部分是用柱子支撑，形成一个平台的吊脚形式，为二层以上的构造起到稳固作用。一层一般都存放农具、喂养牲畜、家禽等，不过当今基本都是堆放杂物。二层是住人的地方，也是整个吊脚楼中最重要的地方，设有堂屋、厨房、卧室、客房等。堂屋位居吊脚楼的中心位置，是谈话、聊天、纳凉、观景的活动中心，光线充足，并设木栏、美人靠，长凳等。三层是存储粮食的地方。整个建筑构造美观，具有独特的建筑特点[129]。吊脚楼的建筑材料也因地制宜，清一色的木色结构，其装修特点也最为明显，多用木杨或厚板横装，有的用竹子，如傣族的竹楼，外墙不饰油漆，保持材料原有本色。

傣族为干栏式竹楼。傣族竹楼以柱、梁、屋架等组成承重构架。屋架跨度一般为 5 ～ 6 米，两侧再接半屋架。主、辅屋架坡度不同，主屋架上折 45° ～ 50°，辅屋架上折 35° ～ 45°，形成两折状的屋面。屋架形式多样，各地采用形式随建筑匠师习惯做法而定。柱网一般以三行纵向列柱为中心，每列七跨，横向间距约为 3 米，纵向间距约为 1.5 米。木柱为圆形或方形。纵向列柱的外侧约 1.5 米处，又增加一列纵柱，以扩大使用面积。坡屋面外另有一圈檐柱支持，此柱与上檐柱有横初相连，檐上立有向外倾斜的小柱。向外倾斜的小柱，既是上檐的挑檐柱，支撑出檐深远的上檐，同时也是外墙的支架，使外墙向外倾斜，加大使用空间。木梁柱用榫结合，不用五金铁件，但做工比较粗糙，榫孔不甚密合，多用木楔加固。屋顶为灵活多变、轮廓丰富的歇山式，脊短而坡陡。两山尖不封闭，起采光、通风、排烟等作用。

## 四、闭合式民居

在福建西部，也就是简称闽西的大山深处，留存着成千上万座封闭式的民居。这些民居，或圆或方，或五角或八卦，形状不一，但都是用当地的黄土经反复捣固，加上竹片、木块等建造的，因此，又称为土楼或围屋。土楼或围屋里住着从河南、山西、陕西等中原各地躲避战乱、灾荒而来的中原汉民，又称为客家人，因此这些民居被称作“福建客家土楼”。客家土楼遍布永定、南靖、平和等县的千百个村落，其所承载的客家文化既是无形的，又是厚重的。就永定客家土楼而言，洪坑土楼群、高北土楼群、初溪土楼群及衍香楼、振福楼已列入世界文化遗产名录。永定的客家土楼独具特色，规模大，造型美，科学实用。土楼具有坚固性、安全性、封闭性和强烈的宗族性。

客家聚居建筑不是由“一院一组”的单元组合而成，而是由核心体、围合体两部分组成，其布局方式与石器时代的一种“向心型”住宅聚落十分相近。通常情况下，客家聚居建筑的核心体式祠堂等礼制空间，围合体是居住部分。在客家聚居建筑中，核心体与围合体的关系是社会伦理与家庭秩序的象征。核心体以祠堂为主体，供奉着列祖列宗，代表至尊与永恒，是家族团结的核心。围合体由众多家庭的生活用房组成，表现出对祖宗的臣服与敬畏。如果说北方四合院描述的是一种现实家庭理念聚会的场景，那么，客家聚居建筑描述的则是一种超越时空的大家族理念聚会的场景。在客家聚居建筑中，公共设施占有很重要的地位，其中包括祖堂、大厅、院落、露台、厨房、柴房、杂屋及畜栏等，它表达出强烈的群体性和家族性的特征。

## 五、平顶式民居

中国少数民族地区的民居建筑样式较多，如西北部新疆维吾尔族民居为中亚地区的平顶土墙，一至三层，呈方形，墙壁是泥土夯筑的，外面围有院落。维吾尔族民居多为带有地下室的单层或双层拱式平顶，住宅一般分前后院，后院是饲养牲畜和积肥的场地，前院为生活起居的主要空间。院内有用土块砌成的拱式小梯通至屋顶，梯下可存物，空间很紧凑。藏族典型民居“碉房”是中国西南部的青藏高原以及内蒙古部分地区常见的藏族人民民居建筑形式。碉房用石块砌筑外墙，高有三至四层，内部为木结构平顶，因外观很像碉堡，故称为碉房。碉房一般分两层，底层为牲畜圈和贮藏室；二层为居住层，大间作堂屋、卧室、厨房；小间为储藏室或楼梯间。如有三层，则多作经堂和晒台之用。

羌族民居为石片砌成的平顶房，平面呈方形，上窄下宽，多数为三层，又称雕楼。雕楼如古城堡，常常一排数十家，十分壮观。雕楼层与层之间用木梯上下，平顶作晒场和休息之所，围绕四周的矮墙角上供有白石。上层堆放粮食及杂物，中层住人，下层关牲畜。彝族的“土掌房”与藏式石楼非常相似，一样的平顶，一样的厚实。土掌房是居住在红河流域地区的主要住宅形式，大量分布于云南中部和东南部地区。土掌房以石为墙基，用土坯砌墙，墙上架梁，梁上铺木板、木条或竹子，上面再铺一层土，形成平台房顶。木梁柱和土墙承重土质平顶，形成一个长方体或正方体，因地势而建成的二、三层的土楼，层层垒进，呈阶梯形，有开井、楼层，一般民居拥有十数间房屋，平顶上可晾晒粮食或堆放农具。土掌房建造容易，冬暖夏凉，防火性好。

## 第二节 民居建筑旅游客体文化

### 一、天人合一

天人合一思想在儒道两家有着不同意义。儒家强调的是个体对群体的适应，这种思想我们可以透过汉族合院式民居建筑的布局得到直观而形象的理解。如北京的四合院、云南的“一颗印”、浙江的“十三间头式”、福建的“五凤楼”、闽西的围楼、赣南的围屋、粤北的围垅屋、苏州的“四水归堂式”、潮汕的“四点金式”、粤中的“三间两廊式”，等等。这种布局和空间组合的广泛性和普遍性也表明儒家思想对中国传统民居的影响的主流地位。与儒家相异，道家的天人合一追求的是人与自然的和谐及其天然真趣之境界。这种思想对传统民居特别是具有较好水系环境的古村落布局有巨大影响。儒道两家对天人合一思想的不同阐释，在中国传统民居的历史发展中都得到了具体的表现，就传统民居建筑的环境观而言，则构成了殊途同归的天人合一的环境理想[130]。“天人合一”思想在民居建筑文化中体现为建筑对自然环境的适应与谐调关系。中国传统民居因地制宜，建筑物以自身的形式变化，使自然条件发挥较大的作用，更好地实现民居建筑的功能。为了适应各地不同的气候状况，民居建筑的格局和型式都有相应的变化。而且就近取材也是传统民居建筑的重要原则。因地制宜、就地取材使中国传统民居带上了浓厚的乡土特色，这种浓厚的地方色彩充分体现了“天人合一”的传统文化。

传统民居的主人们在当时的条件下不可能大规模地改造自然环境，他们的选择只能是寻找一块满意的房基地，一旦选定，就只能尊重自然环境，努力使住宅建筑去适应它[131]。适应该地区气候和地形的建筑，风格总是统一的。如东南丘陵的民居建筑随地形变化而随高就低，曲折蜿蜒，与自然环境巧妙结合。徽州的天井民宅，选址一般巧妙利用地形地势，力求达到“天人合一”境界。民居前后或侧旁，有庭院或小花园，设有鱼池、花卉、果木，甚至叠假山、造流泉，融于人与自然的和谐中[132]。天井意为“观天之井”，它上指苍穹，下俯地面，与庭院渗透融合，沟通天、地、人三界，人立于天地之间，与自然融为一体，既可获“天人合一”之灵气，又可得“顶天立地”之自由。天井是古代徽州人敬畏上天、顺应自然、祈求与自然和谐并存的人生态度的体现，也是中国传统哲学中“天人合一”思想的具体体现。永定土楼也遵循中国传统的生态文明理念中的“天人合一”观念，从选址定位、形制布局、建筑处理、空间组织诸方面都适应当地的生态地理环境，其依山傍水的选址和疏密有致的空间布局往往注意嵌入青山叠翠、碧水萦绕的山峦，使之与周围起伏的崇山峻岭和层层叠高的或翠绿或金黄的梯田浑然一体，与自然村落、山水田园组成鲜活的图画。而且，在土楼的形制方面，也有独到的创新，其或大或小、或高或矮、或方或圆，或梅花形、或八卦形、或畚箕形、或半月形，都要根据楼址的地理形势而定，“来龙”旺者盖高楼大厦，“去脉”无曲则畚箕塞之，后山陡峭则楼高，谷深风疾则圆楼以避之……为了营造大吉大利的地理形势，人们甚至不惜花大力气让溪水改道，筑坡缓流或开挖池塘、种植竹木，打造出背阴向阳、避风聚水的理想的人文景观[133]。

中国传统民居建筑的组群布局强调个体建筑与个体建筑之间的和谐和个体与群体间的和谐，以突出群体的协调、错落有序来相互辉映，创造出一种群体的和谐之美。建筑造型不是将山体走势铲平，而是顺应山体走势，地坪节节升高，建筑顺应山势产生高低起伏的变化；建筑造型中不是将水体走势取直，而是顺应水的走势，灵活布局。建筑形体融入整个环境中，呈现出一幅和谐静美的画面。民居一般背山面水，与自然充分融入，天人合一，相得益彰[134]。平遥古城的总体布局是仿照古人康乐永寿的图腾吉祥物神龟设计的，意喻长生不老，青春永驻，坚若磐石，金汤永固，因此平遥又有“龟城”之称。平遥古城区街道格局为“土”字形，建筑布局则遵从八卦的方位，民居多为四合院形制，沿中轴线有几套院组成，中间多为矮墙、垂花门楼分隔，形成二进和三进的“日”和“目”字形基本布局形式。平遥的规划思想可以说是注重秩序感的营造。在古代礼制的影响下，讲究儒家之道，努力构建天、地、人、神统一的规划局面[135]。

## 二、儒家文化

北京四合院的建筑格局和空间构成，也体现了以家长为中心的封建家庭秩序。规整中有变化、变化中有秩序的建筑风格，既反映了东方文化的传统哲学，也充满着一种群体的和谐与平衡。北京四合院的建筑构造和工艺技术，反映出了我国民居建筑技术所达到的高超水平。它既满足了外观审美的要求，又充分与我国北方地区典型的自然环境相适应，通过胡同与城市构成了一幅严整中有变化、变化中有统一的自然画卷[136]。四合院的家庭居住形式以血缘为纽带，为四合院建筑深深打上了宗法的印记。等级制度、伦理道德和伦理教化是四合院文化内涵又一组成，男治外事、女治内事充分体现了中国封建社会礼与乐的统一结合。儒家的“礼”制思想是引导人们正确行为规范的指导思想，“礼”的秩序对君臣、男女、兄弟、长幼的等级关系有着严格的规定，体现在建筑的布局上除了北上南下、男外女内的布局外，对宅第、民居建筑的体量也有着深刻的影响[75]30。长幼有序、尊卑有别的儒家文化影响更为深远，这也体现在四合院的内部布局上：内宅中位置最好的正房，要给老一代的老爷、太太居住，东西厢房则由晚辈居住，而后罩房主要是供未出阁的女子或女佣居住[125]。而寡居的女儿回到娘家居住，只能和下人们一起住在倒座房内。四合院的这种“北屋为尊，两厢次之，倒座为宾，杂屋为附”的位置序列安排，完全是父慈子孝、夫唱妇随、事兄以悌、朋交以义的人生道德伦理观念的现实转化。这种内外有别、尊卑有序、等级分明的方式，深深地折射出传统伦理观念和封建礼教的尊卑观念。

礼制在中国传统建筑文化中沉淀深厚，处处可见宣扬礼制文化的象征表达。而这种思想通过空间秩序、民居文化形态来加以规范。礼的本质是“序”，上下尊卑的等级秩序，在建筑中的体现就是形成一元构图——中轴对称，突出重点，纵向的空间序列发展，主次分明。“万法不离其宗”，轴线对秩序性的体现起到了重要的作用，依轴线展开，井然有序，庞而不乱，气势雄伟。对称轴具有统率全构图的作用，“中正无邪”的单体和群体布局，易于显出尊卑的差别与秩序，具有尊严的效果[132]。婺派十三间头、廿四间头三合院、四合院也是儒家文化的体现。儒家文化讲究尊师重教，遵纪守法，循轨踏道。他们把思想、品质、操守、精神物化为空间造出房屋，显现着独特的文化印记，婺派民居中轴线发展，象征代代相传；左右对称，谋求阴阳和谐；大空间大院落，意蕴鸿鹄大志；室内外木雕砖雕石雕墨画装饰，讲究寓教于乐。归纳起来，就是显示处处讲礼义、讲法制、讲中庸、讲和谐的儒家文化印记[137]。

### 三、宗族制度

宗族制度是我国古代以家族为中心，按照血统远近区别亲疏的法则，体现在居住形式上，就是聚族而居，即由男系血缘关系的各个家庭，在宗法观念的规范下组成的社会群体。“中原移民不少是中原世家大族，有着强烈的宗法观念和严密的宗法组织，生存的需求和文化的传承。”人们聚族而居，保持着严密完整的宗族组织，通过完整的宗法制度和儒家礼仪管理和团结族众，共同克服各种生存困境，进而生根繁衍和发散。一个个血缘村落就是传统文化传承和家族血脉延续的见证。北京的四合院可视作华北地区传统住宅的典型，这种住宅布局的特点是严格区别内外，尊卑有序，讲究对称，对外隔绝，自有天地，强烈体现了封建宗法制度的影响[132]。传统的四合院民居体现了宗族内部的凝聚力，维系亲情，并体现了不同宗族成员的不同地位。四合院所推崇的长幼有序、亲情维系等理念是现代社会所谓的和谐人居的基础，应该加以弘扬和发展[125]。土楼，是聚族而居的场所，是按氏姓宗族为中心、以世系维持的“家族城市”。在这里族长是楼的首领，族众必须按祖宗遗训，遵守族规的有关事项办事，不可越雷池一步，否则将受到惩罚。祖堂是家族的精神核心，岁时祭祀，精慎隆重；配合祭祀的需要，又设有族田、尝产、义学，根据辈分高低、血缘远近、年纪大小，每位族人各有一定的权利和义务，大家循规蹈矩、兢兢业业，为家族的荣誉和利益而努力奋斗。宗法制度是他们维系一族的思想核心。土楼文化充分表现了宗法思想支配着人民的社会生产与社会生活。宗法制度在这里得到比较完整的保持，甚至有所发展[138]。

明清时期徽州古村落大部分为聚族而居的宗族社会，在徽州地区，实行的是宗一（房）一家的管理模式，宗族跳过房族直接管理每个家庭。家庭是最小的生产单位，每个家庭必须承担整个宗族的义务和责任，他们在困难时可以受到宗族经济资助，他们发迹时也需无偿地捐助宗族。受宗族观念影响，徽州民居采用复制和并置三合院单元的方式来扩展规模。通过延续、对合、背对、垂直、错位等手法，新单元和老单元的轴线关系既有延续性又有灵活性。每个三合院被高高的隔墙划分成一个个相对独立、有明确边界的空间单元。徽州民居体现的是累世而居、有严格的宗法等级制度的大家庭居住模式。每个家庭的生活空间必须经过宗族统一规划，平摊和共享有限的公共资源。每个单元的院落大小和形式相差不多，是被压缩过的天井，这保证了每个家庭都能享有条件基本相同的住房空间。每个单元的外在形象也是比较接近的，没有特别突出或者鲜明。大户家族的住宅只是多了几个单元，和三合院原型相比只是数量的增多和单元的复制，从外部形态或者空间结构上没有质的变化，所以徽州民居和聚落对外总体呈现一种高度的均衡性和相似性，形象有机和谐，整体性很强。他们是在宗族的统一管理下的相似单元的聚合[128]。宗族统筹地管理和控制每个小家庭或者个人，并“通过频繁的定期的和制度化了的祭祀活动和祭祀仪式的举行，达到‘合祀死者，萃聚生者’这一合族收族、控制族人的目的”[128]。宗族组织通过此方式强化和提高宗室的地位，实现“宗族”在地方社会中的整合作用[139]。

## 四、风水文化

风水是一种古老的“山水之术”，属于中国传统民俗文化范畴。以传统的阴阳五行和气论思想为基础，内容涵盖天文地理、气候生态、水文水质、景观、建筑、美学以及心理等诸多内容，可以说历史发展悠久，涵盖内容广泛，文化脉络深厚，是在长期适应环境的过程中，为了寻求古人理想的生存居住环境而形成的一项理论。

风水学曾很长时间被认为是纯粹的“迷信”思想。然而，随着越来越多的学者对中国传统文化的深入探索，人们发现越来越多的生活细节以及文化意识都离不开风水的影子，久而久之，风水便成为我国的特色传统理论。从积极方面看，风水有尊重自然的成分，它讲究选择既实用又优美的宅基和聚落环境。例如，北京四合院的方位布置，就渗透了传统风水理论的象征文化。四合院的大门开在东南角巽地，巽为风、为入，寓意财源滚滚而入。倒座，指建在最南边的房屋，北向，堆杂物和男性仆役的居所。西厢，建在正房右面，西为兑，兑卦象为少女，西厢为年轻女性居所。东厢，建在正房左面，东为震，卦象为长男用事，东厢房安排男性入住。正房，居中为贵，家长所居。门窗向南，南为离，卦象光明，具有向明之意。后屋，为堆放杂物及女性奴仆居所，也是炊事之所。厨房是生火的地方，安排在居北的坎位，坎位属水，取水克火之意。主房、灶间、大门三大要素在方位上相争相生，主房居正北“坎”位，属水，宅门置于东南方，属木的“巽”位，表示“水木相生”[140]。

福建土楼是世界上独一无二的山区大型夯土民居建筑，创造性的生土建筑艺术杰作。福建土楼依山就势，布局合理，吸收了中国传统建筑规划的道家“风水”理念。四水归堂式住宅[141]民居一屋多进。大门饰以山水人物石雕砖刻。门楼重檐飞角，各进皆开天井通风，雨水通过水枧流入阴沟，俗称“四水归堂”，意为“财不外流”。徽州民居选址以阴阳五行为指导。几乎每个村落都有一定的风水依据，体现了道家风水文化。出于对宗族兴旺、人文发达、财源茂盛的心理追求，徽州人对村落选址慎之又慎。“依山建屋，傍水结村”是山地丘陵地区村落选址的一般规律。除了“依山建屋，傍水结村”外，村落选址还要求“枕山、环水、面屏”，具体地点则需要风水家遍察山水形胜后作出选择。徽州无村不卜。徽州各族宗谱都详细记载了其始祖卜居择地之事。徽州人建村落讲究水口，在风水的影响下，水口不仅具有入口的功用，更重要的是一村居民生死、前程的象征[142]。皖南民居村落群的设计，是建立在以人劳动为中心和人本基础之上的，外见洋洋大气，内感小巧玲珑，谋局架构凸现一种系统美。民居作为古村落构成主要元素，在朝向、环境、布局及群体整合等方面同样受到民间风水观念的影响。选址建房，必先看朝向的利与不利，然后择定吉日，方可动土。即使受到自然条件的诸多限制，住宅的主体也必须朝向吉方，而住宅的主体朝向又体现在大门的朝向上，故门有着特殊的象征意义[143]。

## 五、等级观念

为了确立封建统治秩序，体现封建等级观念，大约从唐代朝廷就明确规定了不同爵位品级的贵族宅院与大门的形制，这项制度一直延续至清。四合院不仅是居住的地方，更是显示户主职业、家境以及社会地位的地方。《清会典事例》中记载顺治初年明确规定，亲王府“基高十尺，正门广五间，启门三”，“均红青油饰，每门金钉六十有三”。郡王府、世子府“基高八尺”，“正门金钉减亲王七分之二”。贝勒府“基高六尺，正门三间，启门一”，“门柱红青油饰”。贝子府“基高二尺”，“启门一”。“公侯以下官民房屋，台阶高一尺”，“柱用素油，门用黑饰”[127]。北京四合院装饰时所使用的红色油有紫朱油、朱红油和红土烟子油、红土刷胶罩油，其中亮丽的紫朱油和朱红油只有在王府中才可以大面积使用，以显出王侯家与众不同的尊贵气派。而普通官员和庶民百姓则大部分以使用红土烟子油为主，只可用紫朱油或朱红油略加点缀而已。“门第相当”“门当户对”的等级制度甚至还体现在屋顶、台基、戗檐、门钉或门板等一些细小的差别中[144]。普通四合院的规模也有严格的等级观念。普通四合院的正房要小得多，但在一家之中的地位仍然最高，台基和房屋的尺寸都比较高大，一般是三间或五间，正房两侧还有进深、高度都较小的房间，称为“耳房”。如果正房每侧一间耳房，两侧共两间即称“三正两耳”；如果每侧两间，两侧共四间则称“三正四耳”。小型四合院多为“三正两耳”，中型四合院则为“三正四耳”。如果四合院的规模较大，在东西厢房的南侧，还会出现厢耳房[127]。

皖南民居建筑艺术将君为臣纲、父为子纲、夫为妻纲及仁、义、礼、智、信这三纲五常和三从四德等封建社会的宗教伦理观念都从建筑本身得到充分印证。它通过环境选择、空间组合、体型、体量、质感、比例、尺度、色彩、装饰等建筑语言，构成特定的艺术形象，以表达封建社会的组织结构、物质和文化风貌。皖南民居的布局首先给人一种秩序感。建筑确定了老年人的地位，尊卑有序、上下有序。厅有上厅、中厅、下厅，房有正房、偏房、厢房。“中轴线”的概念，使得坐椅的布置都有严格的上、下等级次序，这种主次分明的建筑是为适应等级森严的宗法制度而存在的，还有家祠、房祠、宗祠的层层建制，用基于宗法血缘的父权、夫权、族权来铺垫封建皇帝的君权，使封建君权的影响渗透到每个家庭的细胞中，使这种专制政治获得了广泛的社会基础。封建社会妇女地位低下，男人在厅堂议事，女眷要回避。因此，古宅中厢房有两个门，妇女出入可以避开厅堂从房子穿过沿廊出入。古村落民居这种特殊的厅、厢、廊布局，是为了适应封建礼制区别等级、次序的需要，是封建社会等级观念的体现[143]。

## 六、阴阳思想

中国建筑非常讲究阴阳对立统一的和谐关系。在民居的选择中有丰富的阴阳理论。“一阴一阳之谓道”，唯有阴阳符合一定的比例并处于恰当的位置，才能达到“和”的境界。这种以气本体为基础的阴阳五行、阴阳八卦思想对中国传统民居建筑产生了广泛而深刻的影响。如四合院（北方汉族民居的典型代表），其空间组织的核心——庭院和厅堂的组合就体现了阴阳互动的思想观念。南方汉族民居中司空见惯的祖堂与天井，成为民居空间的核心，住宅总是以祖堂和天井为中心展开布置。而祖堂和天井就是阳和阴的互动关系思想的很好体现。在传统民居住宅的台基高矮以及室内空间大小方面，强调阴阳之和，即主张以高矮大小适当为宜，不主张盲目地追高求大。在室内采光方面，中国传统民居也强调阴阳相和、明暗适宜。在室内通风方面，中国建筑格外重视“门”“窗”，即所谓“气口”之方位朝向。

有的学者指出：“在四合院构成和空间组合上，阴阳法则备受遵从。首先，院子在形态上是由四周房舍相围合，外‘实’内‘虚’构成一对阴阳关系。其次，组合依据‘门堂制度’，在轴线主导下次第排列门屋和正堂，再配以两厢，而‘门堂’这一主一次又是一对阴阳关系，在等级上有严格要求。东西厢的配置亦成第三对阴阳关系，以横轴线贯之。而在纵横线交织控制院落关系之中，纵为主，横为次，形成第四对阴阳关系。”不仅如此，院落空间的“四正思维”也构成一对阴阳关系，在整体上是一个序列布局完整的八卦空间。从内外空间层次演进上看，同样体现了阴阳组合关系。从东南位置的宅大门→垂花门→中院正房→内院后房→后罩房，不仅反映出等级尊卑的礼制观念，而且“每一级组合成为一个递进层次，形成一个层级的阴阳关系”。

阴阳五行、阴阳八卦思想往往与之相糅合，进而影响到中国传统民居的单（阳）数开间，影响到传统村落的规划布局。如浙东南永嘉的苍坡村、皖南被宋代大儒朱熹誉为“呈坎双贤里，江南第一村”的徽州古村落呈坎。后者以八卦式的特殊格局和左祖右社的典型模式传达出深厚的传统文化内涵。而前者之所以经过几百年自然成长构成一个经规划而略带不正的形态，就是因为受到了阴阳五行思想的影响。

## 七、装饰文化

建筑是一个民族的文化和精神的综合载体，建筑美能够带给人精神层面的享受和心灵的升华。中国传统民居的装饰文化主要体现为趋吉意识的吉祥文化，吉祥符号、吉祥物、吉祥图案就是人类创造出来的借以传达心声的道具。在绵延数千年的中国传统文化长河中，吉祥文化是一条十分重要的支流，是中国优秀传统文化的重要内容。它凝结着中国人的伦理情感、生命意识、审美趣味与宗教情怀，源远流长，博大精深。对于中国人而言，吉祥文化的影响从古及今，无处不在，它承载的丰富内容反映了中国传统文明的精髓。吉祥文化体现在中国传统民居装饰的图案、文字、雕刻、彩绘等许多方面。吉祥文化主要包括以麒麟、龙凤为代表的灵异吉祥，以喜鹊、蝙蝠、狮、鹤等为代表的动物吉祥，以松、竹、梅、葫芦、石榴等为代表的植物吉祥，以“福”“寿”字为代表的文字吉祥，汉字文化中特有的谐音吉祥等[145]。平遥民居建筑艺术价值的重要体现之一是“三雕”，也就是木雕、砖雕、石雕，这些精美的雕刻内容多为瑞兽、吉祥花果、民间故事、神话传说等，以此寄托种种吉祥的祈盼和祝愿，同时有些雕刻内容对晚辈还有一种警示与教化的作用。这些雕刻遵循了“建筑必有图，有图必有意，有意必吉祥”的原则，其中大量采用了象征、隐喻、谐音等手法，将各种吉祥的寓意暗含于雕刻中，其中精巧的木雕、砖雕和石雕配以浓重乡土气息的剪纸窗花，特别是砖砌窑洞式的民宅更是具有很浓的晋派气息[146]。平遥民居砖雕装饰或以文字形式直抒胸臆，或赋予雕刻图案深刻的文化内涵，或借助名人典故宣扬儒家思想。晋商建筑中的砖雕类型丰富，大量地应用了民俗图案，其中吉祥的主旨永恒不变，作为一种朴素的民族文化，这些约定俗成的民俗图案将人们对平安、福、禄、寿的追求表达得强烈而又直白[145]。

这些砖雕内容将人们将对美好生活的无限向往表达得淋漓尽致，使得砖雕朴素的表象之下蕴藏着深厚的意境，因此，砖雕这种装饰性的建筑构件，是展示人们愿望的一个平台，也是民居文化的一个缩影，其中折射出的建筑装饰文化融合了博大精深的中国传统文化以及风水、吉祥文化等民俗内容[145]。中国传统建筑装饰所常用的图形，如动物、植物、山水、器物等随着时间的推移以及建筑性质和审美趣味的定型逐渐地被概括、提炼、简化而趋于模式化，是一些象征性的图案符号，这些图案符号是中国文化中最典型的文化艺术“典籍”[147]。

北京四合院同样不只是单纯的居住空间，还注重装饰美化，尤其在雕刻和油饰彩绘等方面比较讲究。门和窗是中国建筑中最注重的地方，北京四合院门和窗在装饰上常用的是“雕漆画”，其造型制作手段，是其他画种无法比拟的。四合院的油饰着色多为红绿相间，相映成趣；彩绘则多采用苏式彩画，形式活泼，内容丰富。四合院的装修、雕饰、彩绘处处体现着民俗民风和传统文化，表现一定历史条件下人们对幸福、美好、富裕、吉祥的追求。如以蝙蝠、寿字组成的图案，寓意“福寿双全”，以花瓶内安插月季花的图案寓意“四季平安”，而嵌于门管、门头上的吉辞祥语，附在檐柱上的抱柱楹联，以及悬挂在室内的书画佳作，更是集贤哲之古训，采古今之名句，或颂山川之美，或铭处世之学，或咏鸿鹄之志，风雅备至，充满浓郁的文化气息，登斯庭院，犹如步入一座中国传统的殿堂[147]。北京四合院门和窗的装饰、布局，处处体现着在一定历史条件下人们对幸福、美满、富裕、吉祥的追求。在门窗雕刻中祈福的内容占很大的比例，并且体现了中国文化含蓄委婉的特点，常常采取象征和谐音等手法来传情达意。如门窗的棂心、裙板和结子，还常用仙鹤、鹿、蝙蝠、牡丹、莲荷、石榴、寿纹、万字纹等，来表达长命百岁、吉祥如意、多子多福等祈福内容。谐音也是常用手法，如莲与“年”、荷与“和”、鱼与“余”、蝠与“福”、瓶与“平”等。梅与“眉”谐音，喜鹊与梅花组合寓意“喜上眉梢”；莲与鱼组合为“年年有余”等。如表现文人情趣常用竖琴、棋盘、书函和画卷来表现，并形成了统一的格式[147]。

## 八、天圆地方

天圆地方是我国传统文化的基本内容之一，历来为民俗文化所尊奉，天圆地方理念在民居建筑中也有明显的体现。例如四合院为院落式住宅，四合院大多是南北向，在中轴线上，北边的大房为正房，坐北朝南。两侧是厢房，北向南房为倒座房。四合院四面对称建房，其结构成方形，体现的是“地方”；院落成闭合状，门窗皆开向院内，体现的是“天圆”。四合院的大门一般开在东南方，按八宅派的风水理论，这个部位属“生气”方位，主生气勃勃、蒸蒸日上，象征“天圆”；大门为方形，象征“地方”[132]。徽州民居院内多设置带有“上古穴居遗风”的天井，它被赋予“天井乃一宅之要，财禄攸关”的含义，通常采用窄窄长长的一小方（外形）兼有采光、通风、排水和趋吉等各项功能。透过天井就是苍穹在上，天圆井方，人们坐在厅堂里能晨沐朝阳、夜观星斗，人与天融为一体[132]。天井，一般呈正方形或者长方形，与古人的天圆地方观念相关，也与徽州人崇尚的堂堂正正、方方正正做人的理念有关联性。草原蒙古包也是天圆地方观念的形象物化，仿佛大幕之民时时在大地庇佑之下。蒙古族的天穹观还体现在蒙古包的许多本色工艺品上，如毛绣铺毡多为云朵纹、卷草纹，一般中心为圆形纹样，祈求大地神的赐福[134]。

## 九、禁忌观念

寻求生活的真谛，祈祷生活的美满幸福，盼望生活的吉祥如意是传统民居精神意识的集中所在。民居文化中赋予了极富诗意的吉祥和威武的镇邪物，人们为之求吉辟邪。这些文化心理方面的调节，只不过是表达了人们的一种美好愿望罢了，在实际生活当中它并不能保证人们一定会得到吉祥如意的结果，但人们在房屋建筑中，对于趋吉避凶、趋利避害这一原则仍然执着追求。人们认为，只有避开这些禁忌，才能按照自然的秩序，求得天地与自然万物的和谐，就会获得平安与快乐[132]。例如，老北京四合院中禁止栽种桑树、梨树、柏树等。大概“桑”与“丧”,“梨”与“离”谐音的缘故，松柏又是栽种在坟上的树木，北京人留下了“桑松柏梨槐，不进府王宅”的俗话。中国人传统一般喜欢成双成对，左右对称。但在北京四合院房屋的间架上却选取了单数，正房三间或五间，如果有四间的地方也要盖三大间，每边再盖半间，美其名曰：“四破五。”至于东西厢房，也多以三间为准，目的是在院中建筑组合里产生一条中轴线，如同人身上的脊梁，构成院落中的风水源头。正因如此，北京出现了“四六不成材”的俗语。而且北京四合院的大门设在整座四合院的东南一隅，这是典型的“风水”观念的表现，在《周易》后天八卦方位中，东南隅是巽位，巽为入，巽位又处于南离、东震之间，离为火，震为雷，是家业兴旺、居室红火的吉位[132]。“坎”是正北方向，占水位，在此方位上建宅可避免火灾。“巽”是东南方向，占风位，于此处开门是为了出入顺利平安[125]。而徽州民居的入口大门一般不面向正南，多起因于徽商“商人大门不朝南”的风水禁忌[128]。徽州民居十分讲究摆设，摆置得体成了宅院整个建筑不可分的部分，是居民文化生活的一种表现，厅堂正面太师壁上高悬额匾，下挂中堂对联；紧贴太师壁摆一狭长条桌，俗称“画条”。桌正中摆一鸣钟，长鸣谐“长命”。钟两边东置花瓶，西置雕花架玻璃镜，取“东平（瓶）西静（镜）”之意，谐音为“终生平静”“岁岁安详”[132]。

## 十、信仰文化

每一种宗教信仰，皆产生于某一特定地域的民族或几个民族中间，由那一特定地域民族的精神乳汁孕育而生，哺育而长。因此，这种宗教信仰总要或深或浅地打上该地域民族精神的烙印，折射出该民族某些内在素质、文化心理、审美观念和思维方式，反映出该民族的生活方式、外在环境、文化传统、风俗习惯和社会形态等多方面的状况[148]。对民居来说，从一开始便伴随着人们的建构行为，人们建屋建寨，总选择一定的时辰，举行有关的仪式，否则被认为不吉利，会带来不幸和灾难。这就是说，在建屋建寨之前，宗教及信仰观念就已经作为一个重要的因素而在村寨及民居的建构中存在了。可以说传统民居信仰文化则是伴随着不同地域民族的信仰文化而出现的。中国各民族都有自己的宗教信仰和宗教文化，不但形态丰富，品类繁多，而且交融并存。表现在民居信仰文化方面主要有原始宗教信仰，包括自然崇拜、图腾崇拜、生殖崇拜、祖先崇拜和灵鬼崇拜，如白族的本主崇拜、纳西族的东巴教、满族的萨满教等；以及影响中国的四大宗教信仰，如回族内部信仰的伊斯兰教；傣族及藏民信奉的大乘佛教、小乘佛教、藏传佛教等;汉族本土宗教道教;以及云南景颇、苗、怒、拉祜族、彝、傈僳族等民族信仰的基督教和天主教等[148]。

如壮族及其先民大量地吸收了道教及汉族门神信仰的形式和内容，并将之融合到本民族的门神体系之中，在门楣上镶嵌两个木制门簪，上刻八卦或太极图形，或在门槛枕石上凿刻金钱或宝葫芦图形，同时还流行在门边插以桃木、艾草或菖蒲，并且在门板上奉贴门神，各种门神来历各异，或为图腾，或为灵物，或由物而偶像，或由人而神化，它们最初为图腾，继而是各种镶灾驱邪物，构成了庞杂的门神体系，并集中于大门这一住宅的关口上，是人类自我力量的发现和信心的增强在宗教观念中的反映，显示了壮族门神演化的历史轨迹及丰厚的文化积淀[149]。而且壮族的居室中还会有专门供奉各种神灵的房间或位置。又如晋商见多识广，对传统文化广泛涉猎。宗教信仰在晋商民居建筑中应用广泛。建筑中的砖雕装饰中，有一些佛器形象的直接引用，具有鲜明的佛教特色，如“拂尘”形象。“拂尘”本就是佛教用词，“时时勤拂拭，莫使染尘埃”，意为除却世俗烦恼，免受客观外界影响。在古代神话中，它还是神仙手中具有神威的宝物，因此也作为佛教用具，带有明显的佛家特色。道教经典太极八卦图案在砖雕作品中的出现则表达了一种浓厚的道家思想氛围。道家认为，太极八卦图形神通广大，可震慑邪恶。太极是中国古代的哲学术语，意为派生万物的本源。太极图形象地表达了世间普遍存在的阴阳轮转、对立统一等哲理。由太极图衍生出来的“鸾凤和鸣”“龙凤呈祥”等吉祥图案，极受民间喜爱[145]。

# 第十二章 宗教建筑旅游客体文化

宗教是一种特殊的社会意识形态现象，其最大的特点是相信现实世界之外还存在一个超自然、超人间的神秘境界和力量。宗教是原始社会发展到一定阶段的产物。现在世界上的宗教种类很多，但是世界性的宗教有佛教、基督教、伊斯兰教三大宗教。对于中国影响较大的有佛教和中国本土的道教。我们对于宗教旅游客体文化的探讨也主要集中于佛教和道教两大宗教。

宗教建筑是人类文化科学的智慧结晶，是人类建筑成就的重要组成部分。宗教建筑为人们营造了一种神圣崇高的神秘气氛，是重要的旅游客体。

## 第一节 佛教建筑旅游客体文化

### 一、佛教建筑旅游客体

佛教主张远离尘世，因此多数佛教建筑分布在幽静的山林里，千百年来，因为种种信佛、拜佛、敬佛的需要，留下了许多佛教建筑旅游资源。主要的佛教建筑旅游客体有寺院、佛像、佛塔等。

1. 寺院

寺院是我国佛教建筑的主要类型，由于各地的自然环境、历史背景、宗教信仰和民情风俗不同，我国佛教建筑主要分汉传佛教寺院、藏传佛教寺院和南传佛教寺院。其中汉传佛教寺院数量多、分布广。此类建筑多为庭院式建筑组成，根据寺院的级别不同，庭院的数目也不相同。至今保存完好的佛教旅游客体有北京的潭柘寺、恒山的悬空寺、杭州的灵隐寺、洛阳的白马寺等。藏传佛教寺院主要分布在藏民居住和生活的地方，是我们俗称的喇嘛庙。目前知名的藏传佛教寺院有北京的雍和宫、承德的外八庙、拉萨的布达拉宫和大昭寺等。

2. 佛塔

佛塔是佛教文化的标志性建筑。最早产生在印度，是古代印度用来存放死者的骨灰、舍利、牙、发等遗体的建筑。我国现存的佛塔建筑，可分两类：一是带有中国特色的印度式佛塔；二是采取中国楼阁形式的佛塔，平面正方形和八角形居多，一般为七至九层。结构有木塔、砖塔、砖木塔、石塔、铜塔、铁塔和琉璃砖塔等。我国著名的佛塔有河南登封的嵩岳寺塔、山西应县的释迦塔、山西洪洞的飞虹塔、云南大理的千寺塔等。

3. 佛像

佛教是以“佛”为最高教主，以佛崇拜为基本特征的宗教，与基督教、伊斯兰教并称为世界三大宗教。佛是“佛陀”的简称，佛陀的意义是“觉者”或“智者”。佛教供奉的对象主要有佛、菩萨和罗汉等。佛即自觉、觉他、觉行的圆满者。寺院供奉的佛有三身佛、三方佛、三世佛、华严三圣。菩萨指自觉和觉他者。寺院中供奉的菩萨有文殊菩萨、普贤菩萨、观世音菩萨、地藏菩萨、大势至菩萨。罗汉即自觉者，称已灭尽一切烦恼，应受天人供养者。

## 二、佛教建筑旅游客体文化

1. 政治色彩

这种“庙系天下”的政治色彩在辽至清各个朝代共性地体现为数量

众多的皇家寺院。辽代幽州地区许多寺院是在皇家直接支持下兴建、兴盛起来的，如云居寺、戒台寺、独乐寺、感化寺、悯忠寺等。金代中都地区在金熙宗、世宗时，寺院的修复和兴建出现了两次高潮，所建寺院规模更是宏大，如世宗大定年间新建的永安寺上下两院，不但耗资巨大，而且建成之后又大量赏赐田地、米粟和金钱。元朝皇帝下诏建造的寺院为数众多，如忽必烈建大圣寿万安寺，成宗建大天寿万宁寺，武宗建大崇恩福元寺和大承华普庆寺，仁宗建新华普庆寺，文宗建大承天护国寺。英宗在大都西郊寿安山唐代兜率寺的基础上修建寿安寺，“冶铜五十万斤”，铸造铜质卧佛一尊，更是豪举。而清代兴建的雍和宫、西黄寺、篙祝寺、普胜寺也都是皇家寺院的典型[150]。

明代“庙系天下”的政治色彩更与宦官有着密不可分的关系。明代政治中一个重要的特征是“宦官专政”（清代虽然前期秉承顺治遗诏“收宦官之权归之旗下”，以内务府掌管宫廷诸事，但慈禧太后秉政之后，太监又开始走红，出现了一大批宠阉）。作为“刑余之人”，“六根不全，无以为后”，向佛门布施修庙大种福田，不仅可以求得来世荣华富贵，儿孙满堂，光宗耀祖，更为自己修建了颐养天年之所。明代自永乐迁都后，在北京共建佛寺 1000 余所，其中大多是宦官所建[150]。

清代“庙系天下”的政治色彩主要体现在喇嘛庙“怀柔抚远”的政治功能。乾隆皇帝在“喇嘛说”一文中明确表示，清廷兴黄教的目的是为了安抚蒙古诸部。北京地区有史可查的清代兴建的佛寺有 31 所，其中部分黄教寺院多是蒙藏地区上层政教人士的招待所和办事处，其政治性质十分明显。清代皇室祝寿时也往往修建佛寺，集喇嘛诵经，而且规模宏大，目的也在于抚绥蒙古诸部。特别是五世达赖、六世班禅、九世班禅先后进京朝谒清帝，具有强烈的政治用意，对蒙藏地区产生了重大的影响。在某种意义上可以说，清代黄庙是“民族的纽带”[150]。

在承德外八庙中，规模和影响较大而建筑形式直接与西藏建筑有直接关系的寺庙有3座，分别为普陀宗乘庙、须弥福寿庙和普宁寺。普陀宗乘是藏语“布达拉”的汉译，其建筑形式是按西藏布达拉宫的形制建造的；须弥福寿庙是外八庙中建造时间最晚的一座寺庙，是六世班禅从日喀则专程到承德为乾隆70岁生日祝寿，乾隆皇帝下令“肖其所居”，营建该庙。由于历代班禅居住于扎什伦布寺，故仍以扎什伦布为名，汉译为“须弥福寿”[151]34。

清初时期，为了巩固其政权，努尔哈赤和皇太极对藏传佛教很推崇。清太宗皇太极继位之后，继承了努尔哈赤推崇喇嘛教的政策，而且随着后金势力的不断壮大，对藏传佛教的需要更为强烈，使之比努尔哈赤时代有了更大的发展。努尔哈赤和皇太极在修建沈阳故宫时，建了4座藏传佛教塔寺建筑，护国法轮寺就是其中的一个寺院[151]34。

2. 交融文化

北京佛教寺院多种风格并存，反映出“包容合流”的宗教色彩，更揭示了北京地区的“兼容并蓄”的文化品格。北京地区佛教寺院既有典型的汉传佛教寺院，也有恢宏的藏传佛教寺院。从其宗教流派而言，据《松漠纪闻》云：“（金中都）燕京兰若（寺庙）相望，大者三十有六，然皆律宗院，白南僧至，始立四禅。”金代末世，律宗与禅宗易位，中都佛门几乎成为禅宗的天地，但其他宗派也在北京地区占据一定地位。尤其是元、清两代，藏传体系独盛于时。清代中后期以后，净土宗盛行，许多禅宗寺院实际上已经成为禅净合一的寺院。据1928年统计：北平城区有宗派可查的佛寺408所，禅宗的五大宗派基本上都有一席之地，尤其是临济宗，更是以249所占据首位；但其他宗派，诸如贤首宗61所、南山律宗45所、法相宗6所等七八种流派，不可谓不多[150]。

另一方面，这种现象出现，还在于宗教内含的包容性。以禅宗为例，流传的历史最长，甚至在明清之交还一度十分活跃，但清末基本上处于一种终结的状态，逐渐与其他法门浸没合一。在这种宗教思想下，北京地区佛教寺院供奉道教偶像，道观中供奉佛教偶像，佛寺、道观中供奉儒家人物也不足为奇。归根结底，这是一种“包容大度”的心态和胸怀[150]。

雍和宫藏名为“甘丹金恰林”，意为“吉祥威严洲”。雍和宫的总体布局、形态处理、空间结构、装饰艺术和色彩，既保留了明清时期汉式宫殿建筑的风格，在后来的改扩建过程中，又仿西藏正规寺院的扎仓建筑形制，分别建造了专供研习医学、天文、历算、显宗等经院建筑。密宗殿的密宗塑像、唐卡和壁画均系藏式风格。主体建筑之一的法轮殿为十字形布局，殿顶有 5 座藏式鎏金宝塔，是汉藏建筑艺术结合之作。汉式建筑结构为主体，其中融汇了藏式建筑的艺术特色，成为藏传佛教寺庙建筑在汉地的典型建筑形制[151]34。

承德外八庙中的普陀宗乘庙、须弥福寿庙，北京颐和园后山的须弥灵境等，从设计手法上进行了新的创造，但在表现宗教气氛方面糅合了一些汉民族的审美传统，和谐的人本主义观念与中和思想仍然渗透于设计当中，多数建筑的风格与装修映射着藏式但并不是地道的藏式，因此，承德外八庙藏密建筑确切的严格定位应算作“在汉族地区仿建的藏式样建筑”，但它们的空间与符号所具有的强烈认同感，常常使人置身于藏式的联想中[151]36。

五台山的藏传佛教寺院建筑的整体布局到单体建筑，都是汉式建筑的形制，但是佛殿内佛像、佛皇等装饰是藏式的，另外还有佛塔建筑也是采纳藏式覆钵式的佛塔形制[151]36。

3. 象征文化

藏传佛教寺院建筑的象征意义主要体现在建筑的布局处理上，宗教的教义和情感激发了建筑技师们的想象力，使他们通过建筑的整体布局和平面布局，把佛教宇宙的构想变成了直观的图像和实体，并在台上绘出他们的形象。藏传密宗中，曼荼罗是藏传佛教修行者与神灵沟通的场所和方式，代表着佛教的宇宙观，也是佛教信仰者心目中有正法的理想国度。从横向看世界的中心是须弥山，四周是四大洲和八小洲，大千世界的外围是铁围山；象征佛国宇宙的空间观，为佛国宇宙的大小神灵们创造了一块净土，为凡尘的僧众提供一个清净寡欲、潜心修佛场所。佛教寺院空间的组群也表达了“聚集”空间内涵，曼荼罗样式的空间就是表达这种建筑空间观的核心。聚集中心的空间观具体到寺院建筑，体现了聚集中心的佛教宇宙空间观。而且也传到了蒙古和中原内地，如承德普宁寺、普乐寺，颐和园大报恩寺，香山昭庙等都是以曼荼罗为建筑平面而进行设计的，整个寺庙就是佛国宇宙的象征 [151]98。

在藏传佛教寺院大殿门廊的正上方，装饰有“二兽听法”，这是由三组单独的部件构成的装饰物，中间是法轮，左右各是一个似羊似鹿动物，跪卧在法轮的两边，侧耳抬头，倾听佛法。法轮象征着佛教的传播和影响，两旁的菩提金羊象征佛法之轮长转不衰。在寺院主体建筑大殿的屋顶的四角立有胜利幢，形式各异，是象征佛法胜利昌盛的旗帜。胜利幢根据层数可以分为三层和九层的胜利幢，分别有不同的含义，三层的胜利幢象征声闻天，九层胜利幢象征吉祥九层 [151]118-119。藏传佛教寺院金顶上的屋脊宝瓶是屋顶装饰的重要构件之一。宝瓶根据其形状的繁简可分两种：大钟形屋脊宝瓶和小瓶形屋脊宝瓶。前者是象征五方佛，莲花座上的法轮象征大日如来，其上之钟象征不空成就佛，之上八瓣莲花象征无量光佛，之上之宝瓶象征不动佛；后者称为瓶形屋脊宝瓶，与钟形屋脊宝瓶相比少了钟和法轮，宝瓶象征大日如来，八瓣莲花象征无量光佛，末尼顶象征不动佛，象征佛教三种姓佛在藏区仅限于佛教寺院中 [151]121。普宁寺的建筑法式则基本按照西藏的第一座藏传佛教寺庙桑耶寺之式建造的，其主体建筑大乘之阁及其四周的一组建筑均是据桑耶寺的佛教宇宙修建的，大乘之阁代表宇宙中心之须弥山，其余四周的建筑分别有红、黄、黑、白 4 塔，代表月亮和太阳的“日殿”和“月殿”，还有象征“四大部洲”和“八小部洲”的众多建筑物 [151]36。

从佛教的角度，佛塔也有一定的象征意义。（1）佛塔象征着佛祖的形象，见塔如见佛祖；（2）佛塔象征着涅槃，既是死亡，也是重生；（3）佛塔象征着宇宙，也就是佛教世界里的中心；（4）佛塔象征着佛的所在，佛的居所[152]。比如以中华佛塔的建筑平面看，现存佛塔的平面构图常为正四边形或正八边形，它象征佛法的所谓四相八相，释迦牟尼生涯中的诞生、成道、说法、涅槃为四相。四相之中再加上上降兜率、脱胎、出家、降魔谓之八相，又象征佛法的四圣谛与八正道。现存中华佛塔中，也有平面为正十二边形、正六边形或圆形的塔例。它们分别象征佛教的“十二因缘”“六道轮回”和涅槃、圆寂等佛教教义[153]。而藏传佛教佛塔的基本形制由塔座、塔瓶、塔刹和塔顶四大部分组成。塔座代表人世间，象征所缘或所依,即僧和僧众。塔面上雕刻着守护智慧之宝（佛法）的狮子，它是佛陀的象征。境端和墙檐象征“趣悟阶路”。塔宫象征佛殿。塔身瓶座，代表五大之一的“土”。瓶门即塔瓶之门，指塔瓶中间开的小龛，叫“眼光门”。塔瓶，即圆形部分或覆钵部分，代表五大之一“水”。十三法轮又称相轮部，呈圆锥状，象征五大之一的“精进之火”。法轮又代表佛所说法，又象征十三天。大伞状缨络，表示华盖。总持慈悲经论象征弘扬佛法。小伞盖伞状月盘，表示佛幢，它和大伞盖部分共同象征五大之一的“风”。太阳和月亮象征精神或灵。树叶状或爪状部分的塔尖，它与日月共属日月部，象征五大之一的“空”或“神空”[154]。

不同的佛像以及佛像的不同形态也有不同的象征意义。如杭州灵隐寺金碧辉煌的大雄宝殿正中莲花石座上趺坐着佛祖释迦牟尼像，这尊像是 1956 年由浙江美术学院的雕塑家和民间艺人相结合用香樟木雕刻而成，是我国最大的木雕坐式佛像。佛像妙相庄严，气韵生动，头微前倾，两眼凝视，嘴唇微开，右手微抬，仿佛正在向朝拜者讲经说法，象征着与众朝拜者“心心相印”。其金身、莲台和背光按照佛家的解释，分别表示坚贞不变、圣洁清芬和光明正大[155]。

4. 等级观念（中轴对称）

中国的传统思想中，当推儒家思想为首。儒家崇尚礼制，封建等级观念非常严格，渗透到社会生活的各个方面，影响着中国人的几乎一切活动方式。在建筑上也表现得十分明显，无论是宫殿、官署、民宅，平面布局都是院落式，变化不大，而在大小、开间等方面显示出森严的等级。儒家讲究伦理等级观（上下有序）、中庸之道（不偏不倚）、尚中的对称之美，反应在中国古代建筑布局中，则是“上下有序”的建筑形象，中轴对称、合院布局的建筑形态关系。儒家思想对寺院形态的影响，主要集中在以下几点：上下有序的等级布局、尚中的对称之美。寺院的布局也由早期印度以塔为中心的伽蓝形式发展成为中国本土式的以“堂”为主的合院式的布局形式，因此，佛教寺院的营建注定也要遵循中国传统的儒家礼教，合乎礼教的约束。寺院建筑的布局，存在一条中轴线，中轴线上最前有影壁、牌坊，然后为山门、前殿、后殿及大雄宝殿等。左右有东西配殿，主殿大雄宝殿是寺庙中最重要的部分。院落与东西配殿的层层递进是对主殿的烘托与陪衬[156]20-21。中国的佛寺在借鉴印度佛教建筑的基础上，遵循着本土的特征，以院落式的平面布局为基本构图方式，采用中国独特的中轴对称式布局，体现出森严的等级关系。这是中国佛寺的一个重大特征。

一般从山门起，在一根南北轴线上，每隔一定距离，就布置一座殿堂，周围用廊庑以及一些楼阁把它们围绕起来。这些殿堂的尺寸、规模是随同它们的重要性而逐步加强，往往到了第三个和第四个殿堂才是庙宇的主要建筑——大雄宝殿。大雄宝殿的后面，在规模比较大的寺院里可能还有些建筑。这些殿堂和周围的廊庞楼阁等就把一座寺院划分为层层深入、引人入胜的院落[157]。这种取向与交融在汉式传统建筑法式这一前提下，在建筑上有两种不同的取向：一是建于城市以接近朝廷的寺院建筑，取法于皇家建筑，乃至士大夫的宅院，多采取坐北朝南，轴线对称，重点居中，两翼为辅，构成时空合一的整体，从对称中显出庄严，而居于中轴线的主体建筑也以不同的高低规格展开一种内在的旋律，突出中心大雄宝殿，虚实相生，构成整个寺院建筑的等级秩序[150]。大雄宝殿的基座是须弥座，是古代基座的最高等级，以显示佛殿的宏伟庄严。大雄宝殿的开间也是最多的，开间越多，等级越高，大雄宝殿通常用九五开间。寺院的屋顶也会通过不同的屋顶样式和檐数来表现寺院的等级。

佛塔也有一定的等级意义。无论是楼阁式塔还是密檐式塔，抑或是小型石佛塔，都有着各自的层数。佛塔的层级数字以单数居多，偶数很少。最早佛塔在传入中国以前，佛教律典里面规定的层数主要是指相轮的层数，《十二因缘经》中规定：如来，露盘八重以上；菩萨，七盘；缘觉，六盘；罗汉，五盘；阿那含，四盘；斯陀含，三盘；须陀洹，二盘；轮王，一盘。层数越高德行越高[152]。

5. 院落布局

廊院式布局是早期寺院所采用的一种布局形式，这也是一种受印度佛教寺院形式影响并结合中国传统构图习惯而形成的布局形式。它在每一佛殿或佛塔的四周以廊屋围绕，形成独立院落；大的寺院则由许多廊院组成，以南北中轴线为中心，左右对称，形成规模宏大的以殿、堂、楼、阁、亭等组成的空间组合，采用中国传统世俗建筑的院落式格局，院落重重，常至数十院，层层深入，回廊周匝，廊内壁画鲜丽，琳琅满目，花木假山，引人入胜，把整个佛寺建筑群推向了高潮，形成了具有中国民族风格的一整套配置，如照壁、山门、钟鼓楼等[158]10。完全汉式的廊院式，蕴含了中国佛教的多种宗教与文化内涵。寺院的大门叫山门，也叫三门，表示进入空、无相、无作的三解脱门。塔内安置佛舍利（一般是法身舍利）是佛法的象征。金堂，通常称佛殿、大殿，因时代或宗派的不同，大殿内安置本尊佛，供瞻仰礼拜祈祷。庄严的佛像使人心生敬仰。早期塔和大殿是伽蓝的中心建筑[159]。

隋唐之后，佛教中国化完成，佛寺呈现出中国特色，廊院式布局在隋唐以后就被纵轴式布局取而代之了。纵轴式布局是将寺院内各主要殿堂布置在一条纵轴线上，每个殿堂前、左、右各置一座配殿，从而形成三合或四合院落。这种错落有致的院落群可以引导信徒有秩序、有层次地观赏全部寺院，以达到信仰的高潮。宋代以来禅宗独盛，随着禅宗的完全汉化，南宋时期禅宗寺院已确立了“伽蓝七堂”制度，就是以院落的形式把具备各种功能的堂宇组成一个院子，典型的叫七堂伽蓝。七，表示完整，即需要有塔、金堂、讲堂、钟鼓楼、藏经楼、僧房、斋堂。后来寺庙越来越大，成为多院式，其他院落的配置不一定全具备七堂，视条件和情况而定[159]。明代以来，伽蓝制度渐成定式，按照合院式的建筑格局，殿堂配置从南往北：寺院的大门、供奉天王的天王殿、供奉佛与菩萨像的大雄宝殿、诵经修行的法堂与经堂，按佛教的规则先后排列在南北中轴线上，两侧廊房，气势庄严。有的寺院还在前院两边建有悬挂钟、鼓的钟楼与鼓楼，在中轴线或两边加建观音殿、毗卢殿等殿堂。大的寺院还有五百罗汉堂，其堂专为一院，田字形布局：内有四个小天井，十分精巧。在它们的两边和四周布置着待客、存物、僧人居住和生活用房，有僧房、职事堂（库房）、香积厨（厨房）、斋堂（食堂）、茶堂（接待室）等，西侧主要是云会堂（禅堂）。佛寺后部还有方丈室等。多个院落组成了整个寺院。纵轴式寺院可谓是中国佛教寺院中应用地域最广、时间最长的寺院类型，我国现存寺院大多数采用了这种布局形式[158]。

6. 世俗观念

唐宋时期，佛教、道教、儒教三者相辅相成，迅速发展。此时的寺庙作为佛教的主要建筑，在功能上已经不仅仅是举行宗教活动的场所了，同时它还是民众交往、娱乐的活动中心。而且文人也把对山水的认识引入寺庙，使佛寺的内容丰富起来，廊、亭、桥、池、坊、表等出现在寺庙园林中。布局由严肃到有活力，叠山理水技术打破早期以花、木、泉为主要景观的模式。这种世俗化、文人化的浪潮促使寺庙园林的建设产生了飞跃。到了明代，开始提倡儒、释、道三教归一，而且施行兼容并蓄、多种信仰的宗旨，这就为佛寺布局的改进开拓了新的思路，到了清代就更加明显，反映在寺院建筑中则是佛殿种类增多，供奉的对象各教并存。北方的这种现象尤为明显[157]。讲究塔身装饰美，是我国佛塔的一大艺术特色。我国建筑工匠不仅在塔身下部台基上雕刻神态各异的佛像，在塔内部的斗拱、藻井和额枋上，也绘上佛的各种故事。不仅如此，还把我国民间信仰，也融合到佛教题材中。佛画以惟妙惟肖、栩栩如生、精湛的画技令人感叹。

我国建塔，主要根据实际需要。因此，除敬佛之外，出现了像文风塔、纪念塔、料敌塔、风水塔等非宗教目的的塔。文风塔是随科举制度的建立而发展起来的，明清时十分盛行。各地为祈愿文人在科举考试中名登榜首，建造了姿态各异的“文星塔”“文光塔”“文昌塔”“文笔塔”。这类塔的门楣处，刻有神龛，但一般不供佛教神灵，而供奉文魁神。文魁本是星名，也称“文曲星”。古代星相家认为它是吉星，主大贵，后被道教尊为主宰功名、禄位的神。佛塔供奉道教神，又以儒家科举功名为内容，这是中国塔独有的特征。它从一个方面反映了我国传统文化的特色。纪念塔，主要为纪念历史名人而建。如河北易县的荆轲塔，是为纪念战国时壮士荆轲而建。用佛塔为历史人物树碑立传，人以塔传，说明被神化了的佛，在中国已逐渐被现实中的人所代替。风水塔，为防水怪作祟而建，一般建在江河湖边。古人企借佛法之力，镇妖防洪。然而在实际生活中，却成为引导百舸航行的重要标志。中国古塔的这些实际功能和作用，远远超出了宗教范围。它的世俗化和实用性，是印度佛教所始料未及的[160]。

中国古代的阴阳五行学对佛教建筑也有较大的影响。塔身层数为奇数，这主要是因为在中国建筑当中，奇数又叫作“阳数”，代表了阴阳当中的“阳”，在中国阴阳五行学说里认为“阳”是生、向上的、明亮的意思，所以作为人们崇拜的佛塔的层数就要以奇数为层级数。我国佛塔级数为五、七、九、十一、十三、十五等奇数层。而塔身平面多边形边数为偶数，是因为塔的平面形状为正方形、正六边形、正八边形等偶数的缘故。这正是反映了天数为奇、地数为偶、阴阳平衡的思想[152]。中国佛塔的级数，也凝集着传统文化精神。

7. 修身养性

佛寺作为宗教活动场所和个人修身养性之处，其选址既要解决现实生活问题又要突出仙境神域特色。堪舆即中国古代的相地术，它是一个极其重要的准则，即前朱雀、后玄武、左青龙、右白虎。这种前朱雀（池）、后玄武（山陵）的堪舆观念作为宗教建筑选址地理环境的基本原则，并因地制宜赋予变化，既达到宗教建筑与自然风光和谐一致的营构图式，又体现了宗教精神与人工山水的象征意义[158]。峭立于江河湖泊之畔或壑谷深渊之侧的悬崖峭壁的佛寺，往往尽量凌空突出其危，充分发挥俯览借景特点。其上空下虚、山石嶙峋、地势高兀，人置其上既触目惊心又心旷神怡，既增加了景观魅力又造成缥缈虚幻的气氛。自然洞穴或山间盆地可造就理想的壶天模式，强调清幽和神秘氛围。许多寺庙或藏于深山或隐于洞穴，利用这些地貌的天然隐蔽性创造壶天结构。一般而言，作为寺庙建所的洞穴往往视域狭窄，洞中幽深清凉，具有奇诡神秘特色。闭合尺度好且隐蔽功能突出的山间盆地也具有与洞穴相似的景观功能。这种山间盆地自然景观甚为丰富，古木藤萝阴璐，光线柔和，给人进一步造成“深山藏古寺”的壶天模式[158]。

无论是峭立于江河湖畔，还是屹立于山林之中，佛寺建筑寻求养性修真的环境的宗旨一直未变。中国有“天下名山僧尽占”之说，北京西山地区颇有泉林之雅，为传统的风景游览胜地，早在金朝就已在此建造寺院，开后世先河：明代对西北郊的风景区进行了一次大规模的开发，在西山、香山、瓮山和西湖一带建造了大量的佛寺，星罗棋布，数不胜数。

甚至有“西山岩麓，无处非寺，游人登览，类不过十之二三”，“西山三百寺，十日遍径行”的说法。清代由于统治者视野的转移，大力营建西北郊园林，寺院的园林风格更是相得益彰[150]。这些寺院一般都建有园林，其中香山寺、卧佛寺、西山八大处、潭柘寺、戒台寺等，更是以其独特的园林风光、清幽环境闻名于世。从某种意义上说，园林寺院为寺院文化点缀上了休闲色彩，寺院也逐渐演化为休闲养性的场所[150]。

8. 营造意境

佛教文化对寺庙的选址、布局和景观意境也有一定影响，其中以禅宗影响最甚。禅宗是佛教中国化的产物，主张通过个体的自觉经验和沉思冥想的思维方式，在感性中通过悟境而达到精神上的超越和自由。在禅学看来，人与自然并不是彼此参与的关系，而是浑然如一的整体，而内心的体验便是达到这一境界的关键[161]。禅宗认为人们应有一种安详平和的心态，以一种空的理念对待世间的万物。禅宗的这种空灵超旷境界融入中国文人的园林创作中，使文人士大夫建造了自己内心精神栖息的家园，把园林视为心灵的寄托之所、心态的栖息之地[162]。

随着寺庙的大量兴建，寺庙园林这一新的园林类型应运而生。寺院和寺院环境以及寺院内的园林环境，都是在努力塑造一个信徒朝拜的空间；塑造一个脱离无常之诸行、俗世之悲苦的彼岸世界；塑造一个圆融无碍、自由超脱的佛国净土。极乐净土也是一个物种丰富、自然规整的世界；充满八功德水、繁花、发出梵音的五彩鸟儿的世界。在佛教经藏中对佛国净土有着甚多的描写，因而在佛教寺院的营建中，往往会根据佛经中的描述进行建筑的布局和园林的经营，比如植物的选取、水系的梳理、建筑的布局等。在寺院的经营中，匠人也努力地塑造脱离俗世之苦、涅槃后进入如如之境的佛国净土的园林意境，如登封大法王寺、少林寺等[156]22。净土庭院环境设计的主导思想是创造一种理想的极乐净土世界。东林寺虽有明显的中轴线，以表示佛家庄严的气氛，但其中桥、池、泉以及堂、幢、亭等池泉庭院的处理，都体现了追求净土思想与再现自然之美趣。禅宗寺院是禅僧精神活动的产物，也是禅宗主观唯心艺术的体现。这些庭院往往采用小庭院空间组织来体现幽玄深邃，具有透逸抽象的风格，如河南少林寺、江苏扬州大明寺、浙江天台山国清寺等庭院布局都具有浓厚的禅味，幽静的小庭院摆设些山石、花木、水盆等，给人和、寂、清、净的气氛。建康佛寺园林景观空间布局完整、精巧，既有宗教活动的佛殿，又有叠山掇石、林木成簇的园林景观，衬托出杏墙黛瓦、梵刹琳宇、钟磬不绝的佛教寺院境界，且其游览路线的布置以尽最大可能地串联各景点为能事，以有节奏地达到步移景异、渐入佳境为目的[158]。

佛教主体建筑层层抬高的构景方式，创造了庄严、肃穆的气氛。主殿大雄宝殿是寺庙中最重要的部分。香烟缭绕的大雄宝殿与肃穆威严的皇宫金殿，一个是佛国净土、出离尘世的象征，一个是等级森严、权力至上的象征。为了突出主体建筑的神圣地位，大雄宝殿等主要殿堂往往建于寺庙的至高点上，并抬高殿堂基座，使这些主体建筑形成昆仑之势，统领全寺其他附属建筑。院落与东西配殿的层层递进对主殿加以烘托与陪衬。这种庄严雄伟、整齐对称、以配衬主的方式正满足了众香客在虔诚礼佛时所需要的庄严肃穆的气氛，折射出佛寺追求的超尘绝俗的宗教境界[160]53。

## 第二节 道教建筑旅游客体文化

### 一、道教建筑旅游客体

道教建筑通常是用以供奉神像和进行宗教活动的庙宇，通常称为宫、观、庙。道教建筑主要是庙宇建筑群。现存道教宫观大部分为明清时重建，早期遗物很少。重要的有，苏州城内玄妙观大殿，北宋创建，南宋淳熙六年（1179 年）重建，面阔九间，进深六间，重檐九脊顶，规模巨大，从中可见宋代道观的一般规模；福建莆田县玄妙观，始创于唐，后代多次重修，现存建筑不迟于宋，等等。武当山在湖北省西北部，历代均为道教名山，宫观规模巨大，主峰金殿与紫金城尤为华贵。山林道观多结合奇秀险怪的山形地势建造，不仅本身空间灵活，造型优美，而且构成了大面积的环境艺术，如北京白云观、华山玉泉院、崂山太清宫、成都青羊宫等。

道教的宫观是道教神圣宗教理念的屋化空间，集中反映了道教的神学思维和理念；它随着道教的发展而日臻完善。可以这样说，宫观是道教的重要构成元素之一，也是道教文化的最重要载体之一[163]。道教建筑是道士布道传教，供奉、祭祀神仙和举行各种宗教仪式的场所，它不仅受到道教文化的影响，而且其建筑设计也体现了风水理念和原则。道教建筑常由神殿、膳堂、宿舍、园林四部分组成，其总体布局基本上采取中国传统之院落式，即以木构架为主要结构，以“间”为单位构成单座建筑，再以单座建筑组成庭院，进而以庭院为单元组成各种形式建筑群。

例如著名道教建筑武当山古建筑群分布在以天柱峰为中心的群山之中，总体规划严密，主次分明，大小有序，布局合理。建筑位置选择，注重环境，讲究山形水脉分布疏密有致。建筑设计的规划或宏伟壮观，或小巧精致，或深藏山坳，或濒临险崖，达到了建筑与自然的高度和谐，具有浓郁的建筑韵律和天才的创造力。

## 二、道教建筑旅游客体文化

### 1. 道法自然

宗教建筑同其他建筑形式一样是实用与美的结合体，具有满足物质需要与精神需要两种功能。而道教建筑十分注重与大自然的联系。“人法地，地法天，天法道，道法自然”，《道德经》中的这句话充分体现了道家顺应自然、尊重自然的原始生态思想。正是在这种思想的影响下，黑龙潭上下两个道教宫观建筑均不追求雄伟与壮观，不以威严摄人，顺应基址而设，周围树木参天，而给人一种平和、舒适的感觉[164]。道家文化对道教建筑布局的影响是毋庸置疑的。老子所讲的“自然守道而行，万纳皆得所”，是道家道法自然的智慧哲学。其相信自然的和谐有序，万物顺势而生。体现在道教建筑布局上，依其自然天时、地利，每座建筑如同天生地长的自然、有机。所以道教建筑无论何种布局类型都会依据自然地势，尽量不破坏山体植被等，融于自然环境[165]。

道教从创立时便依中华传统居住原则建造宫观，它所遵守的是以宜居为第一。寺院山林化并不是随意找处僻静地方便罢，而是多遵从中国传统思想立寺择地。其基本要求首先是依“道法自然，因地制宜”。以原地形为主，宜山则山，宜水则水，适当改造，不作大的改动。其次要观察形势，即要搞清山形水势。先考察山川大环境，再省察建址的水源、气候与外界沟通便利与否等。在寺观建造上，追求云雾缭绕的仙境[159]。自然之美是道教崇尚的最高境界。建筑是自然的一部分，是道教建筑最鲜明的特色；依山傍水、亭榭楼阁、山石林苑是道教建筑的突出形式。道教建筑的根本就是注重与自然环境的和谐。

一些风景名胜道观建筑利用奇异的地形地貌，巧妙地构建楼、亭、阁、榭、塔、廊等建筑，造成以自然景观为主的园林系统，配置壁画、雕塑和碑文、诗词题刻等，供人观赏。这些建筑充分体现了道家“天法地、地法天、天法道、道法自然”的思想，以林掩其幽、山壮其势、水秀其姿等手法展现自然山水与建筑自然结合的独特风格[166]。

2. 院落布局

院落式作为最为普遍的道教宫观空间布局形式，把功能和精神需求相结合，融合成了一种相对固定的“道教建筑空间序列”，即将山门、前殿、主殿、后殿等建筑依据上述的种种因素或规律或自由地布局，解决的是道士、香客、旅游者等参与场所的众人的生理与心理的需求。道教建筑布局通常是按照中轴线前后递进、左右均衡对称展开的传统建筑手法。

道教宫观一般由神殿建筑、膳堂、宿舍、园林四部分组成。其总体布局基本上采取中国传统院落式。主体建筑在中轴线上，再配以厢房、周边跨院，凸显对称格局，如仿宫殿[165]78。如黑龙潭道观建筑均按中轴线前后递进、左右均衡对称展开的传统建筑手法布置，以“间”为单位构成单座建筑，再由单座建筑组成庭院，进而以庭院为单元组成各种形式建筑群。膳堂和房舍等一类附属建筑则安排在轴线的两侧或后部，布局合理、错落有致[164]。

道教宣传天下名山是道家的“洞天福地”，是仙人修炼、生活的地方。因此道教建筑主体，突出“仙”的环境，利用山顶夷平面布局主体建筑，山坡一般布局三道山门，成为人间与仙境过渡的地带。如昆明的三清阁就建筑在受人青睐的西山上、碧波荡漾的滇池旁。金殿的主体建筑太和宫坐落在昆明北部的鸣凤山上，其布局更是颇具匠心。从迎仙桥到太和宫经“三道天门”（一天门、二天门、三天门），三道“天门”附喻“三清天”。一天门内有三十六级台阶，喻三十六天罡；从山脚至一天门有七十二级台阶，喻七十二地煞；攀缘台阶到达天门则比喻克服困难，上达仙境；这一百零八位神仙是玄武大帝的属下，当你步入天门时就进入真武帝君的法门；三座天门又代表了在大罗天之下、三十三天之上的太清天、上清天、玉清天，这是道家认为的最高境界。道观幽奇险峻的建筑风格在这里得到了充分的体现[167]。

3. 阴阳五行八卦

道教对阴阳、五行、九宫、八卦等推崇备至，因此道教建筑非常注重符合阴阳五行八卦的学说思想，在建筑结构上尽量体现这一思想。道教建筑注重与自然环境的和谐，吸收五行阴阳及方位说，根据乾南坤北、天乾地坤、子午中轴线等宗教信仰，布局整体建筑。如两侧月东日西，取坎离对称之意；坐南朝北，以“聚财迎神”自生福气。而且根据《周易》，运用数的点差关系造型，使建筑中凡是需要用到数学原理时，都赋予宗教人文理念。如阳奇阴偶、九数为大等。而且道教崇尚“守恒”，讲究以柔克刚，在建筑上运用屋顶的曲折和柱梁的圆润等柔和的线条达到阴阳平衡[166]。

如三清山的道教宫观从全山整体范围考虑建筑平面布局，按《周易》八卦方位结合地形巧妙构思设计蓝图。其北方“坎”位与南方“离”位又与中国传统建筑惯用的南北中轴线手法完全吻合，匠心独具、结构严谨[168]。这样，东南西北，四面八方，按八卦方位，整齐地排列着八座建筑，对应着自然界客观存在的天、地、水、火、山、泽、木、风八种自然现象，在建筑建置上形成一个严密的体系。又根据地形和总体设计的需要，将南北离、坎两位加以延伸，达到了控制全局的作用，犹如一个“中”字形，中间是八卦形制，是三清山中心区域，是建筑重点，其余的建筑或出于配套需要，或出于特殊目的需要，或出于点缀风景的需要，都围绕着中间一竖展开，不使一处游离有外，有主有次，秩序井然，形成一个不可分割的整体。这样的设计构思，不能不使人叹服[168]。

道教的宫观建筑选址更是追求风水、阴阳和合的这种观念。其所考虑的风水理念，是易学与环境地理学的结合，是在内容上包括了思想、文化、环境、历史等各个方面各种因素综合起来而提升了的一个综合学科。道教宫观属于祭祀性建筑，其周围在易理上应带有阴性气场。在道教建筑用地选择中，都会避免在居民日夜所及的居住区地段。阴阳平衡的居住区中加上阴气气场，对居住者的身体是很不利的，在风水气场上是一种破坏和失衡。所以大部分道教寺观选择在人烟稀少的山林，或在城市居住区有防护隔离带的地段（或林木绿地、较宽的河湖水面），除了道教的思想因素之外，也包括这种风水观。因此道教宫观选址讲究山势五行，通常选择“风水宝地”与“形煞之地”[165]。

4. 装饰象征

道教建筑注重装饰，通过装饰表现道教长生不老、羽化登仙的理想和对吉祥如意、福寿和睦的追求。道教装饰图案种类很多，有松柏、灵芝、龟、龙、凤（象征长生、不老、吉祥等）等；有日、月、星、云（寓意光明普照、坚固永生、山海年长）等；有的以福、寿、喜、吉、丰等字作种种式样，在建筑物或器具上与其他花纹伴用，尤其福寿二字巧妙变幻，以表吉祥如意、福寿安康。如在龙泉观殿门前两边墙壁上有两幅画，东边是青龙吐水，西边是白虎望月，反映出长生成仙的特点，恰好和道教的重生、贵生、乐生的思想相吻合，这就迎合了人们追求健康长寿，甚至长生不老的本能欲望，对于素有重生、养生传统的中国人具有广泛的吸引力[167]。

武当山道教宫观建筑群的台基采用植物和云纹，与道家“天人合一”的思想相一致。武当山须弥座采用蔓草和云纹图案、如意纹图案，云不仅代表天和神仙的座乘，又是滋润万物的雨露的形成因素，是“祥云瑞日”的吉祥形象。影壁主要以牡丹、莲花与蔓草装饰，莲花是洁净的标志，象征道家的清静无为的思想，也是道教八仙之一的象征。影壁上还有菊花纹装饰，菊花是长寿的象征和花中逸者，象征道家的隐身逸心之地。屋顶正脊以陶雕龙纹，中间是道教八仙的葫芦纹样，正脊装饰以“卧凤”纹样，代表坤道，还有凤仪造型的凤吻飞檐。在瓦当上还可以看到回纹和菊花，“回纹”连绵不断，象征大吉祥；“菊花”象征长寿和隐逸。

道教宫观的藻饰也是显示装饰象征文化的重要部位。道教建筑之藻饰，鲜明地反映了道教追求吉祥如意、长生久视、羽化登仙等思想。如描绘日、月、星、云、山、水、岩石等，寓意光明普照，坚固永生，山海年长；扇、鱼、水仙、蝙蝠、鹿等，乃分别为善、裕、仙、福、禄之表征；而莺、松柏、灵芝、龟、鹤、竹、狮、麒麟、龙、凤等，又分别象征友情、长生、不老、君子、辟邪、祥瑞等，有时以福、禄、寿、喜、吉、天、丰、乐等字化作种种式样，在器具或建筑物上与其他花纹伴用，作为装饰。将寿写成百种不同之字形，名为“百寿图”，福字则巧妙变幻，用于各种窗棂，以表吉祥如意，福寿康宁，乐天超凡，长生不老。此外，“八仙庆寿”“八仙过海”神话故事亦常为道教建筑的装饰题材。例如昆明的真庆观是规模宏大的道教建筑群，平面布局坐北朝南，中轴对称式结构。最精华部分是殿内顶部，中央设覆斗状木构藻井，井顶绘有八卦太极图，堪称是道教殿宇建筑中颇具规模的杰作，给后人留下了可供借鉴的文化遗产，也是宝贵的旅游资源[167]。

# 第十三章　宗教精神旅游客体文化

## 第一节　宗教艺术旅游客体文化

宗教艺术是以表现宗教观念、宣扬宗教教理，跟宗教仪式结合在一起或者以宗教崇拜为目的的艺术。它是宗教观念、宗教情感、宗教精神、宗教仪式与艺术形式的结合。宗教艺术以形象来表达自身，这就决定了宗教艺术形象具有朦胧性和多义性，而这种朦胧性和多义性，使宗教艺术形象往往高于抽象教义，超出宗教的思想原型，成为人们的审美对象。

### 一、佛教艺术旅游客体文化

1. 佛教艺术旅游客体

佛教艺术旅游客体包括壁画、雕塑、石窟等。壁画是宗教艺术的重要组成部分，有较高的艺术价值、欣赏价值和宝贵的文化历史价值。佛教壁画包括介绍佛、菩萨、罗汉等的尊像画；描绘佛教史迹实物的佛教史迹画；宣传释迦牟尼故事的佛教故事画；以及佛教经变画和佛教传统故事画。例如北京法海寺壁画、山西岩山寺壁画。佛教雕塑造像生动、工艺精湛，是宗教信徒顶礼膜拜的对象。佛教雕塑主要是释迦牟尼佛、三身佛、三世佛、菩萨、四大天王、罗汉等塑像。佛教雕塑珍品主要有日喀则扎什伦布寺的镀金强巴佛；河北正定隆兴寺大悲阁的观音像；北京十方普觉寺内的铜铸释迦牟尼卧像；北京雍和宫法轮殿内的五百罗汉塑像等。石窟是集雕塑、绘画为一体的佛教艺术集合体。由北到南广大地区的佛教石窟寺，不仅记录了中国佛教的发展历史，这些石窟里大量的壁画、雕塑以及其他文物还反映了中国古代的艺术与文化[169]。

佛教艺术包括文学、美术、音乐等，主要用于表现佛教信仰和宗教生活。古印度佛教文化随着佛教的发展取得了较高的艺术成就，随着佛教的传播而传向世界各地，并与当地文化相结合，成为它们民族文化的组成部分。

（1）文学艺术

数千卷印度佛典，如《维摩诘经》《法华经》《楞严经》等，本身就是瑰丽的文学作品，一向为文人所喜爱。如佛教典籍中的偈颂、赞、散文、故事、俗讲、变文、语录、传记、游记、文集等，均为优美的佛教文学作品。《维摩诘经》《百喻经》等，鼓舞了中国晋、唐小说的创作；俗讲、变文对后来的平话、小说、戏曲等中国通俗文学的形成有一定的影响；禅宗语录不仅为宋明理学家所仿效，也影响到后来的民间文学作品。中国的佛教文学大致可分赞颂文学、禅文学、倡导文学三类。赞颂文学包括：称赞佛德的赞歌、歌咏佛法甚深微妙的诗文、慧皎及道宣等所撰的《高僧传》、玄奘的《大唐西域记》及义净的《南海寄归内法传》、戒珠的《净土往生传》等书。禅文学：表现解脱悟道的心境者，如《临济录》（义玄）、《景德传灯录》（道原）、《无门关》（慧开）等。倡导文学：孕育自《大目干连冥间救母变文》，是以弘扬佛法为目的的通俗作品。佛教文学对民间文学艺术具有一定影响。中国小说的撰写曾受到大乘佛教的《佛所行赞》《法华经》《维摩诘经》《百喻经》《内杂譬喻经》《贤愚经》等经典形式文学的直接影响。

（2）美术艺术

美术艺术包括佛教绘画、雕刻、塑像等。中国佛教艺术，如新疆的克孜尔千佛洞壁画和敦煌莫高窟北齐曹仲达的佛画，创立了“曹家样”。

吴道子的佛画，人物奋袂，衣裙飞舞飘动，后人称为“吴带当风”。敦煌莫高窟等唐代壁画，是中国佛教美术的代表。在雕塑方面，北魏至隋唐，创造了规模巨大的石窟，以云冈、龙门的石刻为代表，具有鲜明的民族风格；敦煌与麦积山的唐代彩塑，更具中国特色。拉萨的布达拉宫，藏有大量佛画与金铜佛像以及刺绣与木刻的板画佛像，都带有西藏地方特色。青海塔尔寺以各色酥油制作的酥油花，更是一种特殊佛教美术作品。

（3）音乐艺术

音乐艺术有梵呗、佛曲等形式。梵呗主要用于讲经仪式、六时行道和道场忏法等，谓之“三启式”。隋唐前流行的梵呗有《如来呗》《云何呗》等。据说曹植为我国最早创作梵呗之人。曹植游鱼山（今山东阿县境），闻空中有一种梵响（岩谷水声），清扬哀婉，细听良久，深有所悟，乃摹其音节，根据《瑞应本起经》写为梵呗，撰文制音，传为后式。其所制梵呗凡有六章，即是后世所传《鱼山梵》（亦称《鱼山呗》，见《法苑珠林》）。曹植将音乐旋律与偈诗梵语的音韵与汉字发音的高低相配合，使得佛经在唱诵时天衣无缝，“贵在声文两得”。近世禅林流行的梵呗尚有“四大祝延”“八大赞”等，但已通称为唱念。佛曲，即将佛经配上乐谱进行讽咏。每唱佛曲，常配以笙笛。今只用点板，配以铛、铪等敲唱。在敦煌杂曲中还保留有一部分佛曲作品。

2. 佛教艺术旅游客体文化

（1）审美文化

佛教艺术旅游客体以不同形式给人以美的感受。例如壁画是通过绘在建筑物的墙壁或天花板上的图案展示。石窟佛教徒修行之地。石窟与佛塔一道，作为佛教的主要艺术形式产生于印度，呈现出一种独特的宗教审美世界[170]。例如敦煌艺术是历代画家们创意性的杰作。在壁画当中，没有完全相同的东西，即使是描绘同样经变内容的艺术作品，画家们也是根据自己的创造力和想象力创作出了完全不同的作品。莫高窟的艺术审美表现在建筑、塑像和壁画三者的有机结合上。窟形建制分为禅窟、殿堂窟、塔庙窟、穹隆顶窟、影窟等多种形制；彩塑分圆塑、浮塑、影塑、善业塑等[171]。敦煌佛教文化博大精深，敦煌石窟佛教尊像中，菩萨的容貌姿态是最优美、最丰富、最动人的，菩萨像展示了东方女性美的魅力，她的塑像被世人称为“东方维纳斯”，她的画像被世人称为“东方圣母”[172]。云冈石窟历史久远，规模宏大，内容丰富，雕刻精细，被誉为中国美术史上的奇迹。石窟群中，有神态各异、栩栩如生的各种人物形象，如佛、菩萨、弟子和护法诸天等；有风格古朴、形制多样的仿木构建筑物；有主题突出、刀法娴熟的佛传浮雕；有构图繁复、优美精致的装饰纹样；还有中国古代乐器雕刻如箜篌、排箫、筚篥和琵琶等，丰富多彩，琳琅满目[171]。麦积山周围风景秀丽，山峦上密布着翠柏苍松，野花茂草。攀上山顶，极目远望，四面全是郁郁葱葱的青山，只见千山万壑，重峦叠嶂，青松似海，云雾阵阵，远景近物交织在一起，构成了一幅美丽的图景，这图景被称为天水八景之首的“麦积烟雨”。在中国的著名石窟中，自然景色以麦积山为最佳[173]。

法海寺壁画所绘人物、禽兽、神怪和草木等，不仅形象真实美好，而且生意盎然，和谐明快，组成了一幅幅或清新明净、或庄严肃穆的佛国仙境画面。法海寺壁画所绘帝王气宇轩昂，神态威严，妇女则仪容丰满、美丽、温柔，至于天王、金刚和力士，不仅绘出了勇猛威武的神态，而且还充分表现了皈依释迦如来佛的无限诚心。壁画的人物服饰和装束华丽多彩，千姿百态：妇女梳各种样式发髻，戴各式首饰、璎珞、钏镯和花朵；男人穿戴不同式样冠帻、衣衫和盔甲，衣服上绘团凤、龟背、团鹤、宝相花、菊花和凤戏牡丹等图案，童子则梳发辫，活泼天真。佛龛背后绘的是观音、文殊和普贤三尊菩萨以及他们的眷属和坐骑。其中以中间的水月观音画得最为传神和出色。她宽肩袒胸，肩披轻纱、薄似蝉翼，胸饰璎珞，表情温和安详，屈左膝盘左而坐，形态庄重大方给人以清新明净、和蔼祥瑞、出世超凡之感。十八罗汉身后两幅壁画，以如来佛和飞天为主，衬以牡丹、月季、芭蕉和菩提等，加以祥云缭绕，显得庄重肃穆。这些壁画精美绝伦，给人以艺术的美感[174]。

（2）历史文化

佛教艺术旅游客体体现了特定历史时期人们的生活、生产等内容。例如壁画起源于原始人类在洞壁上刻画各种图形，以记事表情。从汉代开始，我国就已经有壁画。敦煌石窟现存壁画约5万余平方米，从十六国时期到蒙元时代，历千年而不衰。敦煌壁画描绘了不同时代、不同民族、不同阶层的各种事物，如劳动生产、风土人情、悲欢离合等，是古代中国历史真实而形象的记录[170]。例如莫高窟的壁画内容系统反映了十六国、北魏、西魏、北周、隋、唐、五代、宋、西夏、元等十多个朝代文化交流的各个方面。莫高窟唐时有窟千余洞，现存石窟492洞，其中魏窟32洞，隋窟110洞，唐窟247洞，五代窟36洞，宋窟45洞，元窟8洞[171]，成为人类稀有的文化宝藏。云冈石窟现存主要洞窟45个，大小窟龛252个，石雕造像51000余躯，最大者达17米，最小者仅几厘米。窟中菩萨、力士、飞天形象生动活泼，塔柱上的雕刻精致细腻，上承秦汉现实主义艺术的精华，下开隋唐浪漫主义色彩之先河。龙门石窟始开凿于北魏孝文帝迁都洛阳（公元494年）前后，迄今已有1500多年的历史。后来，历经东西魏、北齐、北周，到隋唐至宋等朝代又连续大规模营造达400余年之久[171]。

无论是壁画的题材选择、结构布局、人物造型、线描勾勒、赋彩设色等方面都系统地反映了各个时期的艺术风格及其传承演变[175]。莫高窟中北朝时期洞窟中主像一般是释迦牟尼或弥勒，主像两侧多为二胁侍菩萨或一佛、二弟子、二菩萨。塑像背部多与壁画相连。窟内顶部和四壁满绘壁画。顶及上部多为天宫伎乐，下部为夜叉或装饰花纹，中部壁画除千佛外，主要画佛传故事、本生故事和因缘故事。其中本生故事有割肉求鸽、舍身饲虎、九色鹿舍己救人等。隋唐为莫高窟全盛时期，隋代百窟样式由北朝的中央塔式改为中心佛坛，组像同前。唐出现一佛、二弟子、二天王或二力士的组合。塑像亦由早期的“瘦骨清秀”造型重返“丰硕壮实”之貌。石窟造像五代时已丧失生命力，宋代起步入衰退[171]。云冈石窟的造像气势宏伟，内容丰富多彩，堪称公元5世纪中国石刻艺术之冠，被誉为中国古代雕刻艺术的宝库。按照开凿的时间可分为早、中、晚三期，不同时期的石窟造像风格也各有特色。早期的“昙曜五窟”气势磅礴，具有浑厚、纯朴的西域情调。中期石窟则以精雕细琢、装饰华丽著称于世，显示出复杂多变、富丽堂皇的北魏时期艺术风格。晚期窟室规模虽小，但人物形象清瘦俊美，比例适中，是中国北方石窟艺术的榜样和“瘦骨清像”的源起。此外，石窟中留下的乐舞和百戏杂技雕刻，也是当时佛教思想流行的体现和北魏社会生活的反映[171]。

（3）源于生活

任何艺术都源于现实生活，任何艺术都有它的民族传统，因而它们的形式多出于共同的艺术语言和表现技巧，具有共同的民族风格。敦煌壁画中有神灵形象（佛、菩萨等）和俗人形象（供作人和故事画中的人物之分，这两类形象都来源于现实生活）但又各具不同性质。从造型上说，俗人形象富于生活气息，时代特点也表现得更鲜明；而神灵形象则变化较少，想象和夸张成分较多。从衣冠服饰上说，俗人多为中原汉装，神灵则多保持异国衣冠；晕染法也不一样，画俗人多采用中原晕染法，神灵则多为西域凹凸法。所有这些又都随着时代的不同而不断变化[175]。敦煌艺术在社会价值方面也有充分体现。首先，壁画中以描写人物为主，因此，其中有大量的服饰及纺织物的图形，不但历史风格各异，而且有许多少数民族和国外的服饰纹样。这充分体现了敦煌这颗古代丝绸之路上的重镇昔日的辉煌，这对我们现在研究古代服饰有着独特的价值。在敦煌壁画中，还表现了历代社会中的方方面面。如：古丝绸之路上的交通商贸，军事和体育方面的珍贵画面和史料，也是中国古代生活的写照、中国古代科技史的记录等。另外，敦煌也可以说是一座民俗史博物馆[173]。

石窟艺术许多形象来源于俗人形象，许多故事也取自于民间故事、寓言、神话等。如麦积山石窟艺术以其精美的泥塑艺术闻名中外。这里的雕像，大的高达15米多，小的仅20多厘米，体现了千余年来各个时代塑像的特点，系统地反映了中国泥塑艺术发展和演变过程。这里的泥塑大致可以分为突出墙面的高浮塑，完全离开墙面的圆塑，粘贴在墙面上的模制影塑和壁塑四类。其中数以千计的与真人大小相仿的圆塑，极富生活情趣，被视为珍品。麦积山的塑像有强烈的民族意识和世俗化的趋向。除早期作品外，从北魏塑像开始，差不多所有的佛像都是俯首下视的体态，都有和蔼可亲的面容，虽是天堂的神，却像世俗的人，成为人们美好愿望的化身。从塑像的体形和服饰看，均体现了中华民族的特点[171]。

宗教与日常生活间存在一种若即若离的弹性关系，一方面宗教要保持它一定的仪式性与神秘感，同时，又要在人们的思想和生活习俗上产生深远持久的影响。而人们倾向于将自己对于现实的追求和欲望带到自己的信仰中，他们和这种弹性空间结合，就衍生出众多附着在宗教仪式上的世俗文化。宗教在社会市民的日常生活中扮演了非常独特的角色，既与世俗保持距离又贴近世俗生活，世俗文化所引发的各种行为模式，丰富了宗教文化。

（4）宣扬佛法

佛教艺术旅游客体主要为佛教题材。例如壁画的题材包括佛经内容之经变、尊像、曼陀罗等。例如成都大圣寺的8000多间壁画里，佛、菩萨、罗汉、天王神将等题材数以万计。石窟艺术所反映的是建筑、雕刻、壁画的综合整体形象，三者都围绕石窟的主题——佛陀涅槃而进行艺术创作。雕刻和壁画所表现的内容都是讲佛陀诞生至涅槃的故事[170]。莫高窟洞窟的四周和窟顶，到处都画着佛像、飞天、伎乐、仙女等。绝大部分洞窟都保存有塑像，数量众多，有高达 33 米的坐像，也有十几厘米的小菩萨，堪称是一座大型雕塑馆。莫高窟壁画类别分为尊像画、经变画、故事画、佛教史迹画等，这些壁画内容包括各种神态各异的佛像，佛教经典的经变，释迦牟尼的生平事迹，释迦牟尼生前的各种善行，佛门弟子、善男信女和释迦牟尼度化众生的故事，史籍记载的佛教历史人物、历史事件等。这些壁画大力宣传佛经佛法，把抽象、深奥的佛教经典史迹，用通俗的、简洁的、形象的形式灌输给群众，感召他们，使之笃信朝拜。群众在游览莫高窟壁画的过程中，可以受到潜移默化的教育。而建筑画、山水画、供养画、动物画、装饰画等大多与经变画、故事画融为一体，起陪衬作用。有的是按照佛典中的山水，参照现实景物加上高超的想象力，描绘出“极乐世界”青山绿水、鸟语花香的美丽自然风光[172]。云冈石窟的 20 个重要洞窟中均为各种佛像，以雕塑的形式宣扬佛法。如佛本生故事浮雕、三世佛造像、弥勒佛造像，各大菩萨造像，这些雕塑通过其逼真的形象、精练的技法、繁杂的构图向人们宣扬佛教经典和佛法精髓。麦积山石窟以佛教为主，反映了三佛、七佛、西方净土等内容，从壁画和雕刻石碑中反映佛本生和佛传故事是佛教文学的一种重要形式，如睒子本生、萨陲那太子舍身饲虎、涅槃等。通过对佛、菩萨、飞天等形象的塑作，反映了佛教对现实世界的精神启迪[176]。

龙门石窟万佛洞因洞内南北两侧雕有整齐排列的 15000 尊小佛而得名。洞窟主佛为阿弥陀佛，端坐于双层莲花座上，面相丰满圆润，两肩宽厚。主佛施“无畏印”，表示在天地之间无所畏惧，唯我独尊。主佛端坐在莲花宝座上，在束腰部位雕刻了四位金刚力士，那奋力向上的雄姿与主佛的沉稳形成了鲜明的对比，也更加衬托出主佛的安详。主佛背后还有 52 朵莲花，每朵莲花上都端坐有一位供养菩萨，她们或坐或侧，或手持莲花，或窃窃私语，神情各异，像是不同少女的群体像。52 代表着菩萨从开始修行到最后成佛的阶位，即十信、十住、十行、十回向、十地、等觉、妙觉。在洞内南北两壁整齐地刻有15000尊小佛像，每尊只有4厘米高。在南北两壁的壁基上各刻有6位伎乐人，舞伎在悠扬的乐曲声中翩翩起舞，体态轻盈，婀娜多姿。整个洞窟金碧辉煌，向人们展现了西方极乐世界的理想国土，烘托出一种热烈欢快、万众成佛的气氛[177]。龙门石窟擂鼓台中洞是一座武周禅宗窟，中国佛教的禅宗是以专修禅定为主的教派。擂鼓台中洞洞顶作穹隆形，并有装饰华丽的莲花藻井，造像是一佛二菩萨，主佛为双膝下垂而坐的弥勒佛，壁基有25尊高浮雕罗汉群像，从南壁西起到北壁西止。罗汉群像构成一个半环形装饰带，每位罗汉身旁都刻有一段从《付法藏因缘传》里摘录的经文介绍该罗汉的身世及特点。所刊经文中多杂以武周新字，这是武周时期禅宗所经营的洞窟。擂鼓台北洞是龙门石窟中开凿较早、规模最大的密宗造像石窟，密宗属于中国佛教的派别之一，龙门石窟体现了密宗在中国的弘扬[177]。

（5）外来文化

敦煌壁画一开始就不同程度地具有中国气派和民族风格，形成自成体系的中国式佛教艺术。在这方面，古代画家们立下了丰功伟绩。值得称道的是，在继承和发扬民族艺术传统的基础上，借鉴外来艺术时他们那种宏伟的气魄和抉择精严的态度。敦煌壁画直接受到龟兹壁画的内容、形式和表现手法的影响，而龟兹壁画又直接传自于印度和阿富汗。印度、阿富汗的佛教艺术里则早已吸收了西方艺术的营养。印度民族能歌善舞，因此壁画中的人物，特别是菩萨，比例适度，解剖合理，姿态优美，手势纤巧，真实地表现了人体美。这种写实手法，为敦煌画家所接受，大大地加强了壁画人物解剖的合理性，弥补了汉晋绘画之不足，促成了新的民族风格的成长。而且西域佛教壁画中的人物，均以朱红通身晕染，低处深而暗，高处浅而明，鼻梁涂以白粉，以尔隆起和明亮。这种传白印度的凹凸法，到了西域为之一变，出现了一面受光的晕染；到了敦煌又有所改进，并使之与民族传统的晕染相融合，逐步地创造了既表现人物面部色泽，又富有立体感的新的晕染法，至唐而达到极盛[175]。

此外，云冈石窟群佛，在绵延1000米的石雕群中，雕像大至十几米，小至几厘米，巨石横亘，石雕满目，蔚为大观。他们的形态，神采动人。有的居中正坐，栩栩如生，或击鼓或敲钟，或手捧短笛或载歌载舞，或怀抱琵琶，面向游人。这些佛像、飞天、供养人面目、身上、衣纹上，都留有古代劳动人民的智慧与艰辛。这些佛像与乐伎刻像，还明显地流露着波斯色彩。这是中国古代人民与其他国家友好往来的历史见证。云冈石窟，是在中国传统雕刻艺术的基础上，吸取和融合印度犍陀罗艺术及波斯艺术的精华所进行的创造性劳动的结晶。云冈石窟形象地记录了印度及中亚佛教艺术向中国佛教艺术发展的历史轨迹，反映出佛教造像在中国逐渐世俗化、民族化的过程。多种佛教艺术造像风格在云冈石窟实现了前所未有的融会贯通，由此而形成的“云冈模式”成为中国佛教艺术发展的转折点[171]。

## 二、道教艺术旅游客体文化

### 1. 道教艺术旅游客体

道教艺术就是以宣传道教教义、神仙长生思想以及反映其宗教生活为题材的内容的各种形式的文学艺术作品。文学艺术可以扩大道教的社会影响，进而提高道教的宗教素质。道教壁画主要内容也是体现道教的思想文化。道教壁画内容方面多展现八仙故事的人物画，表现阴阳八卦中的自然现象的壁画，展示道教守护神四灵的动物画，还有象征吉祥如意的动物、植物画等。道教艺术旅游客体代表为山西永乐宫壁画等。道教塑像也很多，如玉皇大帝、王母娘娘、道教尊神、八仙等。道教塑像珍品有山西晋城玉皇庙塑像、武当山金殿内的真武帝君像、真仙殿内的张三丰像、青城山天师洞的张天师塑像等。

（1）音乐艺术

道教音乐，是一种非常古老的汉族宗教音乐。道教音乐是道教仪式中不可缺少的内容，它具有烘托、渲染宗教气氛，增强信仰者对神仙世界的向往和对神仙的崇敬。道教音乐吸取了中国古代宫廷音乐和汉族民间音乐的精华，渗入道教信仰的特色，形成道教音乐的独特艺术风格，也是汉族传统音乐的重要组成部分。道教音乐名曲有：蓬莱仙韵净天地神咒、南清宫、玉皇赞、二郎曲、太上老君说、常清静经、三清胜境、仙家乐、白鹤飞、鸿雁赞、迎仙客等。

（2）美术艺术

以宣传道教教义与神仙思想为主要内容的造型艺术，包括日常供奉和用于斋醮等祈禳祭祀活动的神仙画像或雕塑的神像、故事画、水陆画，以及宫观的藻饰与法器上的花纹图案、浮雕等。唐代吴道子道释画兼擅。画家张素卿本人就是道士，乾符中居四川青城山常道观，史载曾画有《老子过流沙图》《五岳朝真图》《九皇图》《五星图》《老人星图》《二十四化真人像》《太无先生像》等。

（3）文学艺术

道教文学是以宣传道教教义、神仙出世思想以及反映其宗教生活为内容的各种文学作品。此类作品既见于《道藏》内，又见于《道藏》外。其作者既有道士，又有文人。从总体上看，道教文学可分为道教散文、道教小说、道教诗词、道教戏剧四大类。散文《道藏》5000多卷经书大半属于道教散文。另外，在其他许多中国古代丛书，诸如《四库全书》子部道家类、《四部丛刊》、《四部备要》中，均收有不同数量的道教散文作品。按体裁分，道教散文主要包括议论散文、叙事散文、赋体散文三种。

道教议论散文是阐述道教教理的一种文学体裁。这种散文或以神仙人物问答的方式来表达道教关于自然、社会、人生的看法，或以描述为基本特色描述道人自己的修道感想以及见闻。道教小说是道教信仰与小说形式的结合，也是道教情感的一种艺术表达。内容既有直接以道教生活为题材、以神仙思想为宗旨的作品，又有将神仙思想、道教情感融贯于世俗生活题材之中的作品。有的是以神仙故事、道人事迹为基本内容的，有的以地域方位为基本框架，叙述奇闻逸事，有的杂记天上星宿神明、卜筮占候、仙凡婚配故事、梦故事，内容驳杂，形式不拘一格。一般而言，其用语比较质朴，篇幅也不很长。其中贯穿着道教的人生观，或者暗示道教法术的力量。道教诗词是反映道教生活、表现神仙理想或借助道教神仙意向来抒写超凡脱俗情感的诗歌作品。道教词是以道教神仙理想立意、表现道人精神境界的一种文学样式。道教戏剧借助历史传说、情爱故事以创作娱人的戏曲之外，也撷取有关道教神仙传说，加以改造发挥，创作反映道教活动、表现神仙思想的戏剧作品；或者把道教的传说、典故同其他题材糅合起来，从而寓教于情节之中，使作品增添浪漫色彩。

2. 道教艺术旅游客体文化

（1）弘扬道义

道教的最高境界称为“三清”，即玉清、上清、太清。三清各为一级洞天，各有天尊主持。在我国古代道学思想中，认为小乘修炼是做人的根本，一个庞大的人类社会，需要有一种能够制约人行为的规范，以此来区别美丑善恶，这就是我们常说的道德。几千年来约束人们行为最有力的规范就是道德，因此，道家把涵养道德作为最高级的修身境界。道家认为一个人只有道德高尚，才有资格去接触中、高级的修炼内容。道德高尚的人经过刻苦修行，启动灵感之后方能获得宝贵的修真秘诀，并沿着正确的修身道路可以达到返璞归真的境界。所以道家通常在三清殿的正殿供奉元始天尊、灵宝天尊、道德天尊三清真神[178]。如永乐宫壁画为道教宣传画，目的在于揭示道教教义和感召人心。苏州玄妙观的大量文物也蕴含着深刻的道教文化内涵。成都青羊宫三清殿内供奉的是道教最高极尊之神三清，即玉清元始天尊、上清灵宝天尊、太清道德天尊（又称太上老君、太上道祖）。大殿两边还塑有十二金仙，分别是：广成子、赤精子、黄龙真人、惧留孙、太乙真人、燃灯真人、文殊广法天尊、普贤真人、慈航道人、玉鼎真人、道行天尊、清虚道德真君。坐落在三清殿与混元殿之间的八卦亭，突出地体现了道教教义特征，是一座标志性的建筑物。八卦亭布局紧凑，精巧大方，整体建筑共三层，建于重台之上，亭座石台基呈四方形，亭身呈圆形，象征古代天圆地方之说；南向正门是十二属相太极图的浮雕，造型古朴典雅。而且青羊宫内保藏有清代光绪三十二年（1906年）所刻《道藏辑要》经版，共13000余块，皆以梨木雕成，每块双面雕刻，版面清楚，字迹工整，是中国道教典籍保存最完整的存板，是极为珍贵的道教历史文物[179]。

道教不仅把神像当作崇拜的对象，而且把造像的过程与其信仰结合在一起，从而使造像成为一种表达对神仙信仰的形式。道教信仰者们把我国传统的美术、造型艺术成就都用来为塑造道教神像服务，塑造了无数精美而生动的神像。道教神像或慈祥宽厚，或相貌威严，或狰狞可怖，不一而足，但皆于神奇玄妙、威严肃穆中渗透着一种尘世生活气息，使人感到平易近人，体现了道教出世又入世的精神。道教的造像艺术不仅要明道，还要明德；不仅要反映神像的神性，也要反映道教的信仰宗旨；不仅要表现其作为神的尊严，还要表现其所具有的道德、内在美和它的神通，故道教的造像是道教信仰具体化和人格化的体现。道教正是通过对神像塑造，使神仙的艺术形象与信仰者之间形成一种感情上的交流，通过这种移情于信仰者而强化其对道教信仰的虔诚程度。此外，道教的绘画、书法、壁画、建筑彩绘、音乐等也都直接或间接地以宣扬道教教义、弘扬教化功绩为主[180]。道教绘画运用中国传统的绘画手法，力图体现道教的教义思想。以“画以立意”为宗旨，采用“以形写神”和“以神写形”的方法，而且体现了道教对绘制神像的种种要求。道教文学的主旨也是宣传道教教义、神仙出世思想以及宗教生活等内容。道教音乐则是通过烘托、渲染宗教气氛，增强信仰者对神仙世界的向往和对神仙的崇敬。

（2）世俗文化

道教思想对我国艺术的启发是多层面的，其返璞归真、清静无为、崇隆忠孝、重生恶死、柔弱不争、素朴自然的生命伦理价值理想和审美情趣，对各代的艺术家及艺术创作都产生了深远的影响。道教丰富的思想和题材启开了艺术家们的思路，带给他们神奇绚丽的审美情趣。道教绘画、舞蹈、诗歌、书法、音乐、雕塑、建筑等艺术都有很高的造诣，为世人所瞩目，是中国传统文化中的瑰宝。道教广泛吸收和运用各种艺术，使道教教义和道德伦理理想审美化、形象化，通过民众喜闻乐见的各种艺术符号形式，向人们行不言之教，潜移默化地熏陶着民众的心灵，激发人们对高尚审美的追求，使道教的自然无为、神仙长生、行善积德、利济世人、因果报应等观念在社会上深入人心，增强教徒和民众的宗教感情，广泛地传播和发展了道教的教义和伦理思想，扩大了道教在社会各阶层的影响[180]。道教通过艺术手段影响着世俗文化，同样也受着世俗文化的影响。

著名的永乐宫重阳殿，是为供奉道教全真派首领王重阳及其弟子“七真人”的殿宇。殿内采用连环画形式描述了王重阳从降生到得道度化“七真人”成道的故事。重阳殿内的连环画，虽是叙述王重阳的故事，但却妙趣横生地展示了封建社会中人们的活动。这些画面，几乎是一幅幅活生生社会生活的缩影。平民百姓的梳洗、打扮、吃茶、煮饭、种田、打鱼、砍柴、教书、采药、闲谈；王公贵族、达官贵人的宫中朝拜，君臣答理，开道鸣锣；道士设坛、念经等各式各样的动态跃然壁上。画中，流离失所的饥民，郁郁寡欢的厨夫、茶役、乐手，朴实善良而勤劳的农民与大腹便便的宫廷贵族、帝王将相形成了非常鲜明的对照。纯阳殿东、北、西三壁以 52 幅画组成一部《纯阳帝君神游显化之图》，以连环组画的形式来表现传说的吕洞宾一生的事迹。从总体看，全画是一个完整的青绿山水通景，描绘了吕洞宾从降生到得道的种种神灵事迹，大多为荒诞无稽的传说故事。从局部看，则是各自独立表现一定具体情节的画面。画中有宫廷、殿宇、庐舍、茶肆、酒楼、村塾、医馆、舟车、田野、山川以及形形色色的人物。而且不少的画幅富有浓厚的生活气息，描绘了宋元时代的社会风貌，如生活习俗，建筑形态，农夫、乞丐等各色人物，画得真实具体，成为了解宋元社会的形象材料，从而使宗教画在一定程度上起到了曲折地反映现实的作用，这在道教壁画上是具有创造性的构想[181]。

此外，道教音乐也体现了世俗文化。它主要用于颂赞神仙、祈福禳灾、超度亡灵和修持养炼。它的美学思想反映了道教的追求长生久视和清静无为，曲调庄严肃穆而清幽恬静。通过音乐的烘托、渲染，道教的斋醮仪式更显得庄严、肃穆、神圣和神秘。道教音乐保留了中国古代音乐文化的特色。道教音乐自形成伊始，便一直受到皇室官府的扶植和荫护，并受宫观组织和清规戒律之制约，很少受社会动乱冲击，得以自成一体而持续发展至今。道教音乐与汉民族传统音乐的关系十分密切，大量地吸取和糅合了宫廷音乐和民间音乐的曲调和演奏方法，在民间，道乐与各地的地方曲调广泛地融合，形成了各地不同的道乐风格。道教音乐具有多样化、地区化和世俗化的特点[180]。

（3）民间传说

道教的绘画艺术直接或间接地反映了特定历史时期民众的道教信仰和审美观念，而绘画艺术的发展过程中也离不开道教思想的影响与推动。中国传统绘画中神灵、仙女、仙境等艺术形象深受道教思想的影响。秦汉间神仙思想盛行，在藻饰宫殿、陵墓的美术作品以及帛画中，常有关于神仙、祥异等内容。以道教故事、神仙思想为题材的道画，历久不衰，画家辈出。画圣吴道子主要的绘画题材以钟馗和道教神像居多，其作品《明皇受箓》《十指钟馗》就是道教绘画。山西永乐宫道教壁画是集唐宋道画传统的中国美术史上的杰作，其艺术价值之高，令人叹为观止。道教的神仙绘画以神仙的形象作为一种直观的信仰传播和社会教化手段，对人们的心灵进行信仰渗透，在社会生活中产生信仰化、风俗化的影响[180]。

崂山太清宫三官殿内供奉的是天官、地官、水官，实际上是中国古代最有影响的三位部落领袖尧、舜、禹。相传尧时敬天爱民，上有天相，以风调雨顺而被后人尊为天官；舜时民风高尚，地不生灾，故被尊为地官，后人常说的“尧天舜日”，可说是一种追忆；大禹继承父志，因势利导，治理了空前的洪水灾害，故被尊为水官。从这里可以看到道家在汉代以前供奉的神是对中华民族的发展有过贡献的历史人物。在三官殿的正殿两侧，分别供有“雷神”和“真武”二神。在道教中雷神和雷公不是一回事，这里的雷神主要是惩罚恶人和对做坏事者采取相应惩处措施的神，是正义之神。真武就是玄武，是四方神之一。崂山太清宫三皇殿中供奉的是“天皇”“地皇”“人皇”三位神仙。他们传说是中华民族远古时期的氏族领袖伏羲、神农、轩辕[178]。

又如泰山奶奶的传说。道教视泰山为神仙所居之洞府和道士理想的修行地，称其为三十六洞天之第二洞天。道教认为泰山神和泰山奶奶是泰山最重要的神。供在碧霞祠的碧霞元君，成为信徒心目中最灵验的女神，他们认为只要“积德行善，心地真诚，跟她求啥，她都会答应”。来泰山的游客，都以朝拜泰山奶奶为首要目的。此外，一些明清时期的长篇章回体小说，其中也有一批作品是以道教生活为题材、以道教思想为宗旨的作品。如《封神演义》《韩湘子全传》《吕仙飞剑记》等。这类道教小说或把历史故事和神仙故事融汇在一起；或将民间流行的神仙故事进一步加工；或在作品的字里行间渗透着道教修炼成仙的义理。章回体道教小说在宣传道教教理方面具有特殊作用。作者在熟读道教经籍的情况下，改编、重组或创造神仙故事，寓理于形象之中，使道教思想的宣传进一步通俗化，易为民间所接受[182]。

道教渗透到传统文化的很多领域，甚至积淀成为民族心理的集体潜意识。生活在这种背景下的戏剧作家或多或少、或自觉或不自觉地都会受到道教思想影响，他们在创作过程中也会自觉或不自觉地把这种思想影响带进作品之中，尤其是宋元以来道教兴盛发展阶段更是如此。不必说那些以道教活动为题材的作品，就是那些描写才子佳人婚恋生活、侠客武士游方故事、公案故事之类的作品往往也掺杂许多道教思想内容，因此道教对戏剧的影响不容忽视。元代以来为数不少的文人积极投身于戏剧的创作之中，他们除了借助历史传说、情爱故事以创作娱人的戏曲之外，撷取有关道教神仙传说，加以改造发挥，创作反映道教活动、表现神仙思想的戏剧作品；或者把道教的传说、典故同其他题材糅合起来，寓宗教于情节之中，使作品增添浪漫色彩[180]。

（4）象征文化

道教艺术的符号象征是中国传统象征哲学的结晶，更是道门玄想实践的产物。《易经》八卦便有符号象征的功能。道教在修炼实践活动中借鉴了《易经》的卦象思维，通过宗教的存想修持，不断丰富原有的神仙胜境，形成了多彩多姿的神仙传说，它们成为文人艺术家创作的活水源头。当文人艺术家以重复变奏的方式使神仙符号在不同场合再现时，象征意义就不断生成。不管是对自然物的肖似模拟或变形处理，象征物本身便打上了人的精神烙印。象征不是独立性存在，它以符号的形式出现，沟通“能指”与“所指”，用符号暗示有别于自身的意义。从符号象征的视角来审视道教艺术便会发现，即使是那些以道教历史故事为主要根据进行创作的艺术作品，也往往是夸张和变形的，具有符号象征的意义。这些象征可以是具象型象征，或是抽象型象征。

在道教的洞天福地，人们几乎到处都可以看到黑白双鱼合抱的太极图，它已成为道教的基本标志。太极图看起来很简单，但却蕴含着道教宇宙观的全体，也是道教艺术审美观的融缩。清人胡渭《易图明辨》卷三引明人赵仲全《道学正宗》云："古太极图，阳生于东而盛于南，阴生于西而盛于北；阳中有阴，阴中有阳，而两仪、而四象、而八卦，皆自然而然者也。"太极图中，阴阳之间存在着奥妙的关系，阳进一分则阴退一分，阴进一分则阳退一分，阴阳相推互转，两者配合，体现了自然的和谐。太极图是道教的宇宙生成发展模式、养生的总法象，也是道教艺术的审美指归。绘画上的黑白构图、音乐演唱的步虚九宫旋绕步法都离不开这个"太极"。老子《道德经》说："万物负阴而抱阳，冲气以为和。"太极运化，阴阳两分，构成天地之大美，表现了太极阴阳的和谐。

此外老子的画像也蕴含着象征意义。老子脚下的"八卦"便是变化的总根源，八卦出于太极，太极涵阴阳，阴阳相感而八卦生。八卦会于中而成九宫，九宫之数以一、三、五、七、九为框架，所谓老子"真形"在整体上是"太极"，在数为一。一生二，二生三，所以老子额有"三理"。"三生万物"，万物各具木火土金水五行，故老子"秀眉长五寸"；五行各有阴阳，阴阳运化，天生地成，故《易》数变，一变而为七，老子"耳长七寸"，七变而为九，故老子身长九尺。由此看出，描绘老子真形的那些数字是别有一番用意的，一、三、五、七、九也是符号象征，暗示了宇宙间天地万物的演化系列。由于代表宇宙演化的"九宫"数蕴含着化生妙理，老子身形也就有了多种变体[183]。

具象符号和自然符号也经常用作道教象征。如成都青羊宫三清殿内共有36根大柱，其中木柱8根，代表着道教的八大天王；石柱28根，代表天上廿八星宿，即角、亢、氐、房、心、尾、箕、斗、牛、女、虚、危、室、壁、奎、娄、胃、昴、毕、觜、参、井、鬼、柳、星、张、翼、轸。三清殿前有两只铜铸青羊，它们是青羊宫的镇馆之宝，左侧为单角青羊，右侧为双角青羊。单角青羊包含了十二生肖的特征，有鼠耳、牛身、虎爪、兔背、龙角、蛇尾、马嘴、羊胡、猴头、鸡眼、狗肚、猪臀[179]。青岛太清宫三官殿内真武与雷神相对，一位象征着至刚，一位象征着至柔，正应了道家哲学中“阴阳相生，刚柔并济”的辩证思想。这种哲学思想不仅是道士修身处世的基本思想，而且也是练武功、修内功的主旨，对养生、内外功修炼都有一定的指导意义[178]。

## 第二节　宗教活动旅游客体文化

宗教活动，是指宗教按照自己的教义、教规、礼仪、宗教文化、宗教习俗在特定的场所、空间和时间内所进行的各种生活性、学习性、礼仪性、文化性、祭祀性、庆典性、公益性等活动。由于宗教活动自身的特殊性，对普通大众来说就具有一定的旅游心理需求。所以，宗教活动旅游客体也就成了宗教旅游资源的重要组成部分。宗教活动旅游客体就是指在现实条件下，能够吸引人们产生旅游动机并进行旅游活动的各种有一定内涵和特色的宗教活动过程、宗教活动事象、宗教活动景观[15]178。宗教活动旅游客体能为旅游者提供观赏、知识、心理、信仰、猎奇、考察、研究等功能及需求。

### 一、佛教活动旅游客体文化

1. 佛教活动旅游客体

（1）日常活动

早课：由住持和维那主持，在太阳出山前进行。全寺僧侣集中于特定地点上香、上供、拜佛、诵经。诵经时，众僧在主念僧的带领下，分列两旁双手合十，眼睛下垂，似进“入定”。整个过程仪态恭敬、严谨、肃穆。

晚课：在太阳落山前后进行。仍以诵经为主，住持或维那主持，所诵经文与早课有所不同，课将毕时，僧人依次排列，绕殿而行，边行边诵，调若自唱。

戒诵：每月举行两次，一般选择于十五和月终，由住持主持，已受戒的僧人均需参加。戒诵通常在戒堂举行，戒诵内容主要是讲授戒律、检查戒行、犯戒者忏悔。

僧众斋会：僧众斋会主要是供佛、吃斋，各种寺庙按斋期进行。多数由斋主施钱供斋，由寺庙主持举行。

（2）专门活动

讲经说法：主要弘扬教义、传授佛法、研讨经文。讲经者需要有较深的资历和造诣，多由法师设坛开讲。主讲者可由本寺僧人担任，亦可由外来僧人担任。讲经地址视听众而定，而且有固定的讲经仪规。

传戒受戒：传戒是设立法坛，为出家的僧尼和在家教徒传授戒法的宗教仪式，也称开戒和放戒，求戒者则称受戒。志愿出家的僧尼，只有经过传戒师依照传统仪式受戒后，方能成为正式僧尼。

念谱佛：念谱佛是应施主之请，由僧尼举办的佛教仪式，主要内容是焚香念经，旨在超度人生。为生人念谱佛，则于上午念延寿谱佛。为去世之人举行的佛事，则于下午念往生谱佛，以求超度其去极乐世界。

放焰口：焰口是佛教传说中的一种饿鬼。放焰口是救拔焰口饿鬼，超度亡人，使生人延寿益福的一种佛事仪式。一般由维那主持，在晚上进行，一边念咒，一边施食。放焰口可以寺院自办，也可应施主之请而举行。

水陆大法会：水陆大法会也叫水陆道场、水陆斋。此法会以供饮食为主，为超度一切水陆亡魂而设，须将饮食撒在陆地与河流湖泊中。水陆大法会进行的时间长短不一，参加法事的僧人人数不等，凡佛教各种法事，无不包括在内。

无遮法会：无遮法会是佛教布施僧俗的大斋会，所谓无遮，指不分贵贱、僧俗、智愚、善恶，无遮而平等地予以布施。

消灾祈福：佛寺为现世之人举行的佛事，以求消灾免难。在法会中，净除过去一年久在红尘里的不如意。乘诸佛菩萨的加持力，祈福纳吉，开运赐福。

放生：汉地佛教提倡放生，许多大寺修建有放生池，并选择时日，救护即将遭到宰杀的生灵，为其皈依三宝，并放归自然，进行放生。

闭关：闭关活动时间长短不限，僧尼独居一处，静修佛法，不与任何人交往，以求通过闭关使自己在修行上有所突破，提升修行层次，满一定期限才可外出。

开光：开光是指佛像、神像塑成后，择吉日举行仪式，为殿堂或佛像等开光。经过开光后，佛像便不是原来的木雕石雕，而是具有宗教意义上的神圣性，受到佛教徒的顶礼膜拜。

（3）节日活动

佛诞节：佛诞节也称浴佛节，农历四月初八，是释迦牟尼出生日。这一天，寺院要举行盛大的庆祝活动，要给释迦牟尼佛像沐浴。沐浴开始前，寺院住持率领全寺僧众礼赞诵经，持香跪拜。浴佛后，其水便成了吉祥水，僧人们用双手指蘸水，点浴自己，表示洗心革面，消灾除难。僧人也要用浴佛净水为信众点浴。佛诞节的节日高潮是行像，即用装饰华丽的车子载着佛像在街道上巡行。行像时还伴有庙堂音乐、各式灯火和佛事舞蹈等活动。

成道节：成道节也叫佛成道节，农历十二月初八，是释迦牟尼佛悟道成佛的日子。释迦牟尼在菩提树下禅思悟道，从此人间有了佛教，逐渐形成民俗中的腊八节。这一天，寺院内烧香拜佛，举行盛大的佛教仪式活动，佛教徒以百种果子煮粥供佛以示庆典。僧众们供完佛祖、诵过经以后，都要美美地吃上一顿腊八粥，或施给信徒、游人及穷人。

灯节：灯节是佛教徒欢庆释迦牟尼降魔的节日。主要以各种灯、烛敬佛。灯舞龙蛇，烛花百里，通宵达旦，气势宏大。

涅槃节：涅槃节是纪念释迦牟尼佛逝世的节日，农历二月十五日。“涅槃”是佛教的最高境界。涅槃节这一天，寺庙举行涅槃法会，人们聚集法会，面对释迦牟尼佛圣像，诵经并作各种供奉，向佛像供奉香、花、果、清水等各种吉祥物品。

盂兰盆节：盂兰盆节于农历七月十五举行，是佛教徒追荐和超度历代宗亲的佛事仪式。借着供佛斋僧的功德，以百味果粥供养十方僧，令七世父母及现生父母在苦厄中得以解脱，来报答七世父母恩德的佛事法会。

2. 佛教活动旅游客体文化

（1）诵经礼佛

无论是佛教日常活动、专门活动，还是节庆活动，都是赋予了一定主题及内容的仪式，其仪式的核心都是弘扬佛法，供奉佛祖，向人们传达佛教的教义教理。如日常性佛事活动主要是课诵经文，主要诵读楞严咒、大悲咒、十小咒、般若波罗蜜多心经、阿弥陀经、往生咒、礼佛忏悔文，等等。专门性佛事活动是根据需要而不定期举办的，如造塔建寺、雕塑佛像、译经写经、刻经印经、讲经听经、传戒受戒，以及念谱佛，还有各种法会，都有念经诵经的活动，只有念经诵经活动完成，这些佛事活动才能圆满。同样，节庆性佛事活动也都要礼赞诵经，供奉佛像，然后才能进行相关的庆祝性活动。史载后汉灵帝于洛阳佛塔寺饭诸沙门，烧香，散花燃灯，讨论佛义、讲经等。佛事活动中还要以百种物供养佛祖、菩萨、以五香水浴佛等[184]。南朝梁武帝中大通五年（533 年），于同泰寺设无遮大会，皇帝亲自讲金字般若经。梁武帝也热心于佛教教理的研究，著作有《涅槃经》《大品经》《净名经》《三慧经》等义疏百卷，其佛学造诣深厚，有以见之。乾隆皇帝对佛教最大的贡献是刻经及翻译事业的发展。皇帝参加讲经活动，甚至躬身讲经，以及对经文的刻印、翻译、以佛法治国等活动促进了佛法在中国的传播，客观上也同时促进了我国思想文化的多元化发展。由此看出，上至帝王，下至百姓，都将诵经礼佛看作是佛事活动的重要环节、弘扬佛法的主要方式。通过诵经礼佛，弘扬佛法，使信众能够领悟佛教的教义、佛理。

（2）修养佛性

多数的佛事活动都是僧尼的自身修行，通过这些佛事活动达到更高层次的修行领悟。如早课、晚课、戒诵、传戒受戒、讲经说法、闭关等活动，都是僧尼通过不断学习、静修，深层次领悟佛法经典，不断发现自身的不足，进一步忏悔改正，使自己在修行上有所突破，提升修行层次，最终成为一个拥有无上能力与无上智慧圆满境地的人，也让所有的人、生命，都拥有无上能力与无上智慧圆满境地。特别是佛诞节、成道节、涅槃节等节日，僧众更是诵经礼佛，警醒自己，忏悔己过，洗心革面，悟思善行，希望能够达到佛祖那样的修行。如成道节有佛教徒以百种果子煮粥供佛以示庆典，进行施粥的活动，粥有十利：一资色、二增力、三益寿、四安乐、五辞清、六辩说、七消宿食、八除风、九除饥、十消渴。在成道节这一天，施粥于人能长养别人的佛性，于己则能长养自己的佛性。释迦牟尼佛诞生人间，倡导众生平等，揭示了人人都有佛性、人人都能成佛之谛理。因此纪念佛诞节，浴佛也浴己。这一天以各种香料浸水洗浴佛像，以各种香、花供奉佛像，斋戒布施，焚香思过以净心，从而修养佛性。

（3）消灾祈福

佛教的基本教义为四谛说、八正道和十二因缘。四谛包括苦谛、集谛、灭谛和道谛。苦谛是把社会人生的一切判定为苦，集谛是讲造成痛苦的原因，灭谛就是要人们消灭造成痛苦的原因，道谛是向佛教徒指明解脱的途径，可概括为八正道。十二因缘，说明宇宙人生的现象，说明三世因果的循环，也说明了如何使此因果循环的现象消失。佛陀即以此因缘与因果，宣说了集谛和灭谛。为了灭苦的方法，采用了八正道的修行方法。可以说佛陀降生这个世界，完全是为了“示教利喜”，为了教化众生，为了给予众生利益，以利他为本怀，表现在佛事活动中则是为了众生消灾祈福。如念谱佛、放焰口、水陆法会、送往生等活动则是用各种各样的形式，为去世之人举行的佛事，以求超度其投生善道或往生净土，超度亡魂，亡魂得以超升，以使现世之人消灾免难。而消灾祈福、放生等活动更加明确了其活动宗旨，放生是从戒杀而衍生的，也可以说，戒杀的进一步必定是放生。戒杀仅是止恶，是消极的善行，放生救生才是积极的善行。历代朝廷为了表示推行仁政，年有数日也定期禁屠；而从中央以至地方，或者为了祈雨禳灾，也都有放生禁屠之举。这些活动都是乘诸佛菩萨的加持力，祈福纳吉，开运赐福，放行生灵，净除灾难，为现世人消灾祈福。而佛教节日中的施食、以吉祥物品供佛，更体现了人们消灾避难、增福延寿、祈求美好生活的愿望。

（4）孝道文化

佛教的经典是教人不但要孝敬自己的父母，更要孝敬天下人的父母，视一切众生如己出，如自己的兄弟姊妹。真正的佛法是“至孝”。出了家，为了解救自己和别人的痛苦，应该赶紧用功，修道成道，使亲生的父母眷属得到好处，并且利及七世的父母亲友，更扩而大之，行菩萨道，救济法界一切众生。佛教中阐扬孝道的几部经典主要有《父母恩难报经》《无量寿经》《观无量寿经》《地藏菩萨本愿经》以及《盂兰盆经》等，南怀瑾教授也曾就佛教的孝道思想进行解读。这些经典主要通过感化不孝子孙、教育子女孝顺、解救父母之苦等一些经典的佛教故事向众生讲述孝道思想。佛事活动在孝道表达方面为众生提供了很好的平台，众生在这些佛事活动中可以烧香拜佛为父母祈求健康长寿、保佑亲人平安无事，特别是盂兰盆节，众生可以通过放河灯、供佛祖等形式报答父母的恩德。

## 二、道教活动旅游客体文化

### 1. 道教活动旅游客体

（1）道教活动

玄门日课：指道士们在宫观内的诵经活动，每天早晚各一次。道士们每天五更起床，洒扫庭院殿堂，整齐冠服，拈香行礼，念诵经文。诵经形式很多，通过诵经最终达到上消天灾，保镇帝王；下禳毒害，以度兆民。

斋醮：指道教设坛祭祷的一种仪式，也称“道场”“法事”。斋，指斋戒沐浴；醮，指祭礼仪式。道教常用的斋醮科仪有很多，形式隆重，场面壮观，有歌舞声乐，精美诗章。常用的斋醮科仪大概有早晚坛功课科仪、祝寿科仪、庆贺科仪、接驾科仪，等等。

存想：要求道士们闭合双眼或微闭，存想内观某一事物或神真的形貌、活动状态等，以期达到集中思想，去除杂念，进入人神交接境界。存想的对象十分广泛，多为师徒秘密传授。

进表：指道士将表文上奏天庭的仪式，也称“上表”。程式包括启坛、请圣、拜表。其用法因神位高低而定。最后将表文焚化，以期送达天庭，祭告上苍，众圣光临坛场，赐福延龄，先灵受度。

炼度：用符法度化鬼神，使得超度。炼指用真水和真火交炼亡者灵魂；度指修斋行道，拔度灵魂。炼度通过炼形合气，炼气合神，炼神合虚，与道合真，炼成圣胎法身，度化自然成真，达到以生度死、以己度人的目的。

施食：道教科仪的一项仪式，俗称“焰口”，将饮食布施给他们，包括人、畜生、饿鬼，现多指设斋食以超度鬼魂，布施饿鬼。施食时要用“祭炼”之法，即高功存想，以神度鬼，使其早升天界，脱离鬼道。

祀典：道教的重大纪念活动，主要有圣诞祀典、祝愿、接驾、祭星等。在这一天要举行设供、礼拜、焚香、唪经等庆祝活动。

开光：凡神像塑成后，择吉日按一定仪式致礼供奉，叫开光。凡由工匠制造出来的神像未经宫观供奉和举行开光仪式时只是个艺术品而已。开光则是把宇宙中无形的、具有无边法力的真灵注入神像中去，神像就会具有无边法力的灵性。

（2）道教节日

道教节日即道教特定的纪念、庆贺、朝诵、追荐之日辰仪式。节日来临都要举行斋醮仪式。因为道教节日与民俗活动关系密切，又吸收了中国传统节气时令，所以道教的一些节日都是民间节日。

三元节：在道教中，起源于原始宗教对天、地、水等自然崇拜的三官大帝的生日，分别为上元、中元、下元，合称三元节。每逢三元节，信众都到庙观祈福免灾。

圣诞节：是纪念道教神仙祖师的诞辰，如农历正月初九为玉皇大帝圣诞、农历正月十五为天师张道陵诞辰日、农历二月十五为太上老君圣诞、农历三月初三为王母娘娘圣诞、冬至为元始天尊圣诞、夏至为灵宝天尊圣诞等。

五腊日：腊日是古代道教祭先祖、百神之日。正月一日为天腊，是“五帝校定生人神气时限长短”之日；五月五日为地腊，是“五帝校定生人官爵”之日；七月七日为道德腊，是“五帝校定生人骨体枯盛”之日；十月一日为民腊，是“五帝校定生人禄科官爵”之日；十二月为王侯腊，是“五帝校定生人处所，受禄分野”之日。腊日要按传统设醮祭天，祭先祖，以求福寿。

2. 道教活动旅游客体文化

（1）祭祀文化

中华先民依靠祭祀等古代宗教礼仪为勾通鬼神的工具。祭祀时，巫以歌舞降神，将鬼神的意旨传达于人；祝以言辞悦神，将人的愿望向鬼神祈祷。古代礼教祭祀的对象：周朝时王公百姓都信仰多神。《周礼》说：“大宗伯之职，掌建邦之天神、人鬼、地祇之礼。”天子每年冬至在南郊圜丘祭昊天上帝，夏至在北郊方泽祭地祇。此外，尚有青、赤、黄、白、黑五帝，日、月、星、斗、雷、雨、风、云等诸天神；社稷、山川、五岳、四渎等地祇；祖先、圣贤、忠烈等人鬼。天神、地祇、人鬼是道教多神的三大来源。

后世道教做法事，如建醮坛、设斋供，即等于古人祭祀之礼；唱赞词、诵宝诰，即含有言辞悦神之意；上表章、读疏文，即如古代巫祝的祈祷申诉。道教所供奉的诸神具有民族性和历史性，大多已列入国家祀典，并为社会普遍信仰。这也表明道教具有最为深沉、悠久的中华民族宗教、文化本根[185]。像道教活动中的斋醮、祀典、五腊日等活动都体现了中国传统的祭祀文化。

（2）敬天文化

中国古代流行自然崇拜，以后发展为对最高神“天”的崇拜，敬天成为古老的自然崇拜仪式之一。在古人那里，“天”有意识地化生了万物和人，为宇宙万物的主宰者，具有无上的权威；帝王的权力也是天所赋予，帝王秉承天意以行仁政，则得到上天的肯定和保护，否则将遭天谴，天将降灾异警告。人与天有一种感应关系，天注视着人的一言一行，人积善，天降吉祥，积不善，天降灾殃。正由于上述原因，中国古代发展了一整套敬天的宗教礼仪，这些礼仪为道教所吸取，并融会进其神仙体系和教理教义中，形成对元始天尊的崇拜以及三十六天的天界说。

敬天的感应对道教的影响：古代先贤主张“神道设教”以治天下，如《墨子》明确提出“敬天明鬼”的思想主张，认为这样可以使人伦秩序有一个超社会的保护机制。墨子名翟，宋人（或谓鲁人）生活年代后于庄子而先于孟子，他主张“非命”——不相信命运，谓治乱、衣食一切皆由于自力，不由于命，以免人人懒惰，社会退步。他主张“尊天”“明鬼”，认为天是万物的基准，是有意志的，全知全能的。万物与人皆受治于天，天又视人类的善恶而予以赏罚。人君受天之命而行，故行政必须合天意，故天为道德、政治之渊源。墨子又以为天下之乱，由于人民疑于鬼神之真实，疑于鬼神赏罚之力，若使人能信鬼神之力，则人将勉于善而惩于恶[185]。如道教活动中的进表、三元节、圣诞节等都是敬奉天神，是敬天文化的直接体现。

（3）祭祖文化

中国古代流行祖先崇拜，这种崇拜又和鬼神崇拜结合在一起，形成一整套祭祖拜神的宗教礼仪。先民对祖先的崇拜，是为了求得祖先的护佑，祈福免祸，泽及子孙。在此基础上，发展演变为后世儒家的三纲五常之说，其最基本的核心就是孝敬祖宗，并规定了相应的祭祖仪式。儒家的三纲五常伦理道德及祭祖仪式为道教所接受，而且将其和道教的神仙长生教义结合起来，凡人欲求长生成仙，必先孝敬祖宗，否则一无所成。道教还主张人有义务多作功德，以便解脱祖先，超升神仙世界。古人相信人死后灵魂成为鬼魂而存在。在以血缘关系为社会纽带的宗法社会，对祖先的崇敬必然反映在对祖先鬼魂的崇拜上。

殷周以来的统治者又认为他们祖先的鬼是在天上侍候上帝，或是与上帝关系密切，所以在祭祀天、上帝时，要以其祖宗配祭。把崇拜昊天上帝与崇拜祖宗神灵统一起来，称为“尊天敬祖”。祭祖在社会生活中具有强化人们内心的传统伦理意识、敦厚社会道德的意义。道教的三元节、圣诞节、五腊日都是祭祀道教先祖的活动，信众也在这些活动中祭祀自己的先祖。

（4）祈福禳灾

祈禳，是道教最富特色的法术。祈即祈祷，指祷告神明以求平息灾祸、福庆延长，内容广泛，几乎覆盖社会生活的一切方面。有祈晴、祈雨、驱蝗、祛病、遣瘟等祈求解除灾患的祈祷，也有祈嗣、祈寿、祈福以及企求国运绵久一类以求福祉为主的祈祷。禳又称禳灾、禳解，指行使法术解除面临的灾难。祈禳法事有两种情况：如所禳之事为小灾小祸，则请道士用符镇帖，或请法师禹步念咒洒符水即可。如祈禳之事重大，或是碰到大灾突至、小灾连续不断，就要请道士举行斋醮科仪。祈禳中一般地祈求平安赐福的科仪，俗称为打平安醮。请求延长寿命的俗称延生醮，另外有祈嗣、祈禄等。由朝廷、官府出面建的各种大醮，总的是以祈求国泰民安为主[186]。

道教活动中祈福禳灾主要是指道教宫观中一种为善男信女祈福消灾、超度亡灵而设坛祭祀神灵的宗教仪式，修行的道人、法师或信众认为法事具有神奇的力量，可以无形中改变现实命运：大则为国祝禧、禳解灾疫、祈晴祷雨；小则安宅镇土、祈福延寿、祛病消灾等。其方法主要由高功、经师诵经、掐诀、踏罡、存神，把信众的美好心愿传达给神灵，祈求神灵保佑[187]。例如，施食是一种慈悲的行为，花的时间和金钱很少，但是功德利益却相当大，和放生一样都是功德无量的。很多人因为施食，自己的愿望得以实现，财富增加，身体健康，也有很多殊胜的感应。也有很多人为自己患疾病的亲友施食，都得到好转康复。像道教活动中的斋醮、进表、炼度、施食、祀典、三元节等，都有祈福禳灾的意义。

（5）修炼文化

道家修炼以长生为目的，无论何宗何派其修持功夫都以炼养阴阳、性命双修为第一要义，都以返璞归真、天人合一为最高境界，都以延年益寿和长生不老为最终目的。道教成立后，出于宗教目的吸收了许多古老的养生术和所谓“仙术”，并在总结古老气功的基础上创编了一些具有道教特色的功法，道家早期修炼功法的内容，主要有心斋、坐忘、导引、吐纳、听息、守静、存想、服食、外丹、内丹，等等[188]。而修炼者更注重通过外丹、内丹之功，以达到百邪不侵、百病不生、延年益寿。中国古代不少皇帝对丹药的追求乐此不疲。唐代以前，道教主要以外丹实现肉体的不死和飞升。唐代后，外丹衰落内丹兴起，炼气结丹成了道教徒主要修持功法和追求的最高境界。特别是到了唐朝，由于道教的兴盛，炼丹活动更是登峰造极。这些皇帝的炼丹活动体现了道家中长生不老的道家思想的特征，是幻想通过各种养生修炼而达到长寿不死。此阶段，各种养生之术俱已成型，尤以守一、内丹、房中术、符箓最为系统。虽然炼丹术非常兴盛，但是道家修炼文化并不是单纯的炼丹活动，道家修炼，是要修炼内在的精、气、神。在道教的活动中，可以充分感受道家修炼精、气、神的功法和意念。道家通过科仪、戒律、早课、晚课、传戒受戒、敬神礼仪、斋醮、坛场、法器等众多活动，以及工具炼就道术、服食仙药、辟谷脱俗、行气炼气、炼神意念、食疗保健等方法，最终达到尊道贵德、仙道贵生、清静寡欲、自然无为、柔弱不争、返璞归真等修行和修炼的目的及境界。可以说中华道家修炼学，就是在以上众多修炼方术的基础之上，经过历代修炼家的不断发展完善，终于形成博大精深的完整体系，成为中华民族传统文化宝库中的一颗璀璨明珠。

# 第十四章　旅游客体文化价值及利用

中国旅游业经历从改革开放至今30多年的发展，已经突破传统旅游业的范畴，逐步演变为一个多方位、多层面、多维度的综合性大产业。近几年，国内文化旅游开始受到重视，也陆续出台了关于发展文化旅游的相关政策（见表1），文化旅游市场空间不断扩大，文化旅游需求日益增加，文化旅游发展也趋于良好态势。

**表1 国内发展文化旅游相关政策一览表**

| 部门 | 时间 | 相关政策 |
|---|---|---|
| 国务院常务会议 | 2009 | 会议通过《文化产业振兴规划》 |
| 国家旅游局 | 2009 | 发布《关于促进文化与旅游结合发展的指导意见》 |
| 国务院 | 2009 | 发布《关于加快旅游业发展的建议》 |
| 文化部和国家旅游局 | 2009 | 推出以“文化旅游、和谐共赢”为主题的“中国文化旅游主题年”系列活动 |
| 国家旅游局 | 2011 | 推出“中华文化游”主题年 |
| 国务院 | 2014 | 发布《关于推进文化创意和设计服务于相关产业融合发展的若干意见》指出，以文化提升旅游内涵质量，以旅游扩大文化传播消费 |
| 国务院 | 2015 | “一带一路”的提出明确了我国未来文化旅游产业发展方向 |
| 国务院 | 2015 | 发布《关于促进旅游改革发展的若干意见》明确提出，创新文化旅游产品 |
| 十八大报告 | 2017 | 要推动文化产业快速发展，到2020年文化产业成为国民经济支柱产业 |

根据近年来的消费需求看，文化旅游逐渐成为人们生活追求的新时尚。以 2015 年的旅游数据为例，从自由行主题角度来看，50.7% 用户偏好文化体验游，而且该主题的旅游渐向 20 ～ 40 岁青年、中年群体拓展。2015 年热销景区门票中，以北京景区数量最多；同时，历史文化类占四成。随着文化旅游市场迅速发展，促使历史文化类旅游这种具有文化教育意义的资源成为热门产品。可见，文化旅游渐渐受到旅客的追捧，市场空间不断扩大[189]。

文化价值是指导客观事物所具有的能够满足一定文化需要的特殊性质或者能够反映一定文化形态的属性。文化价值要通过两方面来体现，一方面需要有能够体现一种文化的客体，另一方面需要有具有这种文化需要的主体，当一定的主体发现了能够满足自己文化需要的对象，并通过某种方式了解这种对象时，就出现了文化价值关系[190]。由于文化需要的复杂多样，所形成的文化价值关系也是形形色色的。文化价值是社会产物，人不仅是文化价值的需求者，而且是文化价值的承担者。文化价值任何时候都是为人服务的，同时，文化价值又是由人创造出来的。不管是人的文化需要，还是满足这种需要的文化产品，都是在人的社会实践中形成的。任何社会形态都有该社会特有的文化需要，这种文化需要只有通过人们的文化创造活动来满足。价值观也是有年代作用的，不同的年代有着不同的价值观。而价值观的确立，属于自然人本身的认可和衡量的，一个人经历的年代不同，价值观也不相同。文化价值观也是一样，文化价值具有实际价值和潜在价值。实际价值给人美感、教化心灵、认识世界等，而潜在价值可以不断传承，生生不息[190]。

而旅游客体文化是旅游文化的主要研究对象，旅游客体文化内容广泛，涉及旅游学、旅游文化学、历史、文化、文学、美学、民俗、宗教、建筑等多方面内容，需要深入到旅游文化的内核之中去考察旅游文化的不同特征及其本质成因，对旅游文化进行综观了解与研究，以旅游文化的类型勾勒出中国旅游文化的全景图，以类型的研究方式去把握中国旅游文化的全貌，从类型角度研究中国旅游文化的内涵，梳理中国旅游文化的发展历程，才能进一步认清中国旅游文化发展起伏的内在因素和基本规律，进一步丰富和深化对中国旅游文化传统的认知，更加清晰地把握中国旅游文化的线索分合和发展脉络，探讨中国旅游文化不同类型的应用价值。不同的旅游文化类型，其应用价值当然不同。研究中国旅游文化的类型及文化内涵，有助于理解旅游客体文化价值的认识，摒弃其中的糟粕，弘扬中国旅游文化的优秀传统，提升旅游品质[191]。

从类型的角度对旅游客体文化进行研究，是旅游文化研究的一个新视角。因此，研究旅游客体文化价值具有很重要的意义。旅游客体文化的研究深入到旅游价值观层面，不仅因为旅游是一个综合性极强的产业，涵盖了吃、住、行、游、购、娱六个方面，内涵丰富，外延也极为广泛，更是因为类型的研究会对旅游客体文化的应用价值提供新思考和新策略。旅游客体文化价值的研究与应用不仅可以更好地契合旅行者的价值观与心理需要，而且可以使中国旅游的现实发展更好地借鉴和吸收优秀的旅游文化传统。可以说旅游客体文化价值研究有利于从类型的角度去把握中国旅游文化的共性规律，从而使中国旅游文化的内力在中国旅游业的发展过程中得到更好的发挥和运用；有利于聚拢、整合相同类型的旅游文化资源，为旅游规划提供创意借鉴和文化底蕴，促进文化旅游产业的可持续发展；有利于发现不同类型客体的文化特征，使旅游内涵更加丰富、特色更加鲜明，从而解决中国旅游文化产品同质化严重的问题；也有利于立足于中国优秀的传统文化，从旅游价值观的角度提升旅游产品的价值和旅游者的整体素养[191]。

# 第一节　旅游客体文化价值

文化的本质是观念形态，属于精神领域，但文化的作用并不限于观念形态、精神领域，人们的经济活动、制度设计、行为方式、日常生活都具有特定的文化内涵，体现着文化的作用。文化如同空气一样无所不在，凡是有人的地方，凡属人的活动范围，文化都起着特殊的作用，发挥着独特的功能。“观乎天文，以察时变；观乎人文，以化成天下。”文化的特殊作用和独特功能就是对个人和社会的“教化”，从而塑造个人，引导社会。旅游客体文化也以自身的文化形态满足着游客文化的多样性。不同类型的旅游客体具有不同的旅游客体文化，这些文化以不同的形式蕴含在旅游客体中，一些旅游客体文化已经为旅游业所开发利用，其价值得以体现，还有一些旅游客体文化未被开发利用。而研究旅游客体文化的最终目的，就是要体现旅游客体文化价值并加以利用。

## 一、文化传承价值

中华传统文化源远流长、博大精深，其中最核心的内容已经成为中华民族最基本的文化基因。传承和弘扬中华优秀传统文化就是把中华文化中跨越时空、超越国度、富有永恒魅力、具有当代价值的文化精神和思想理念弘扬起来。继承中华优秀传统文化是中华民族永续发展的需要，继承中华优秀文化是中华文化不断创新发展的需要，继承中华优秀文化是中国特色社会主义实践的需要，继承中华优秀文化是中华民族伟大复兴的需要。

文化传承价值是旅游客体文化的重要价值。许多文化资源具有较高的文化价值，其文化功能的传承性较强。对于自然旅游客体，游客已不再是单纯地欣赏自然风光，更希望了解与自然风光相关的景观文化，例如相关的神话传说、美学文化、象征文化等。而人文旅游客体的文化作用更加明显，对游客的吸引力更大，游客在旅游观光人文旅游客体的同时，能够得到某类文化的认知或熏陶，形成较强烈的文化体验感受。这些旅游客体文化是人类所创造的物质财富和精神财富的总和，需要一代代人传承下去。文化传承需要对文化进行辩证的分析和选择，取其精华、去其糟粕。古代的继承多是自然历史过程，今天我们倡导继承，更多是自觉、积极、主动的文化实践。可以说，真正的继承并不是自然地可以完成的，需要认真地对对象加以汲取。汲取本身是能动的，汲取的过程也是升华的过程，使一切现成的文本形式和内容升华为我们可以利用的当代价值。例如对中国人民有着重大影响的儒家文化，其中重要的礼制观念、等级思想、孝道文化、宗法观念等，都值得现代人学习传承；以美好生活愿望为根本的崇拜文化、祭祖文化、信仰禁忌、象征文化等也值得现代人了解尊重；以修身养性、道法自然、天人合一为生活宗旨的文化更值得现代人借鉴和弘扬。

## 二、文化体验价值

旅游客体作为文化的载体，已经渐渐走入人们的生活。游客在欣赏旅游客体的过程中，可以直接参与体验旅游客体文化。例如在少数民族的传统节日里，人们可以感受少数民族传统习俗旅游客体文化，人们会穿上他们的民族服装，参与少数民族人民一起欢度节日的活动。游览山岳旅游客体，可以感受名山的宗教文化氛围，欣赏仿古的封禅大典，如古代皇帝的封禅大典；欣赏水体旅游客体，可以了解原始水神祭祀仪式，如妈祖祭祀文化；贡院旅游客体可以向游客展示古人的学习和教育，私塾学校也为人们体验传统文化创造了条件。更有甚者还有按照古代习俗为孩子举行成人礼这种古代文化体验；皇家建筑旅游客体为大家提供了宝贵的美学观点、建筑理念、皇家礼仪等，如古代祭天大典、皇帝登基大典、皇家祭祀流程等；民居建筑旅游客体让人们感受到了不同朝代或不同地域老百姓的建筑技艺、信仰禁忌、生活理念，以及表达美好生活愿望的形式。宗教旅游客体更是通过多种形式让游客了解宗教教义，通过参加宗教活动了解宗教文化。

通过旅游客体文化体验，游客才能更好地理解不同的文化意义，切身感受文化对于古人及中国社会的影响。旅游客体作为一种文化载体，为游客提供了文化体验的平台，充分地展现了旅游客体文化的体验价值。

## 三、文化创新价值

旅游客体中蕴含的文化不断蜕变和演进，有些旅游客体文化资源形式上保存相对完整，但其原先承载的文化已经不适合现代社会发展的需要，但是其存在形式和浓厚文化底蕴成为吸引新文化元素的动力，诸如：文化演艺、创意文化展示等旅游产业文化娱乐与创意体验的功能具备进入的可行性，文化资源将成为现代城市文化功能的重要载体。需要将文化“古为今用，推陈出新”，其实，古为今用就是文化传承要注重当代的需要，结合当代的视界；推陈出新并不是与传统文化彻底决裂，而是顺着中华传统文化的方向谋求新的发展。把承接的文化延续到后世，还要有新的发展、新的开启。文化传承是继承和发展的统一，只有通过创造的继承和有继承的创造，才能在文化的发展中使文化连续性和创新性得到统一[192]。

文化创新并不是完全摒弃文化原有的传统元素和核心内涵，而是可以从文化的表现形式、应用范围、展示渠道等方面去创新。例如阴阳思想在古代多体现在皇家建筑和民居建筑方面，而当今社会的建筑更多为高楼大厦，建筑理念中的阴阳思想已与古代有所不同，即使有阴阳思想的体现，也是与现代人的居住理念相迎合。而且现代的阴阳思想创新多体现在人们的日常饮食中，例如各种食物营养的搭配、食物寒热的平衡等。陪葬文化和殉葬制度在古代比较盛行，现在已经基本消失，但是在陵墓旅游客体文化中，陪葬文化和殉葬制度仍然是陵墓旅游客体向人们展示的重要文化，通过旅游人们不仅可以了解这些文化的背景、内涵、形式，更主要的是让人们摒弃陋习，学习文化中积极的内容，更加珍惜生活、热爱生活。

### 四、文化教育价值

旅游客体文化的核心在于其中蕴含的人文精神，这些无一不体现了当时社会的思想文化、政治理想。文化是民族的血脉，文化的力量深深地熔铸在民族的生命力、创造力和凝聚力之中，因而能够凝聚国家的共同利益和人民的理想追求，能够形成强烈的感召力和向心力，从而使整个社会凝聚起来。不同的旅游客体文化可以不同程度地影响人们是与非、善与恶、美与丑、好与坏等社会标准的判断，并可以通过社会教育而内化为个人的是非感、正义感、羞耻感、审美感、责任感等，从而提高人们的道德情操、认识水平和人生境界，凝聚社会力量。

当今社会，人们的文化需求日益增长，伴随而来的是各种知识形式的出现。中国古建筑学、考古学、古墓葬学，还有兴起的“红学”等都依赖于文化旅游景观。人们从中获得了更为新颖、更为深邃的知识，为知识的拓展提供了很好的源泉和媒介。秦始皇兵马俑使人们形象地看到了“秦王扫六合，虎视何雄哉”的气势磅礴、威武雄壮的时代精神；当人们游览岳阳楼时，会不由自主地想到“先天下之忧而忧，后天下之乐而乐”的文人政客的政治抱负；人们去井冈山旅游，烈士陵园、红军医院、黄洋界保卫战遗址这些红色旅游景点，都激发了人们爱国的热情、积极向上的精神状态。随着《鉴宝》《国家宝藏》等电视节目的热播，人们对于博物馆藏品文化旅游也非常重视，许多家长都带着孩子去博物馆了解古代器物的历史及文化。无论是以何种形态存在，旅游客体文化都有着不可忽视的教育意义。

### 五、文化研究价值

旅游客体文化，尤其是历史遗迹、民族风俗、文学艺术等经过时间的积累、历史的变迁其所积累的深厚底蕴为科学研究者提供了丰富的研究方向和研究资料，为丰富中国文明做出了巨大贡献。如云南元谋人遗址对进一步研究古人类和我国西南地区第四纪地质，具有重要的科学价值，为人们了解当时的生产水平提供了有利条件；集古代劳动人民的智慧所创造的众多古工程、古建筑历经岁月的侵蚀却依旧为人们展现出高超的建筑技术。如四川的都江堰水利工程，两千多年来经久不衰，为现代的水利工程建设留下了宝贵的借鉴之处。古代官制品阶体系及制度为当今国家管理制度的制定也提供了重要的参考价值。古代科举考试教育制度以及皇家皇子教育制度对研究当今教育制度和学生的学习方法也不乏研究意义。《楚辞·九歌》保存着古代楚地民风民俗和民间传说的一些素材和影子，这正是楚文化研究的价值所在。《指路经》是彝族原始宗教信仰中的一部经籍，对彝族人民的信仰具有潜在的文化研究价值。

中国旅游客体资源丰富，旅游客体文化丰富，除了山、水、建筑、园林等物质文化载体，还有许多传统的经、史、子、集，以及谱牒、碑刻、文书等；可作为历史文化研究的资料也不应仅限于纸质、绢质等文献资料，还应包括物质文化遗产、非物质文化遗产、口碑资料、风俗民情、传统村落和街区的综合文化等。对旅游客体文化进行实践研究，可以借此了解中国传统文化的多维真实情况，从而为中华优秀传统文化的创造性转化和创新性发展奠定坚实的基础。

## 六、文化保护价值

中国是历史悠久的文明古国。在漫长岁月中，中华民族创造了丰富多彩、弥足珍贵的文化遗产。党中央、国务院历来高度重视文化遗产保护工作，在全社会的共同努力下，我国文化遗产保护取得了显著成效。与此同时，也应清醒地看到，当前我国文化遗产保护面临着许多问题，形势严峻，不容乐观。为了进一步加强我国文化遗产保护，继承和弘扬中华民族优秀传统文化，推动社会主义先进文化建设，国务院决定从2006年起，每年6月的第二个星期六定为中国的“文化遗产日”。并发布了加强遗产保护的通知。我国文化遗产蕴含着中华民族特有的精神价值、思维方式、想象力，体现着中华民族的生命力和创造力，是各民族智慧的结晶，也是全人类文明的瑰宝。保护文化遗产，就是保持民族文化的传承。

文化遗产包括物质文化遗产和非物质文化遗产。物质文化遗产是具有历史、艺术和科学价值的文物，包括古遗址、古墓葬、古建筑、石窟寺、石刻、壁画、近代现代重要史迹及代表性建筑等不可移动文物，历史上各时代的重要实物、艺术品、文献、手稿、图书资料等可移动文物；以及在建筑式样、分布均匀或与环境景色结合方面具有突出普遍价值的历史文化名城（街区、村镇）。非物质文化遗产是指各种以非物质形态存在的与群众生活密切相关、世代相承的传统文化表现形式，包括口头传统、传统表演艺术、民俗活动和礼仪与节庆、有关自然界和宇宙的民间传统知识和实践、传统手工艺技能等以及与上述传统文化表现形式相关的文化空间[193]。

## 七、文化欣赏价值

旅游客体文化之所以能够为旅游业所开发利用，也是因为其具有欣赏价值。随着人们生活水平的提高，现代人文景观诸如主题公园、文化展馆、节庆景观等已渐渐进入人们的生活，并在其中发挥越来越重要的作用。游客对于旅游客体文化的了解也是始于文化载体及文化的外显形式。众多的人文景物随着历史和时间的不断绵延，原有的实用功能相对淡化，而观赏功能更加突出，从而成为丰富的人文景观，其宏伟、典雅和精巧的形式形态吸引着越来越多的国内外游客。在我国，如北京的故宫建筑群，占地 72 万平方米，房屋 9000 余间，分外朝、内廷两大部分。外朝的太和、中和、保和三大殿雄伟排列在中心轴上，气势磅礴、装饰堂皇，把皇帝的权威渲染得淋漓尽致，从而使人产生对皇权威势的联想，得到一种美的享受。又如苏州的园林，以精妙的构思布局，运用各种造园技巧，将山石、林木、水池、游廊、亭台、曲桥等组成无限丰富的景观，把园林的平面与空间造成咫尺多景、变幻无穷，令人倾倒。

如迪尼斯主题公园已成为家庭游憩与娱乐的主要场所；2010 年的上海世博会吸引了海内外 7000 万人次的游客前来参观，充分带动了中国旅游市场的发展，同时还为来自世界各地的游客提供了观赏与学习的机会；此外中国愈来愈热的节庆旅游也为人们提供了游乐的好去处，傣族的泼水节、端午的赛龙舟、元宵节的猜灯谜等越来越受大众的喜爱。

不同时期、不同阶段的人文景观形成本来都有各自不同的用途，以后随着时代的更替，这些用途可能渐渐出现退化，而更鲜明地开始展现出其艺术上的功能价值。如人文景观艺术是可以古为今用的，既体现出精神产品的艺术价值，又具有观赏美的艺术价值。

## 八、文化认同价值

中华文化辞典[194]把文化认同解释为一种肯定的文化价值判断，即指文化群体或文化成员承认群内新文化或群外异文化因素的价值效用符合传统文化价值标准的认可态度与方式。经过认同后的新文化或异文化因素将被接受、传播。认同是一种意向性反应。如果一个人置身于某个文化情境中，不与异文化接触，也就是说是一种完全融入的状态，可能谈不上有认同的需要或冲动，因为他已与认同对象同一。也就是说，认同发生在不同的文化接触、碰撞和相互比较的场域中，是个体（群体）面对另一种异于自身存在的东西时，所产生的一种保持自我同一性的反应。“文化”是抽象的符号，会化为人的存在的一部分，化为他的生活方式、行为模式、价值观念、思维方式、情感表达方式等，其心理和精神上的意义已变成他的“自我”。就此而言，认同虽然是“有意识”地按文化的逻辑保持与它的同构的联系，但文化更多是内化的，甚至是无意识的[195]。

游客在游览旅游客体的过程中，对旅游客体文化的认同也是无意识的。美丽的黄山以其自然景观吸引游客，然而黄山却是自然与文化双遗产，黄山的文化蕴藏在它的一草一木、一石一树中，松树的形态、石头的形象都是文化的象征，人们在游览的时候会不自觉地认同这一树一石中蕴含的文化。园林在有限的空间里，通过叠山理水，栽植花木，配置园林建筑，并用大量的匾额、楹联、书画、雕刻、碑石、家具陈设和各式摆件等，来反映古代哲理观念、文化意识和审美情趣，从而形成充满诗情画意的文人写意意境。园林的意境不是自然界客观存在的，而是人为地赋予园林景观各种文化信息，如诗情画意、名人轶事、神话传说、民俗风情和科学技术等。游赏者对风景的感知不仅决定于客观景物本身，而且与游赏者个人的修养、心境、感悟力都是密不可分的。游客在游览园林时，创作者精心设计的作品就会引起欣赏者的共鸣，与园林中处处体现的文化相互碰撞，感同身受。

### 九、文化传播价值

文化传播，又名文化扩散，是指文化从一个社会传到另一个社会，从一区域传到另一区域以及从一群体到另一群体的互动现象[196]。文化传播的媒介主要是人的迁移和流动，尤以人群的迁移更为重要。移民、战争、入侵和占领等是文化传播的重要途径。移民带来异族文化，战胜国总是要把本国文化强加给战败国。此外，通商、旅游以及其他人员的流动，也是传播文化的重要媒介。例如中国瓷器文化传播到国外，国外的宗教文化影响国人，国外的建筑文化综合了中国的建筑理念。

而旅游客体文化的传播主要依赖于旅游活动的存在、旅游主体的宣传以及旅游客体所在地人民的流动。例如近几年央视热播的《舌尖上的中国》，通过中华美食的多个侧面，来展现食物给中国人生活带来的仪式、伦理等方面的文化；见识中国特色食材以及与食物相关、构成中国美食特有气质的一系列元素；了解中华饮食文化的精致和源远流长，将中国各地的饮食文化传播开来，不仅吸引大量的游客前去品尝美食，感受饮食文化，也使得许多人离乡去外地经营自己的家乡美食，将家乡的饮食文化带向全国。作为一部探讨中国人与食物之间关系的美食纪录片，以食物为窗口，读懂中国——通过美食，使人们可以有滋有味地认知这个古老的东方国度。“一方水土一方人”，该片通过展示人们日常生活中与美食相关的多重侧面，描绘与感知中国人的文化传统、家族观念、生活态度与故土难离。人们收获、保存、烹饪、生产美食，并在其过程中留存和传承食物所承载的味觉记忆、饮食习俗、文化样态与家常情感。这个片子是带着对食物的敬意来做的，观众能从中国人对美食的热爱中，品读到中国人对生活的热爱。它传递了“乡愁”这样一种无法割舍的情怀，不管是从南方到北方，从国内到海外，所谓最好吃的菜是妈妈做的菜，最好的东西是故乡的东西，最好的回忆是童年的回忆。传播文化就是传递文明。

## 十、文化导向价值

在中华民族五千年的历史长河中，我们的祖先创造了灿烂而独特的中华文明。把爱好和平、讲信修睦、协和万邦、捍卫民族利益、实现民族振兴作为最大的荣誉，形成了以爱国主义为核心的民族精神和以儒家思想为主体的传统文化，这一民族精神与传统文化熏陶和培育了一代代志士仁人和英雄才俊，使中华民族的精神血脉得以延续，中华民族的团结统一得以维系。中华民族传统文化是一个完整的体系，它是我国历史上各个民族优秀的科学文化、道德文化、审美文化的综合体，是中华民族精神的体现，是吸收了大量的兄弟民族文化和外来文化而形成的。中国传统文化以儒家文化为代表，经历了长时期的实践检验一直延续至今。儒道等大家文化中的文化内涵对于个人、社会和国家的影响都有着重要的体现。在国家的治理上讲求的是德行、仁政，体现的是以民为本的亲民思想，在个人发展上讲求的是修身自省，注重内在的个人修养和品性，在处理人与人之间的关系问题上则体现了对于家庭关系、伦理关系和社会关系的调和[197]。

中国传统文化具有导向作用，其价值导向是追求真善美。通过科学的方法和手段实现中国传统文化的社会影响力，对于人们的现实生活和选择做出积极的引导，实现中国传统文化的导向作用。通过合理的利用和有效的开发，实现对自然的有效改造，顺应社会发展的自然规律，提升现代人的社会实践能力。在人与人的关系处理问题上讲求德行与和谐，用良好的人际关系实现社会关系的发展，在方法论意义上为人们的行为作出积极的引导[197]。文化导向功能推动社会进步，完善社会的导向系统，为社会增加新的知识动力，也不断巩固社会导向的成果[198]。

旅游客体文化在游客的旅游过程中对游客也有一定的导向作用。旅游客体文化通过文化的碰撞与互动，在地域性、民族性、艺术性、神秘性、多样性、互动性等方面，可以从审美情趣激发功能、教育启示功能和民族与宗教情感寄托功能等方面进行导向，也可以根据旅游活动的特性、游客的文化需求、文化享受体验等方面进行导向。例如文物、史记、遗址等在民族精神、聚落文化等方面会引导人们的认知；古建筑的装饰、建筑理念等会在等级观念、象征文化、风水文化等方面对人们有一定的导向作用；而不同地域居民的日常生活习俗、节日庆典、祭祀、婚丧、体育活动和衣着服饰民俗文化对游客也有明显的导向作用。加之目前的旅游商业化行为，旅游开发部门也会刻意包装某种文化，或给人们进行某种文化的导向。

## 第二节　旅游客体文化利用

### 一、提炼旅游客体核心文化

无论是哪种类型的旅游客体，其蕴含的旅游客体文化都不止一种，对于一个旅游客体，往往是多种文化并存。那么在开发规划旅游客体时，就需要提炼出一种核心文化。这种核心文化应该是旅游客体文化的标志，旅游客体的开发规划设计等都应该围绕这种核心文化展开，以核心文化串线设计旅游文化产品，让游客感受到文化的主旨。而其他文化对于整个旅游客体来说是辅助文化，辅助文化可以有多种文化，但在不同的旅游客体区域可以有区域核心文化。

例如中国五岳，是古代民间山神崇拜、五行观念和帝王巡猎封禅相结合的产物，属于中国历史文化名山，山岳旅游客体文化丰富而浓厚。这也往往成为旅游客体文化利用的弊病，只重其多而不重其精。东岳泰山，具有泰山老奶奶道教文化，盘古开天、东岳大帝等神话传说，黄河流域的发祥文化；这些文化可以在泰山存在，只能作为辅助文化，或者是泰山不同区域的主要文化，而不能作为泰山的核心文化。因为东方是生命之源，希望和吉祥的象征。而古代中国先民又往往把雄伟奇特的东岳视为神灵，把山神作为祈求风调雨顺的对象来崇拜，于是，地处东方的泰山便成了“万物孕育之所”的“吉祥之山”“神灵之宅”。受天命而帝王的“天子”更把泰山看成是国家统一、权力的象征。为答谢天帝的“授命”之恩，也必到泰山封神祭祀。所以泰山的核心文化应该是它的崇拜文化、祭祀文化、封禅文化。华山因其具有丰富的历史文化传说、诗词歌赋，以及历史悠久的道教宫观，其神话传说及道教文化可以作为核心文化。嵩山为吸引游客，在文化定位方面也是极尽多样，佛教文化、道教文化、儒家文化、神话传说等无所不用，那么嵩山给大家何种文化印象？嵩山最著名的文物古迹是少林寺、嵩岳寺、少室寺、塔林等，那么这些特色文物古迹给大家展示的就是佛教文化，佛教文化才应该是嵩山的核心文化。而其他文化对于嵩山文化整体设计来说，应该是辅助作用。如随着《少林寺》电影的深入人心以及少林功夫的传播，武术文化也是嵩山的重要文化，可以作为嵩山少室山区域的核心文化。而书院文化和儒学文化可以作为太室山的核心文化。而衡山则将佛教文化、道教文化、福寿文化、书院文化、抗战文化、轶闻传说等均作为其主要文化，使得游客对于衡山文化没有明确的印象。黄山对于人们，众所周知的是它独特的自然景观，特别是它的景观“四绝”，然而黄山的自然景观中蕴含着丰富的传说故事，大到黄山由来、蓬莱仙岛，小到仙桃石、迎客松等都有其相关传说，所以黄山可以将传说轶事文化及审美文化作为核心文化贯穿在自然景观中进行利用，打造黄山松精神、黄山石文化。

类似的文化利用还有很多，不同类别的旅游客体具有不同的文化，同一类别的不同客体也有独特的文化，提炼旅游客体文化有利于凝炼多种文化，树立旅游客体的主体形象，强化旅游客体在游客心目中的形象地位。

## 二、挖掘旅游客体文化内涵

文化是人类在社会历史发展的过程中创造出来的，是物质财富和精神财富的总和。随着时间的发展，人们的物质财富和精神财富创造得越来越多，文化就变得越来越丰富。同时旅游客体中的文化内涵，也是在不断进行积累沉淀的，旅游客体的文化内涵并不是一成不变的，而是一直处于动态的发展中的。一个景点的历史越古老，也就是说它的文化内涵积累得越多。旅游客体文化内涵的挖掘必定不是一个短暂的、一劳永逸的过程，而应该是一个长期的、不断丰富和发展的过程。因为伴随着中华民族悠久的历史，每一个旅游客体的文化内涵都需要经过长时间的沉淀。

挖掘旅游客体文化要以中华优秀文化为根本，大力弘扬中华优秀文化的价值观，使中华文化讲仁爱、重民本、守诚信、崇正义、尚和合、求大同的价值观成为涵养社会主义核心价值观的基础和源泉。要努力传承和弘扬中华传统美德，中华传统美德是中华文化精髓，蕴含着丰富的思想道德资源，如孝悌忠信、礼义廉耻，自强不息、厚德载物，仁者爱人、与人为善，鼓励人们向上向善的思想文化内容。挖掘旅游客体文化有利于增加旅游客体的文化内涵，扩大对游客的吸引力，增加游客的旅游兴趣。

文化是历史的积淀、时间的产物，所以在发掘旅游客体文化内涵时必然离不开对历史的挖掘。在挖掘旅游客体文化内涵的同时，一定要深入了解当地的历史，开发旅游客体历史背景，借助相应的历史典故和有名的历史人物。最典型的运用历史人物的旅游客体文化要属皇家宫殿建筑、园林建筑、陵墓建筑、坛庙建筑等，挖掘各朝代帝王及皇室历史名人相关史实，以及秘史传说，结合目前《百家讲坛》栏目中一些学者、大家对于历史人物及事件的分析及研究，这类旅游客体文化得以更好地挖掘和利用。还有随着红楼文化的研究，人们不断从《红楼梦》小说中寻找文化内涵，甚至按照小说中介绍的菜谱，开发出了红楼宴。正定古城正是借助《红楼梦》这部经典小说开发了荣国府旅游，并吸引了数以万计的游客前去观光旅游[199]。敦煌学的产生，也是人们进一步挖掘敦煌建筑文化、壁画文化、宗教文化的途径，乃至于在敦煌艺术、敦煌石窟、敦煌遗书、丝路文化等方面都有了新的突破。除了利用真实的历史人物和历史事件之外，我们当然也可以利用中国古代传说和一些神话故事。神话和传说以其独有的美好性往往能够使人记忆深刻，并且充满向往。

### 三、打造旅游客体文化品牌

打造旅游客体文化品牌是一个将文化精致而充分地展示的过程；在旅游客体文化品牌的塑造过程中，文化起着凝聚和催化的作用，使文化品牌更有内涵；旅游品牌的文化内涵是提升旅游品牌附加值、产品竞争力的原动力。因此，当旅游产品同质化程度越来越高时，旅游客体文化品牌正好提供了一种解决之道。塑造个性鲜明的旅游客体文化品牌是取得市场竞争优势的关键因素。

例如著名的曲阜“三孔”、邹城“四孟”品牌，以文化朝圣、国学研修、历史体验为主要内容，打造山东济宁文化旅游胜地，打造国际研学朝圣旅游目的地和中华优秀传统文化观光体验胜地。空间布局上以儒学文化发源地曲阜、邹城两座历史文化名城为主体，以曲阜“三孔”（孔府、孔庙、孔林)、邹城“四孟”(孟府、孟庙、孟林、孟母林)为核心资源塑造文化品牌，建设曲阜优秀传统文化传承发展示范区、中华旅游与文化融合发展核心区和中华传统国学研学旅游示范区。而泰安、莱芜等市打造了“平安泰山”文化品牌，以大泰山旅游圈为主要地域，营造“五岳独尊、天地泰和”的文化空间体系，深度体验中国古代“人地共生、共存共荣”的自然理念，以及泰山文化会当凌绝顶的攀登意志、重如泰山的价值取向、呼吸天地的博大胸怀、滋润万物的无私奉献、国泰民安的美好希冀，打造中华祈福文化旅游目的地[200]。江苏省在市场竞争中推出围绕“水秀山灵、古韵今辉”“吴韵汉风”“江南水乡”等具有特色的旅游客体文化品牌，将“古运河文化”和“江南水乡文化”作为江苏省水体旅游客体文化的首选[201]。鄂西文化开发的重点是做好以屈原为代表的“圣人”旅游文化品牌、以王昭君为代表的“美人”旅游文化品牌、以神农架为代表的“野人”旅游文化品牌。借用名人效应，摸清历史名人家底，分层次、分步骤地开发规划，形成“景仰先贤、追古思今、传承圣贤文化”的旅游氛围。

打造旅游客体文化品牌可以突出文化的引领作用，整合文化资源，凝炼文化特色，展示文化魅力，增强品牌的文化内涵和独有特质，突出品牌的核心吸引力，提升核心文化的知名度，对其他文化建筑也具有较强的辐射和带动作用。

### 四、保护旅游客体文化形态

文化不是永久不变的，很多文化遗产的消失便说明了这一点。我们在不断发掘旅游资源文化内涵的同时，也要注重对它们进行保护。旅游与文化是互相作用的，文化在交流中传播，而旅游作为交流的一种方式，自然也会推动文化的传播与发展。游客在旅游目的地了解到当地的文化，并且把自己的本地文化带到那里去。为了吸引更多的游客，旅游资源地也开始逐渐重视起对文化资源的开发与保护，这对于文化的发展具有极大的推动作用。但随着时间的发展和经济水平的提高，在利益的驱使下文化逐渐受到人们的攻击和抛弃。旅游往往会带动当地经济的迅速发展，但是在经济发展的同时，当地的自然环境和人文环境也会遭到破坏。有些地方的经济发展了之后就开始抛弃那些珍贵的文化内涵，甚至是当地文化开始不正常地商品化。这样的做法对于那些原本以独具特色的文化和地方社会风情民俗为旅游主题和基本导向的旅游客体来说是致命的，这样的做法往往会造成毁灭性的后果。所以我们在对旅游客体文化内涵进行开发的同时，一定要做好对文化内涵和本地文化特色的保护。

以丽江为例，人们都说现在的丽江早已不如十年前的丽江。十年前的丽江独具自己的特色和风格，显得那么清新脱俗、与众不同，而现在的丽江，已经基本上失去了自己的特色，被商品化改变得面目全非，曾经淳朴的民风民情也渐渐消失了，商业化氛围非常浓重，这是很多人对于丽江的评价，丽江古城的旅游业大不如从前，旅游古城文化已不再突显，更多的是为了迎合游客的商业需求。2017 年 2 月 25 日，经国家旅游局局长办公会审议，全国旅资委决定给予云南省丽江市丽江古城景区严重警告，限期 6 个月整改[202]。与此相反，正定古城和平遥古城却能守住他们自己的文化内涵，在城市化的快速发展中独树一帜，不跟风、不动摇，始终保持着自己的风貌和特色[199]。

保护旅游客体文化，就是保护世界遗产，要让旅游客体文化保持其原汁原味的形态，这样更有利于旅游客体文化的传承，有利于旅游业的可持续发展。丽江古城的民俗文化原本为丽江古城最具特色的民族文化，流于丽江大研古城及其周边纳西族聚居区的古代音乐遗存——丽江古乐；以东巴音乐、东巴经、东巴画为代表的东巴文化；被誉为活音乐化石的白沙细乐；与纳西族先民生产生活息息相关，蕴藏着丰富文化内涵的东巴教和东巴仪式；纳西族传统的结婚仪式——素神仪式；纳西族祈求风调雨顺、延年益寿的祈寿仪式，以及丽江古城纳西族的传统民族节日等，但现在一些文化已经无法传承，真正会演奏传统纳西古乐的人少之又少，也很少有人认得东巴文字、东巴经，这样已经濒临消失的文化如何呈现给游客？如何作为特色文化开发利用？一些传统民族节日也不是在其原有的时间进行欢庆，而是根据游客出现的时间进行欢庆，这样的节日怎么呈现传统文化的内涵？因此，保护旅游客体文化形态不仅需要提高公众参与保护的意识，更需要改变部分居民的短期行为，充分认识传统文化在旅游开发中的重要作用。以及旅游客体文化的独特魅力和价值。

## 五、整合旅游客体文化内容

文化整合是指不同文化相互吸收、融化、调和而趋于一体化的过程。特别是当有不同文化的族群杂居在一起时，他们的文化必然相互吸收、融合、涵化，发生内容和形式上的变化，逐渐整合为一种新的文化体系[203]。文化整合的概念起初由文化人类学、文化社会学界提出并关注，文化整合功能是民族团结和社会秩序的基础。社会学中的功能学派和结构功能主义都强调文化的整合功能。一个民族，由于共享一份文化，不论他们是否居住在一起，或者是否生活在同样的社会制度之中，都会有民族的认同感和在心理上、行为上的一致性特征。任何社会中的人们在价值观上都会有差异，但经由统一文化的熏陶，必然在社会生活的基本方面形成大体一致的观念。

例如，中华民族的文化，维系着世界各地的炎黄子孙[198]。为了进一步全面梳理中国旅游文化，弘扬中华旅游文化，2014 年央视为大家奉献了一部大型旅游文化系列纪录片《旅游整合世界》。作为一部弘扬中华旅游文化的纪实纪录片项目，《旅游整合世界》以游记为载体，以旅行故事为基础，以历史发展为脉络，以人文关怀为背景，以人类旅行足迹为主线，立体展现中华旅行文化的独特魅力，展现人类对大地、海洋、天空的探索过程，从古人对未知世界的探求到现代科技下的旅行，全方面地阐述旅行对人类文明发展，及其中华文化传播所作出的积极贡献。这是中国第一部追寻人类文明足迹、展现自然人文美景的大型纪实系列纪录片，该片不是讲述旅游本身，而是以旅游为主线，关注旅行的起源、发展、传承和飞跃，深度解析旅行文化，探究人类旅行的动力和原因，解读鲜为人知的自然人文奇观，展现古代和现代旅行者的不同生活和价值观，折射出旅行同文明传播、宗教发展、国家兴衰、时代变迁之间的关系。

旅游客体文化整合不同于文化人类学、文化社会学角度的文化整合，因为不同类别旅游客体具有不同旅游客体文化，即使一个旅游客体也具有不同的旅游客体文化，那么整合旅游客体文化可以根据具体情况而定。例如陵墓建筑旅游客体文化丰富，内容相似的文化内容可以进行整合，如宗法孝道、祭祀祖先可以整合为宗祖文化；厚葬文化、陪葬文化、殉葬文化可以整合为墓葬文化。相似的旅游客体文化整合后在规划、营销等方面比较容易操作。而对于不同的旅游客体文化，或一些旅游客体的文化载体分布比较分散，如典型民居、展览馆、表演场地、名牌小吃餐馆等各在一处，由于客观条件的制约，短期内不能集中到一个旅游景点内，只能采取“串点连线式”开发方式，组合包装为一个精品文化线路产品，供游客在不同文化线路上体验不同的文化[204]。

## 六、丰富旅游客体文化产品

文化旅游将构成21世纪旅游发展的主打产品之一。文化具有强烈的传统性和地域性，这也正是文化旅游发展的独特性及其吸引力的重要源泉。旅游客体文化丰富多样，适于开发多样的旅游客体文化产品，例如具有地方特色的建筑、地方曲艺、地方饮食、民俗节庆、历史渊源、重大历史事件、名人事迹、民间工艺等，旅游客体文化内容不同，旅游客体文化产品的形式也可以多样。山水旅游客体的核心是山水资源，游客的最初需求是游山玩水，但最近人们看到了山水旅游客体的文化价值，文化开发也通过各种形式满足人们的文化需求。实景演出就是山水旅游客体文化产品的一种开发形式。实景演出是一个以真山真水为演出舞台，以当地文化、民俗为主要内容的独特的文化模式。这种文化模式不仅代表了旅游演艺行业高端新颖的艺术策划创作水平，而且极大地推动了演出所在地的地方经济发展，在业界形成了巨大的影响力和品牌知名度。山水盛典以包括山水实景演出综合体在内的文化旅游产品开发及规划运营为主业，致力于相关行业资源整合，不断提升文化产品的高品质。目前开发比较成功的山水文化盛典主要有印象系列，包括《印象·刘三姐》《印象·丽江》《印象·西湖》《印象·海南岛》《印象·普陀》《印象·大红袍》，以及《禅宗少林·音乐大典》《中华泰山·封禅大典》《黄山映象》等，还有宣传中华文化及城市文化的大型歌舞剧，如《神游华夏》《宋城千古情》《厦门水秀》《魅力杭州》《魅力张掖》等，有力地推动了文化资源的旅游化。

以文化体验形式开发的文化活动、节日庆典等文化产品也备受游客喜爱。如以儒学文化发源地曲阜、邹城两座历史文化名城为主体的曲阜“三孔”、邹城“四孟”文化品牌，主要开发了鲁都怀古、孔庙拜圣、孔府礼圣、孔林访圣和尼山朝圣的朝圣体验产品；“读论语、学六艺、研国学”修学文化体验产品；国际孔子文化节、祭孔大典等节庆活动体验产品。平安泰山品牌开发的主要产品有泰山祈福，围绕祈福文化主脉，传承保护“登泰山，保平安”民间信俗和祈福活动，丰富传统祈福产品；依托森林氧吧、温泉和泰山资源优势，打造中医药养生旅游产品；举办泰山国际登山节、东岳庙会等民俗节庆产品。而海洋旅游客体深度挖掘、全面展示特色的海洋文化，彰显天人合一、道法自然的哲学理念，提倡人与自然和谐相处、陆地海洋空间一体，依托海洋风光，体验海洋文化。如开发海上观光、邮轮游艇、海洋牧场、海岛度假等新型旅游体验产品；开发海洋旅游度假产品、海上垂钓、康体养老等特色专项产品；开发水上乐园、海上运动旅游产品；以及国际海洋节、妈祖文化节、海鲜美食节等节庆产品[200]。

此外，还可以研发生产特色旅游商品。例如特色民族服饰、民间美食、民间手工艺品等比较适合开发成方便携带而又具有浓郁文化特色的旅游商品。例如，张掖的祁连玉、曼陀罗画、胡腾舞俑、四喜娃娃、民间剪纸、麦秆画、绣球、裕固族民族服饰等一批特色鲜明的旅游文化商品。在首届中国国际祁连玉旅游文化博览会上竞拍祁连玉石 89 件，成交金额达 440.8 万元。金张掖旅游文化商品展销会以“千年丝路•金色张掖”为主题，共展出特色绣球、麦秆画、书画、祁连玉石等艺术品 1700 多件。进一步延伸了旅游产业链条，宣传了旅游文化[205]。当然，还有诸如博物馆、主题园、民俗文化村等效果较好的文化旅游产品开发形式。

## 七、加强旅游客体文化营销

旅游文化营销是一种营销战略，它一方面通过对文化需求的把握和顺应来实现旅游者最高层次的文化满足；另一方面，通过对旅游产品文化内涵的挖掘和包装，实现旅游产品价值的最大化。旅游文化营销是在对旅游者的文化满足与旅游产品的文化价值的双重创造和促进过程中，达到高度和谐化的文化体验。旅游文化营销的核心理念及目标在于促进和谐的、独特的文化体验，以实现旅游产品价值的最大化和旅游者需求的满足[206]。

加强旅游客体文化营销，要细分旅游客体文化市场，了解不同群体的文化需求，针对不同的群体采取不同的营销策略。旅游者特点可以表现在很多方面，如年龄、性别、家庭人数、收入、职业、受教育程度、社会阶层、种族、宗教、国籍等，可以进行旅游市场细分的标准也很多。但是对于旅游客体文化市场细分，并不是很适合以上述旅游者的特点进行市场划分。旅游客体文化市场明确了其市场需求主要是文化，所以第一划分层次标准是以文化为旅游目的群体。第二层次市场划分标准可以是年龄、受教育程度、社会阶层等其他标准。以年龄和受教育程度标准为例，对于小学以下的儿童，他们的文化需求主要来源于其父母，家长需要孩子们了解一些相关的文化，例如儒家文化、书院文化、高校文化等，因此具有这样文化的旅游客体可以针对这部分群体进行宣传营销。而大学生旅游群体的文化需求通常要结合游玩以及求知，他们通常对于审美文化、神话传说、民俗节庆、衣食住行、影视文化等兴趣浓厚，诸如山水旅游景区、古建筑旅游景区、民俗文化村、美食节、影视城等旅游客体都可以针对大学生旅游群体进行促销宣传。而学者、研究人员的文化需求非常明确，或是研究考古文化，或是研究皇家建筑文化，或是研究宗教文化，或是研究艺术等，文化研究价值的营销是针对这部分群体的首选。而对于老年群体，他们的文化需求主要是平安健康、快乐长寿，因此具有福寿文化、养生文化、祈福文化、宗教文化的旅游客体可以考虑向老年群体以及他们的子女进行宣传营销。

旅游客体文化营销也要考虑方法。对于小朋友可以在宣传内容方面注重娱乐游玩和寓教于乐，吸引小朋友的同时还可以吸引小朋友的家长；对于大学生可以加入新奇特元素，将知识含量贯注于旅游产品的内涵中，使旅游者在消费旅游产品的过程中体会到自我成长、自我实现的需要，了解不同地方的传统风俗习惯、增长知识，体会了解不同文化的快乐；老年群体的文化宣传应该加入精神文化元素，向他们宣传积极向上的价值观念和思想意识。旅游客体文化营销的方式也很多，针对少年儿童和老年群体，可以采用简单的宣传手册、宣传海报、电视纪录片、电视宣传片等，例如大家耳熟能详的《好客山东》《云看云南》《鸟瞰峨眉》《锦绣潇湘》等都是比较好的旅游宣传片，简短易懂而且给人印象深刻。针对大学生及青少年群体，则要好好利用网络宣传，利用网络媒介及网络营销平台，例如对青少年群体进行文化需求调查、发布旅游信息、实现旅游网上交易、树立网络旅游形象、进行旅游网站推广等。当然旅游的各项服务也要到位，包括售前服务、售中服务和售后服务，才能更好地提升旅游客体形象，利于后期进行更好的宣传营销。

当然，继承和弘扬优秀传统文化，了解旅游客体文化，不是“尊孔读经”，不是文化复古，而是以当代中国社会实践为基础，以时代精神为导向的一种创造、创新和发展。中国传统文化又是中华民族的精神命脉，中国现代化需要从中国传统文化中获得民族精神。既要变革传统文化，又要凭借传统文化内蕴的精神动力来完成社会变迁。为此，我们必须以当代中国的改革开放和现代化建设为基础和标准，判断什么是传统文化中的优秀文化和精华，什么是陈旧的东西和糟粕，以继承优秀传统文化，并结合时代条件赋予其新的时代内涵，坚持古为今用、以古鉴今，坚持有扬弃地继承，不能厚古薄今、以古非今，努力实现传统文化的创造性转化、创新性发展，使之与现实文化相融相通[207]。

# 参 考 文 献

[1] 沈祖祥．旅游文化学 [M]．3 版 . 福州 ：福建人民出版社，2012.
[2] 邱德玉．中国旅游文化 [M]．北京 ：科学出版社，2010.
[3] 李宗桂．中国文化概论 [M]．广州 ：中山大学出版社，1988.
[4] 刘敦荣．旅游文化学 [M]．天津 ：南开大学出版社，2007.
[5] 于光远．旅游和文化 [J]. 瞭望周刊，1986（14）：37-38.
[6] 彭华．关于旅游地文化开发的探讨 [J]. 旅游学刊，1998（1）：42-45.
[7] 王明煊．中国旅游文化 [M]．杭州 ：浙江大学出版社，1998.
[8] 谢贵安，华国梁．旅游文化学 [M]．北京 ：高等教育出版社，1999.
[9] 冯乃康．关于旅游文化概念的探讨 [J]．旅游研究与实践，1991（2）：2-5.
[10] 朱伟．旅游文化学 [M]. 武汉 ：华中科技大学出版社，2011.
[11] 冯乃康．首届中国旅游文化学术研讨会纪要 [J]．旅游学刊，1991（1）：57-58.
[12] 白槐．旅游文化论文集 [M]. 北京 ：中国旅游出版社，1991 ：113-114.
[13] 李天元．旅游学 [M]．北京 ：高等教育出版社，2002.
[14] 尹华光．旅游文化学 [M]．长沙 ：湖南大学出版社，2005.
[15] 骆高远．旅游资源学 [M]．杭州 ：浙江大学出版社，2006.

[16] 黄祥康．旅游文化赏析（下）[M]．上海：上海科学普及教育出版社，2009．
[17] 张振华．山岳文化的美学内涵和审美体验 [J]．福州师专学报（社会科学版），2001，21（6）：83-85，99．
[18] 苏秉琦．谈“晋文化”考古 [C]// 文物出版编辑部 . 文物与考古论集．北京：文物出版社，1986．
[19] 肖妮妮．嵩山为唐人隐逸第一山论析 [J]．兰州学刊，2008（1）：137-140．
[20] 武当山 [EB/OL]．[2018-08-27].https：//baike.baidu.com/item/ 武当山 84549 ？ fr=aladdin．
[21] 刘春燕，毛建华，叶民盛 . 三清山道教文化旅游资源开发研究 [J]．江西社会科学，2003（4）：229-230．
[22] 尚珉．文化视角下山岳型旅游目的地的开发研究——以山东蒙山为例 [D]．曲阜：曲阜师范大学，2016．
[23] 嵩山 [EB/OL]．[2017-10-17].https：//baike.so.com/doc/4748416-4963683.html.
[24] 衡山[EB/OL]. [2018-06-02].https: //baike.so.com/doc/9734-10069.html.
[25] 吕韶钧．山岳文化的认同与民族精神的纽带 [J]．江南大学学报（人文社会科学版），2013（1）：94-99．
[26] 吴效群．妙峰山：北京民间社会的历史变迁 [M]．北京：人民出版社，2006．
[27] 贾海建．神怪小说与山岳关系研究述略 [J]．周口师范学院学报，2010，27（3）：50-54．
[28] 高建新．山水审美的“天人合一”境界 [J]．内蒙古大学学报（人文社会科学版），1997（6）：60-66．
[29] 向柏松．中国水崇拜文化初探 [J]．中南民族学院学报（哲学社会科学版），1993（6）：49-53．

[30] 藏民族山湖崇拜习俗与格萨尔说唱艺人探析 [EB/OL]．[2006-11-20]．http：//wx.tibetcul.com/ctwx/bk/200611/2054.html．

[31] 纳木错[EB/OL]．[2018-11-06].https：//baike.so.com/doc/2326920-2461231.html．

[32] 刘星．略说水祭祀 [J]．治淮，1992（6）：42-44．

[33] 薛世平．华夏民族的水崇拜 [J]．福建农林大学学报（哲学社会科学版），2005（4）：87- 90．

[34] 刘雅杰．古代先民的水崇拜及其民俗透视 [J]．山东工商学院学报，2007，21（4）：108-111．

[35] 王玉哲．中华远古史 [M]．上海：上海人民出版社，2000．

[36] 席宇斌．中国海洋文化分类探析 [J]．海洋开发与管理，2013，30（4）：59-61．

[37] 郑大俊，王如高，盛跃明．传承、发展和弘扬水文化的若干思考 [J]．水利发展研究，2009，9（8）：39-44．

[38] 王全权．中国植物文化的生态美学价值探微 [J]．南京林业大学学报（人文社会科学版），2017，17（1）：40-52．

[39] 植物与文化——民族植物学中的植物文化学的探讨 [C]// 夏冰．民族植物学和药用植物．南京：东南大学出版社，2006．

[40] 杜贞星．浅谈中国古典园林植物文化的内涵和继承发展 [J]．绿色科技，2011（12）：44-45．

[41] 马逸清，杨广涛，崔京姬．动物文化与文化动物 [J]．野生动物，2005（1）：6-7．

[42] 王永宽．中国龙文化的宏观考察 [J]．洛阳师范学院学报，2013（1）：69-74．

[43] 斯琴巴特尔．北方少数民族树木及木制器具的禁忌习俗 [J]．满族研究，2008（2）：111-115．

[44] 庚晋．我国少数民族的动物崇拜 [EB/OL]．[2007-12-20].http：//www.

newsmth.net/nForum/#!article/WildLife/150838.
[45] 厉害了我的国！中国“二十四节气”申遗成功 [EB/OL]. [2016-11-30]. http：//www.10yan.com/2016/1130/384615.shtml.
[46] 解析二十四节气文化 [EB/OL]. [2012-12-26]. http：//www.cacanet.cn/detail_politrid.aspx？ changbaid=183599.
[47] 赵贞. 唐前期政治斗争中的天文背景 [J]. 晋阳学刊，2011（6）：108-110.
[48] 王力. 中国古代文化常识 [M]. 北京：北京联合出版公司，2014.
[49] 太阳神 [EB/OL]. [2018-10-04].https：//baike.baidu.com/item/ 太阳神 /2768821？ fr=aladdin.
[50] 周口店北京人遗址 [EB/OL]. [2018-10-30].https：//baike.baidu.com/item/ 周口店北京人遗址 /597231？ fr=aladdin.
[51] 黄国军，彭刚. 传统聚落文化与现代人居环境 [J]. 山西建筑，2005(7)：15-16.
[52] 刘福智，刘学贤，刘加平. 传统聚落文化浅析 [J]. 青岛建筑工程学院学报，2003（4）：23-26.
[53] 半坡遗址 [EB/OL]. [2018-11-02].https：//baike.so.com/doc/5332463-5567829.html.
[54] 王莹，于清华. 器物文化精神之于陶瓷产品设计研发 [J]. 中国陶瓷，2009（11）：78-80.
[55] 良渚文化 [EB/OL]. [2018-09-17].https：//baike.baidu.com/item/ 良诸文化 /111653？ fr=aladdin
[56] 张旭亮. 丝路文化及其旅游开发研究进展综述 [J]. 天水师范学院学报，2005（6）：25-27.
[57] 张少华 . 试论丝绸文路的文化意义 [J]. 理论观察，2005（6）：74-75.
[58] 张健，向仲怀. 丝路文化价值探究 [C]// 中国蚕学会，国家蚕桑科学技术专家工作委员会 .“一带一路”战略与蚕丝行业发展研讨会论文

集. 乌鲁木齐：中国蚕学会，国家蚕桑科学技术专家工作委员会，2015：218-225.

[59] 茶马古道 [EB/OL]. [2018-07-05].https：//baike.so.com/doc/1882372-1991485.html.

[60] 官职[EB/OL]. [2018-07-05].https: //baike.baidu.com/item/官职/3477315?fr=aladdin.

[61] 品阶[EB/OL]. [2018-08-10].https: //baike.baidu.com/item/品阶/7246474?fr=aladdin.

[62] 张启. 旅游文化学 [M]. 杭州：浙江大学出版社，2010.

[63] 论三省六部制的历史意义与影响 [EB/OL]. [2013-12-05]. https：//wenku.baidu.com/view/54a3118269dc5022aaea008e.html.

[64] 科举制度 [EB/OL]. [2018-11-05].https：//baike.baidu.com/item/ 科举制度 /278041 ？ fr=aladdin.

[65] 倪方六. 科举考前三件事:烧香、算命、拜文曲星 [N]. 三晋都市报，2012-06-10（21）.

[66] 张亚群. 科举文化盛衰与贡院的命运 [J]. 社会科学战线，2014（6）:86-92.

[67] 聂文聪. 中国古典园林建筑的文化审美特征 [J]. 现代交际，2017（19）:65-66.

[68] 承德避暑山庄 [EB/OL].[2018-11-04]. https：//baike.baidu.com/item/承德避暑山庄 /302784?fr=aladdin.

[69] 承德避暑山庄与“和文化”[EB/OL]. [2013-09-13].https：//wenku.baidu.com/view/46cb7803a5e9856a5712601d.html.

[70] 张晓非. 清代皇家园林与苏州私家园林中小建筑的符号学比较 [J]. 华中建筑，2009（7）：159-161.

[71] 王丽萍，王倩. 明清时期北方皇家园林与江南私家园林造园艺术的比较 [J]. 广西轻工业，2007（8）：111，98.

[72] 丁可．中国皇家园林的造园手法 [J]．湖南林业，2009（11）：31．
[73] 梁敦睦．从避暑山庄看皇家园林的特点 [C]// 中国文物学会传统建筑园林委员会学术研讨会会议文件．2004：14-16．
[74] 王艳．儒家“礼乐思想”与江南私家园林布局的研究 [D]．哈尔滨：东北林业大学，2016．
[75] 李天民．中国皇家园林艺术的文化基础 [J]．浙江师范大学学报（社会科学版），2000（6）：79-80．
[76] 丁山．移天缩地在君襟——皇家园林 [M]．北京：中国建筑工业出版社，2006．
[77] 杨春林．浅谈颐和园的福寿文化 [EB/OL]．[2012-01-30]．https：//www.douban.com/note/197878607/?type=like．
[78] 宋佳音．中国皇家园林造园要素中的心理现象探析——基于旅游文化视角 [D]．上海：华东理工大学，2012．
[79] 于涌．移天缩地到君怀——圆明园文化透视 [M]．深圳：海天出版社，2012．
[80] 颐和园中中国传统文化体现在哪儿 [EB/OL]．[2012-05-13]．https：//zhidao.baidu.com/question/422922540html．
[81] 居阅时．弦外之音——中国建筑园林文化象征 [M]．成都：四川人民出版社，2005．
[82] 刘海燕．中外造园艺术 [M]．北京：中国建筑工业出版社，2009．
[83] 居阅时．园道——苏州园林的文化涵义 [M]．上海：上海人民出版社，2012．
[84]圆明园[EB/OL]. [2018-11-04].https: //baike.baidu.com/item/圆明园/9328？fr=aladdin.
[85] 端木泓．圆明园新证——万方安和考 [J]．故宫博物院院刊，2008(2)：55．
[86] 颐和园当之无愧的中心——佛香阁 [EB/OL]．[2017-03-02]．http：//

www.lotour.com/zhengwen/2/lg-jc-32776.shtml.

[87] 侯佳彤．明清私家园林的人文情怀 [J]．文艺评论，2009（3）：94-96.

[88] 孟庆莉．解读中国私家园林的美学特征 [J]．兰州教育学院学报，2008（9）：45-48.

[89] 贾珺．北京私家园林的选址 [J]．中国园林，2008（3）：44-46.

[90] 贾珺．清代北京私家园林研究 [J]．Architecture，2008（10）：82-91.

[91] 孙浩．从沧浪亭解析江南私家园林造园特征 [J]．中国园艺文摘，2010（12）：110-111.

[92] 张艺瓅．浅析山西古代私家园林的历史发展和造园意匠 [J]．北京农学院学报，2014（7）：78-82.

[93] 贾珺．北京私家园林社会文化内涵探析 [J]．建筑学报，2008（2）：103-106.

[94] 高洁．明代中晚期苏州私家园林建筑布局研究 [D]．武汉：华中农业大学，2011.

[95] 柴凡一．探析中国古典私家园林造园特色——以拙政园为例 [J]．中国林业产业，2016（7）：53.

[96] 张晓冬．江南私家园林与岭南园林风格影响因素之比较 [J]．思茅师范高等专科学校学报，2008（2）：74-77.

[97] 尚红，李慧静，杨睿，等．网师园园林文化浅析 [J]．现代园艺，2017(3)：70-71.

[98] 梁变凤．技艺载道，道艺合一 [D]．太原：山西大学，2012.

[99] 陈羽．江南私家园林景观意境分析 [D]．合肥：安徽农业大学，2008.

[100] 北京故宫建筑的文化阐释 [EB/OL]．[2011-07-11]．http：//wenku.baidu.com/view/c14651bcc77da26925c5b081.html.

[101] 北京故宫的建筑理念和艺术思想 [EB/OL]．[2017-11-28]．https：//zhidao.baidu.com/question/569269227.html.

[102] 大明宫 [EB/OL]．[2018-06-11].https：//baike.baidu.com/item/ 大明宫

/8061？ fr=aladdin.

[103] 建章宫 [EB/OL]. [2018-07-19].https：//baike.baidu.comitem/ 建章宫 /4832487？ fr=aladdin.

[104] 中国古代城市的特点及其规划思想 [EB/OL]. [2007-03-21]. http：// blog.sina.com.cn/s/blog_4bd4ea4501000877.html.

[105] 雨花阁 [EB/OL]. [2018-08-11].https：//baike.baidu.com/item/ 雨花阁 /7864632？ fr=aladdin.

[106] 英华殿 [EB/OL]. [2018-10-13].https：//baike.baidu.com/item/ 英华殿 /5636836？ fr=aladdin.

[107] 钦安殿 [EB/OL]. [2018-08-11].https：//baike.baidu.com/item/ 钦安殿 /7849864？ fr=aladdin.

[108] 坛庙园林[EB/OL]. [2012-12-15].http：//www.doc88.com/p-973311361540. html.

[109] 天坛[EB/OL][2012-10-18]. https：//baike.so.com/doc/5036426-5263027. html.

[110] 地坛公园 [EB/OL]. [2018-08-26].https：//baike.baidu.com/item/ 地坛公园 /8256648？ fr=aladdin.

[111] 张弢. 象征艺术与中国皇家园林 [D]. 南京：南京林业大学，2009.

[112] 从坛庙建筑看中国礼制文化对古建筑的影响 [EB/OL]. [2013-03-02]. http：//wenda.so.com/q/1362262415062424?src=180.

[113] 刘嫒. 北京明清祭坛园林保护和利用 [D]. 北京：北京林业大学，2009.

[114] 太庙[EB/OL]. [2018-10-10].https：//baike.so.com/doc/2189657-2316818. html.

[115] 社稷坛[EB/OL]. [2018-03-02].https：//baike.so.com/doc/5986771-6199738.html.

[116] 张建忠 . 中国帝陵文化价值挖掘及旅游利用模式 [D]. 西安：陕西师

范大学，2014.
[117] 甘枝茂，马耀峰．旅游资源与开发 [M]．天津：南开大学出版社，2007.
[118] 定东陵 [EB/OL]．[2018-08-10].https：//baike.baidu.com/item/ 定东陵/6747834？ fr=aladdin.
[119] 清东陵慈孝文化考 [EB/OL]．[2015-03-04].http：//www.doc88.com/p-1488573530604.html.
[120] 中国古代陵墓建筑的主要特点 [EB/OL]．[2012-04-19]．https：//wenku.baidu.com/view/5763b006a6c30c2259019e80.html.
[121] 陪葬[EB/OL]．[2018-08-12].https：//baike.baidu.com/item/陪葬/6710929？ fr=aladdin.
[122] 殉葬[EB/OL]．[2018-09-11].https：//baike.baidu.com/item/殉葬/5173003?fr=aladdin.
[123] 中国古代陵墓建筑文化 [EB/OL]．[2012-02-09].http：//www.doc88.com/p-184713315179.html.
[124] 程林盛．平遥古城的民族文化内涵 [J]．晋中学院学报，2009（12）：19-22.
[125] 李雪妍．北京民居四合院的形与神 [C]// 北京学研究文集，北京：同心出版社．2006.
[126] 郑雨晨．徽州天井的基本意象及其与封建伦理文化的内在联系初探 [J]．安徽建筑，2016（6）：4-5，20.
[127] 韩茂莉．北京四合院与四合院文化 [C]// 王岗．北京历史文化研究，北京：人民出版社，2012：369-382.
[128] 蔡丽．宗族文化对民居形制的影响与分析——徽州民居和宁波民居原型的比较 [J]．华中建筑，2011（5）：128-132.
[129] 韦学飞．苗族民居建筑艺术初探——以贵州凯里西江千户苗寨为例 [J]．大众文艺，2012（23）：175-176.

[130] 唐孝祥．中国传统民居建筑的文化精神初探（上）[EB/OL]．[2016-07-21]．http：//sanwen8.cn/p/151h9wJ.html．

[131] 沙润．中国传统民居建筑文化的自然观及其渊源 [J]．人文地理，1997（9）：25-29．

[132] 朱丽娟．浅析传统文化价值观对民居的影响 [J]．白城师范学院学报，2009（2）：30-32．

[133] 张佑周．守护、传承、运用：有关客家土楼文化的思考 [J]．龙岩学院学报，2010（6）：1-8．

[134] 沈惊宏．中国传统民居建筑美学及其地域文化概论 [J]．巢湖学院学报，2014（5）：101-108．

[135] 张源铭．古镇美学分析——以山西平遥和云南丽江为例 [J]．剑南文学（经典教苑），2012（7）：175．

[136] 四合院 [EB/OL]．[2018-07-04].https：//baike.baidu.com/item/ 四合院 /2930995？ fr=aladdin．

[137] 洪铁城．中国儒家文化标本：婺派建筑（一）[J]．建筑，2017（15）：58-61．

[138] 林镜贤，庸丘．“土楼”与“土楼文化”的几点浅见 [J]．龙岩师专学报（社会科学版），1991（2）：119-124．

[139] 常建华．明代徽州宗祠的特点 [J]．南开学报（哲学社会科学版），2003（5）：106．

[140] 刘璇．苏州私家园林造园要素的象征文化研究 [D]．哈尔滨：东北林业大学，2013．

[141] 四水归堂 [EB/OL]．[2018-06-07].https：//baike.baidu.com/item/ 四水归堂 /818883？ fr=aladdin．

[142] 魅力乡村——四水归堂 [EB/OL]．[2012-04-21].http：//www.doc88.com/p-679302084463.html．

[143] 余小荔．从布局形式看皖南民居文化 [J]．现代商贸工业，2011（8）：

85-87.
[144] 郭灿灿．儒家思想在北京四合院中的体现 [J]．科技风，2008（3）：147，152.
[145] 潘冬梅．从砖雕装饰看明清时期晋商民居文化 [J]．中国园林，2010（8）：79-82.
[146] 贾黎威．北京四合院——中国传统文化和造型艺术的载体 [J]．九江学院学报（社会科学版），2006（3）：61-64.
[147] 邱红．西部少数民族的民居建筑文化与开发 [D]．武汉：武汉理工大学，2002.
[148] 韦熙强，覃彩銮．壮族民居文化中的宗教信仰 [J]．广西民族研究，2001（2）：55-63.
[149] 张连城．北京地区佛教寺院文化特征初探 [J]．北京联合大学学报，2001（3）：68-71.
[150] 龙珠多杰．藏传佛教寺院建筑文化研究 [D]．北京：中央民族大学，2011.
[151] 张华鶡．山西早期佛塔营造理念与形态分析 [D]．太原：太原理工大学，2008.
[152] 王振复．中华佛塔的文化价值 [J]．佛教文化，1990（2）：97-102.
[153] 苏娜．藏传佛教佛塔文化艺术探析 [C]// 李铁柱．中国民族文博（第二辑）．沈阳：辽宁民族出版社，2007：688-695.
[154] 张嘉梁．浙江寺院文化概述 [J]．宁波大学学报（人文科学版），1994（8）：15-22.
[155] 娄飞．河南山林式佛教寺庙园林研究 [D]．武汉：华中农业大学，2010.
[156] 赵青，郑洁平．浅析中国佛寺的文化由来 [J]．山西建筑，2007（6）：7-8.
[157] 施佚．南京佛寺园林历史文化内涵及环境特征研究 [D]．南京：南

京农业大学，2007.
[158] 冯巧英．山西佛寺道观的文化意蕴 [J]．山西社会主义学院学报，2016（12）：73-75.
[159] 张育英．中国佛塔的民族化 [J]．华夏文化，1995（3）：24-26.
[160] 李冬梅，胡海燕，李娟娟．浅析中国传统文化与寺庙园林 [J]．安徽农业科学，2009（6）：2467-2468，2470.
[161] 卿平勇．浅析禅宗思想对中国古典私家园林的影响——以苏州名园狮子林为例 [J]．宜春学院学报，2009（2）：122-124.
[162] 胡锐．道教的宫观文化及其现代化——兼论道教宫观文化旅游 [J]．中国道教，2010（1）：15-18.
[163] 王祖力．昆明黑龙潭道教宫观园林分析 [J]．现代园林，2013（10）：61-66.
[164] 何鑫．云南道教建筑特色及其文化研究 [D]．昆明：昆明理工大学，2010.
[165] 李洪颖．中国道教建筑特色 [EB/OL]．[2015-06-17]．https：//wenku.baidu.com/view/2804cb9dff00bed5b8f31d63.html.
[166] 许宏．浅析道教宫观文化旅游资源的开发价值——以昆明道观为例 [J]．红河学院学报，2005（2）：66-68.
[167] 黄上祈．三清山的道教宫观建筑特色及其八卦形制浅析 [J]．江西文物，1990（4）：87-93.
[168] 佛教文化艺术 [EB/OL]．[2017-10-13].https：//baike.baidu.com/item/佛教文化艺术 /4902358 ？ fr=aladdin.
[169] 耿彬．论敦煌壁画文化及其意义阐释 [J]．求索，2011（12）：51-53.
[170] 四大石窟 [EB/OL]．[2018-07-05].https：//baike.baidu.com/item/ 四大石窟 /2559366 ？ fr=aladdin.
[171] 敦煌莫高窟 [EB/OL]．[2018-10-22].https：//baike.baidu.com/item/ 敦煌莫高窟 /165739 ？ fr=aladdin.

[172] 麦积山石窟 [EB/OL]．[2018-09-15].https：//baike.baidu.com/item/ 麦积山石窟 /703484 ？ fr=aladdin．

[173] 法海寺明代壁画 [EB/OL]．[2015-11-15].https：//baike.baidu.com/item/ 法海寺明代壁画 /5579012 ？ fr=aladdin．

[174] 敦煌壁画 [EB/OL]．[2018-06-07].https：//baike.baidu.com/item/ 敦煌壁画 /835021 ？ fr=aladdin．

[175] 龙门石窟 [EB/OL]．[2018-10-01].https：//baike.baidu.com/item/ 龙门石窟 /274 ？ fr=aladdin．

[176] 太清宫 [EB/OL]．[2018-10-23].https：//baike.baidu.com/item/ 太清宫 /3874349 ？ fr=aladdin．

[177] 青羊宫 [EB/OL]．[2018-06-08].https：//baike.baidu.com/item/ 青羊宫 /986281 ？ fr=aladdin．

[178] 道教艺术与中国传统艺术的关系 [EB/OL]．[2017-06-17]．http：//www.360doc.com/content/17/0617/00/40190330_663814054.shtml．

[179] 永乐宫壁画 [EB/OL]．[2018-08-11].https：//baike.baidu.com/item/ 永乐宫壁画 /8034537 ？ fr=aladdin．

[180] 道教文学 [EB/OL]．[2016-01-17].https：//baike.baidu.com/item/ 道教文学 /9168064 ？ fr=aladdin．

[181] 詹石窗．道教艺术的符号象征 [EB/OL]．[2012-06-01].http：//www.doc88.com/p-809578085230.html．

[182] 法会 [EB/OL]．[2018-06-07].https：//baike.baidu.com/item/ 法会 /718440 ？ fr=aladdin．

[183] 道教在民间有影响的主要宗教活动 [EB/OL]．[2017-02-17]．http：//www.daoisms.org/article/sort018/info-2580.html．

[184] 祈禳[EB/OL].[2018-08-13]．https：//baike.baidu.com/item/祈禳/9466182？fr=aladdin．

[185] 斋醮 [EB/OL]．[2018-06-07].https：//baike.baidu.com/item/ 斋醮

/647316？ fr=aladdin.

[186] 道家功法 [EB/OL]. [2018-08-14].https：//baike.baidu.com/item/ 道家功法 /10182378？ fr=aladdin.

[187] 2016 年我国文化旅游行业发展现状和趋势分析 [EB/OL]. [2016-09-30]. http：//www.chyxx.com/industry/201609/453690.html.

[188] 文化价值 [EB/OL]. [2018-11-05].https：//baike.baidu.com/item/ 文化价值 /3344613?fr=aladdin.

[189] 陈国林. 旅游文化类型及研究价值 [EB/OL]. [2017-03-29]. http：//www.zhazhi.com/lunwen/whls/lywhlw/139417.html.

[190] 陈来. 中华优秀文化的传承和发展 [EB/OL]. [2017-03-20]. http：//epaper.gmw.cn/gmrb/html/2017-03/20/nw.D110000gmrb_20170320_1-15.htm.

[191] 文化遗产保护 [EB/OL]. [2018-08-12].https：//baike.baidu.com/item/文化遗产保护 /9112417?fr=aladdin.

[192] 冯天瑜. 中华文化辞典 [M]. 武汉：武汉大学出版社，2010.

[193] 文化认同 [EB/OL]. [2017-10-14]https：//baike.baidu.com/item/ 文化认同 /6062258?fr=aladdin.

[194] 郑金洲. 教育文化学 [M]. 北京：人民教育出版社，2000.

[195] 朱思阳. 中国传统文化的现代价值导向作用研究 [J]. 金田，2014（12）：422.

[196] 文化功能 [EB/OL]. [2017-12-11].https：//baike.baidu.com/item/ 文化功能 /12651842?fr=aladdin.

[197] 赵磊. 如何挖掘旅游资源的文化内涵 [EB/OL]. [2017-06-09]. http：//www.fx361.com/page/2017/0609/1893556.shtml.

[198] 加快推进十大文化旅游目的地品牌建设实施方案 [EB/OL]. [2017-08-09].https：//baike.baidu.com/item/ 加快推进十大文化旅游目的地品牌建设实施方案 /20601854？ fr=aladdin.

[199] 张利华．江苏省水体旅游资源的优势特征与开发价值分析 [J]．安徽农业科学，2011（25）：15523-15525．

[200] 丽江古城 [EB/OL]．[2018-11-10].https：//baike.baidu.com/item/ 丽江古城 /304665?fr=aladdin．

[201] 文化整合 [EB/OL]．[2018-09-10].https：//baike.baidu.com/item/ 文化整合 /3621092?fr=aladdin．

[202] 文化旅游 [EB/OL]．[2018-08-09].https：//baike.baidu.com/item/ 文化旅游 /6311468?fr=aladdin．

[203] 张掖深入挖掘特色文化内涵着力提升旅游整体品位 [EB/OL]．[2011-11-30]．http：//www.china.com.cn/travel/txt/2011-11/30/content_24043067.htm．

[204] 旅游文化营销[EB/OL]．[2016-01-27].https：//baike.baidu.com/item/旅游文化营销/12746047?fr=aladdin．

[205] 杨耕. 文化的作用是什么 [EB/OL]．[2015-10-01]．http：//www.cssn.cn/ddzg/ddzg_ldjs/ddzg_wh/201510/t20151014_2493751_1.shtml.